Les jumeaux et multiples de 3 à 18 ans

Christina Baglivi Tinglof

Les jumeaux et multiples de 3 à 18 ans

Traduit de l'anglais
par Chantal Kolb

Mise en pages : Compo-Méca s.a.r.l.

Titre : L'éducation de jumeaux et multiples de 3 à 18 ans
Collection : Itinéraires d'enfances
ISBN : 978-2-7440-9201-5
Auteur : Christina Baglivi Tinglof
Traducteur : Chantal Kolb

Titre original : Parenting School-age Twins and Multiples
ISBN de l'édition originale : 978-0-07-146902-9

À ma famille. Quelle belle aventure.

SOMMAIRE

PRÉFACE

Voilà maintenant plus d'une quinzaine d'années que j'accompagne des jumeaux et leurs parents, que je donne des conférences sur ce sujet. Une question m'est fréquemment posée : pourquoi m'être intéressé aux jumeaux alors que moi-même n'ai pas de frère jumeau et qu'il n'y a jamais eu de jumeaux dans ma famille, aussi loin que remonte l'arbre généalogique ?

Tout a commencé alors que j'étais encore étudiant et qu'il me fallait travailler sur une critique d'article... Que choisir ? Je parcourus quantité de revues et de recueils de toutes sortes, je fouillai et cherchai encore et encore. Au détour d'un énième sommaire, un article sur la prénomination des jumeaux attira mon attention. Pourquoi une équipe de chercheurs s'intéressait-elle aux prénoms que l'on donne aux jumeaux ? Par curiosité je parcourus l'article, puis l'étudiai plus précisément avant de me plonger dans la bibliographie. Nouvelle surprise : je constatai que la majorité des articles cités étaient américains ou anglais et que les documents français brillaient par leur absence, à l'exception de la référence « ultime » sur la gémellité : René Zazzo.

En poussant plus avant mes recherches, je réalisai que, en dehors des ouvrages (qui commencent un peu à dater) de ce psychologue français, peu de travaux existaient en langue française sur ce sujet. Je me rendis compte, en parallèle, qu'en psychologie la gémellité était abordée uniquement sous l'angle d'expériences menées afin de vérifier l'impact du social et de la génétique dans le développement d'une personne. Les jumeaux n'étaient-ils donc que des objets d'études, ne servaient-ils donc à la science que pour alimenter des débats ou vérifier des hypothèses de recherches ? Bien plus, je me rendis compte que nous disposions de modèles de développement pour pratiquement tout : le corps humain, l'intelligence, l'affectivité, la sociabilité, etc. Nous disposions de modèles qui décrivent les étapes par lesquelles passe tout individu pour se développer et devenir un adulte autonome. En revanche, rien de tel n'existait dans le cadre de la gémellité... Les jumeaux étaient en permanence ramenés dans les cadres de modèles de développement de l'enfant unique.

De cette constatation est née une recherche qui a permis de définir le premier modèle développemental des jumeaux. Ces derniers ont en effet un développement qui leur est propre, qui leur appartient et qu'il nous faut prendre en compte afin de leur permettre de s'épanouir dans les meilleures conditions possibles.

Ces enfants passent, entre la naissance et deux ans, par une première étape de développement, dite de **fusion gémellaire**, inexistante chez un enfant unique. Le petit retard de développement qu'elle va engendrer va se combler tout à fait naturellement et passera le plus souvent inaperçu. Pourquoi cette entité gémellaire ? Prenons un exemple parmi tant d'autres, que tous les parents de jumeaux ont vécu : lorsque deux enfants pleurent, si l'un d'eux a faim, les parents vont nourrir les deux, sans pour autant se demander si les pleurs de l'autre enfant expriment la même requête. Cela n'est pas forcément gênant, puisque cela participe du développement de ces enfants.

Vers l'âge de deux ans se met en place la deuxième étape qui caractérise le développement des jumeaux : **la complémentarité**. Cette période est caractérisée par un développement cognitif parasitaire de l'un des enfants à l'égard de l'autre. L'un des jumeaux se développe d'une façon assez efficiente, mais son frère – ou sa sœur – ne développerait que des procédures bien moins efficaces. On parle souvent d'un développement gémellaire sous la forme d'un rapport particulier de dominant et de dominé. Nous savons aujourd'hui que ce rapport n'est en aucun cas figé et ne cesse de fluctuer. Avec la nécessité de différencier les jumeaux, les parents et l'entourage cherchent à leur attribuer des caractéristiques qui leur sont spécifiques.

Au sein de cette période de complémentarité, les enfants vont être sollicités l'un après l'autre. Lorsqu'un des jumeaux est sollicité, et va donc se mettre à construire de nouvelles formes d'organisations de pensée, son frère ou sa sœur va se trouver dans une position de spectateur et non pas d'acteur. Ce n'est que lorsqu'il sera à son tour sollicité que ce qu'il avait observé précédemment va prendre sens dans sa pensée. Le développement de leur personnalité se fait par « à-coups » conduisant au développement complémentaire. Ce mode de structuration est un élément essentiel qui permet d'expliquer le retard qu'ont les couples de jumeaux dans leur développement ; le temps qu'il leur est nécessaire pour se construire est bien plus long que chez des enfants uniques.

Vers l'âge de sept ans, une première forme d'**autonomisation** sera atteinte. Au cours de cette troisième étape. Les sollicitations vont se diversifier et vont toucher chaque enfant en tant qu'individu, et non plus l'entité gémellaire ou l'un des jumeaux par rapport à l'autre. La scolarité et la séparation qui est effective au sein de ce nouvel environnement conduisent à un développement plus autonome. Ainsi, le retard amorcé au cours des périodes de développement précédentes va s'atténuer.

Ces étapes du développement gémellaire sont bien des étapes intégratives, dans le sens où les enfants ne peuvent atteindre la première étape d'autonomie sans être passés par l'étape de complémentarité. Chaque étape se succède et intègre la précédente ; par conséquent, il ne s'agit pas d'une succession d'étapes qui se superposeraient les unes aux autres.

De ce modèle de développement ont dérivé des processus d'accompagnement spécifiques accordés aux jumeaux pour les aider à franchir ces étapes sans trop de difficultés. En dépit de ces aides, en tant que parents, vous vous posez de nombreuses questions sur la qualité de l'accompagnement et du soutien que vous apportez à vos enfants pour les amener à devenir deux adultes autonomes. Ceux-ci seront, fort heureusement, bien loin des caricatures de jumeaux adultes véhiculées par certains médias, incapables de vivre l'un sans l'autre.

La première période de développement des jumeaux, de la naissance à deux ans, a donné lieu à de nombreux ouvrages. En revanche, pour les périodes suivantes, il n'existe pratiquement aucun ouvrage qui vous permette de comprendre, de réfléchir et de vous guider dans votre travail de parents. Alors, quel autre choix vous reste-t-il que celui de consulter un spécialiste ? Mais les parents de jumeaux hésitent parfois à entreprendre cette démarche, leurs préoccupations leur semblant bien terre à terre. En voici quelques-unes :

- comprendre ce lien particulier qu'est le lien gémellaire ;
- apprendre à développer la coopération et non pas la compétition ;
- ne pas préférer un enfant par rapport à l'autre ;
- séparer les jumeaux : à quel âge et de quelle façon.

J'espère que ce livre vous permettra enfin d'obtenir des réponses précises et claires sur ces sujets. Son auteur explique bien l'impact du cadre social sur la gémellité : la peur de l'« unique » d'être confronté aux multiples. Construire notre personnalité nous demande tellement de temps et recèle tellement d'embûches qu'il est difficile d'imaginer ce qu'il en est pour deux enfants qui évoluent en parallèle et qui de surcroît vont se ressembler.

L'auteur décrit très bien l'annonce à une mère d'une grossesse gémellaire et des différentes sensations qu'elle va éprouver : au plaisir, à l'angoisse et aux premières sensations de bonheur à l'idée de quelque chose d'exceptionnel qui se profile succèdent les interrogations. Finalement, la première angoisse que la mère devra surmonter est celle du deuil d'une relation individuelle. Quant au père, il lui faudra trouver sa place, avec en premier lieu un impératif plus pragmatique : réorganiser la vie de famille, redéfinir les rôles de chacun. Faire des projets et se préparer sont deux éléments essentiels. Faire des projets ne consiste pas simplement à imaginer le moment où les jumeaux seront là ; il s'agit aussi d'envisager l'éventualité d'une chambre supplémentaire, d'une nouvelle maison…

Ce livre comprend également un chapitre très important sur les jumeaux, l'école et les pédagogues, qui redéfinit la notion de séparation. Voici les critères utilisés par l'univers scolaire :

- « Les rendre comme les autres », comme si la gémellité était un état pathologique.
- « La séparation physique favorise l'indépendance. »

Puis est arrivé le petit manuel de Zazzo, truffé de judicieux conseils : veiller à ce que chacun dispose de ses propres vêtements, de sa chambre, de ses jouets ; éviter de les appeler « les jumeaux » ; etc. Ces conseils ne peuvent être remis en cause, dans la mesure où on sait que leur application va favoriser le bon développement des enfants. Cet ouvrage réhabilite enfin l'importance de la relation qui va être établie entre vous, parents, et vos enfants et de quelle façon elle sera influencée par votre perception de la relation gémellaire. En tant que parents, vous êtes des accompagnateurs du développement de la personnalité de chaque enfant. Simplement en observant chacun des enfants, en découvrant ses préférences et en les respectant.

Acceptez aussi le fait que les jumeaux seront toujours l'un pour l'autre le compagnon idéal, plus encore que les parents. C'est une réalité frustrante, mais chose fantastique, à l'âge adulte, ils pourront bénéficier de la complicité de quelqu'un qui les connaît sur le bout des doigts et les comprend. Nous sommes tous quelque part dans cette quête, dès lors que l'on crée un couple, de trouver quelqu'un qui va nous comprendre. Favorisez l'émulation réciproque et non la compétition.

La question de la séparation des enfants est enfin posée de façon cohérente, notamment dans l'optique de favoriser leur autonomisation en préservant ce lien particulier, qui est le leur à vie, la gémellité. Il faut l'accepter et permettre aux enfants de vivre avec, de le développer et, dans ce lien, de trouver leur autonomie réciproque. N'oublions jamais que la séparation est différente pour chaque couple de jumeaux et qu'il est extrêmement difficile de déterminer à quel âge elle doit avoir lieu. Par ailleurs, il est essentiel que les jumeaux y soient préparés et de ne jamais la leur imposer.

Enfin, vous trouverez des repères sur l'aide qu'il convient de leur apporter à l'adolescence, sur l'importance d'être avec eux et non pas contre eux. Il sera essentiel de les respecter et de leur permettre de se positionner face à tous ces « autres » – tous ces enfants uniques qui vivent avec une représentation erronée de la gémellité. Souvent les jumeaux sont confrontés à l'incompréhension des gens qui les environnent, à leurs peurs et à leurs fascinations. Traverser cette période tumultueuse que représente l'adolescence nécessite une grande vigilance de la part des parents.

« Dégémélliser » est une négation du lien gémellaire ; c'est pourquoi je préfère évoquer, comme l'auteur de cet ouvrage, l'accompagnement du développement de la personnalité. Utilisez leur lien gémellaire dans une autoémulation. Ce n'est pas du tout un mythe, c'est une réalité. De nombreux jumeaux, en dépit de l'image que nous renvoient certains médias, mènent des vies comme tout le monde. Finalement, l'élément essentiel, c'est surtout de ne jamais vivre avec des certitudes.

J'espère que ce livre, loin d'être un roman à lire de la première à la dernière page, sera pour vous comme un recueil d'informations dans lequel vous pourrez puiser bon nombre d'astuces en fonction des moments de vie que vous allez traverser avec vos enfants. Loin d'être un ouvrage qu'on ne lit qu'une fois, il a de fortes chances de trôner sur votre table de chevet pendant de nombreuses années et de constituer pour vous un guide de réflexions éducatives, qui vous amènera à progresser au quotidien, tout au long de ce chemin si difficile et si merveilleux qui consiste en l'éducation de vos jumeaux.

Fabrice Bak, gémellologue

***Fabrice Bak** s'est spécialisé dans le cadre de la psychologie cognitive et de son application au niveau de la prise en charge des enfants en difficultés scolaires.*
Il a mené pendant de nombreuses années des recherches dans le cadre du développement des enfants jumeaux et des difficultés d'autonomisation qu'ils pouvaient rencontrer. Ces recherches l'ont conduit à construire le premier modèle développemental des jumeaux, puis à élaborer une prise en charge spécifique qui vise à les autonomiser tout en respectant cette caractéristique qui leur est propre : la gémellité. Par ailleurs, il est membre du comité scientifique de l'association Jumeaux et plus, *reconnue d'utilité publique.*
Pour plus d'informations, consultez le site : ***www.cabinet-bak.fr.***

REMERCIEMENTS

Je souhaite exprimer ma gratitude la plus sincère à tous ceux qui m'ont aidée à faire de ce livre une merveilleuse réalité. Tous mes remerciements au Dr. David A. Hay pour la préface de cet ouvrage, dans son édition originale, et ses précieuses remarques. Merci à Michele Matrisciani et à Deborah Brody, mes éditeurs passés et présents, à Betsy Amster, mon agent sans qui je n'aurais pas pu mener à bien ce projet. Un remerciement particulier à mon mari, Kevin, pour avoir endossé des responsabilités familiales supplémentaires pendant toute la durée de ce projet. Et tous mes remerciements aux parents qui ont si aimablement offert de leur temps pour remplir les questionnaires ou dialoguer directement avec moi, dont Cheryl Feldam, Jan Meyers, Chris, Sandy Davis, Adrianne Austin, Mary E., Gretchen S. Pretty, Pam Heestand, Alicia Gutierrez, Julie Dupré Gilman, Susan et John Leahy, Renee Hald, Oma Jane Woods, Steve et Betty Bullington, Amy Mahaffey, Jeannette, Jim, Rick, Nancy Johnson et sa famille, Mary W. Pasciuto, Jennifer Reed, Lucia Shugart, Linda M. Yaffee, Donna May Lyons, la famille Boretz, Sue Bernier, Martha Slater, Ann Owens, Julie Seely, Kimberley Farrar, Laurie Moore, Christine Kumler, Donna Fredericks, Linda Gliner, MyrtleBeth, Julie McCarron, Amber Radunz, Heidi Snyder, Juliann Lipski, Christy Helvajian, Sheila Kroll, Sabrina Sanchez, Robin Bortoli, la famille Hicks de Prattsville et ceux qui ont souhaité rester anonymes.

INTRODUCTION

Vous avez finalement rangé cette poussette double (ou vous faites peut-être de la place dans votre grenier pour caser votre trio de chaises hautes), et la double corvée de changement des couches est reléguée au rang des souvenirs. Félicitations. Vous avez réussi ! Vous avez survécu aux premières années d'enfer où une bonne nuit de sommeil semblait pratiquement impossible et où l'un des jumeaux commençait à courir dans un sens alors que l'autre se dirigeait immanquablement dans la direction opposée. Bien que vous soyez soulagé d'avoir passé cette période agitée, vous vous sentez un peu triste. Après tout, ils étaient sacrément mignons. Double amour et double charme. Vous souvenez-vous des commentaires enthousiastes des passants lorsque vous vous promeniez dans le voisinage avec vos deux chérubins affichant un sourire radieux confortablement installés dans leur poussette double ? Bien qu'un peu las, vous vous sentiez fier d'entendre les mêmes vieilles remarques telles que « Sont-ils jumeaux ? »

Mais à présent, vos jumeaux grandissent, et vite ! Les choses changent également rapidement entre vous deux et vos enfants. Vous ne vous demandez plus « Comment vais-je parvenir à m'occuper des deux à la fois ? » ou « Que dois-je faire quand ils pleurent tous les deux en même temps ? » Vous souhaitez maintenant savoir s'il est préférable de séparer vos jumeaux dans des classes différentes dès la rentrée en maternelle, comment encourager chaque enfant à se forger sa propre personnalité tout en maintenant un lien puissant entre eux, ou même s'ils doivent partager la même chambre. En outre, vos jumeaux vous posent des questions auxquelles les autres parents n'ont que rarement à répondre, telles que « Pourquoi ne puis-je pas aller avec lui chez Billy ? C'est mon ami également » ou

« C'est injuste qu'il ait obtenu un prix en sciences, et pas moi. » Vous essayez désespérément de réconforter le jumeau déçu sans pour autant minimiser la joie ou la réussite de son cojumeau. Comment pouvez-vous réussir les deux simultanément ?

Avec l'augmentation du nombre de naissances multiples, de plus en plus de livres consacrés aux soins et à l'éducation des jumeaux en bas âge sont apparus ces dernières années sur les rayons des librairies. Mais vous avez dépassé ce stade. Il existe également beaucoup de littérature consacrée à l'éducation des enfants non multiples, mais elle ne correspond pas pour autant au profil de votre famille. Des parents peuvent tenter de vous faire comprendre que leurs enfants sont tellement proches en âge que leur éducation s'apparente à celle de jumeaux. (N'avons-nous pas tous entendu cette remarque au moins une fois ?) Vous souriez simplement, sachant pertinemment que les deux cas ne sont absolument pas comparables, particulièrement lorsque vos multiples étaient très jeunes et que leurs besoins n'étaient pas seulement constants, mais également simultanés.

L'éducation de multiples est en effet très différente de celle des autres enfants, quelle que soit leur proximité en âge. Contrairement à ces derniers, les multiples sont conçus et naissent en paire ou en groupe, ce qui amène à penser qu'un lien puissant se développe *in utero*. Durant les premières années de vie, ils exigent plus d'attention qu'un enfant unique. Ils doivent apprendre à partager l'attention des parents au même moment. Ils grandissent en la présence d'un frère ou d'une sœur du même âge et traversent en même temps les mêmes étapes de développement. Cet « effet de couple » peut avoir des répercussions importantes sur leur relation en grandissant. Bien que de nombreux multiples apprécient leur compagnie respective et s'enorgueillissent de leur apparence, de leurs passe-temps ou de leurs intérêts similaires, d'autres adoptent des caractéristiques radicalement opposées pour se distinguer de leur cojumeau. De la même façon que les soins des nourrissons et des jumeaux en bas âge sont différents de ceux des autres enfants, la scolarité des multiples comprend son propre lot de défis et de récompenses.

Il existe des différences bien documentées entre les jumeaux et les enfants uniques. Par exemple, saviez-vous que les multiples sont plus susceptibles de se heurter à des problèmes de langage ou à un retard de la parole, ce qui risque de mener à des difficultés scolaires, qui peuvent à leur tour amplifier un trouble déficitaire de l'attention avec hyperactivité ? Leur grande proximité les conduit à une expérience sociale différente. Ils sont, en effet, fréquemment comparés l'un à l'autre ou sont considérés et même quelquefois traités comme une seule et même entité. Et c'est pourtant ce même lien qui leur permet de faire face plus efficacement dans l'adversité et qui nous émerveille.

À qui pouvez-vous vous adresser pour obtenir des réponses à toutes ces préoccupations ? À présent, en tant que parent de jumeaux ou de multiples d'âge scolaire, vous êtes comblé. Ce livre a été écrit exclusivement pour les parents qui, comme vous, abandonnent l'équipement double – chaises hautes doubles, poussettes doubles – pour passer à autre chose. Dans cet ouvrage, vous ne trouverez pas de programme à suivre pour les multiples en bas âge (vos enfants remuants vous en imposeront probablement un) ou d'astuces d'apprentissage du pot pour plusieurs tout-petits réticents. À la place, ce livre vous entraîne dans un nouveau territoire – la vie avec des multiples entre les âges de trois et dix-huit ans. Vous y trouverez une foule de nouvelles astuces et de solutions à toutes les questions que vous vous posez. Par exemple, si vos multiples se posent constamment en rivaux, comment pouvez-vous les aider à vivre harmonieusement les uns avec les autres ? De quelle façon la grande proximité de vos jumeaux affectera-t-elle leur individualité ou le fait de devenir plus sociables leur sera-t-il bénéfique ? Que faites-vous si l'un de vos jumeaux est prêt pour la maternelle et non l'autre ? Devez-vous attendre encore un an afin qu'ils puissent être scolarisés ensemble ? Et la fameuse question que tout parent de multiples finit par se poser : devez-vous les séparer dans des classes différentes ? C'est un sujet tellement chargé émotionnellement que pratiquement tout le monde a une opinion, du principal de l'école à votre voisin. Et au sujet de l'adolescence : est-elle vraiment différente pour des multiples ? Que se passe-t-il lorsque des multiples du sexe opposé atteignent la puberté à un âge différent ? Et de quelle façon le fait d'avoir une sœur ou un frère aîné ou cadet affecte-t-il la dynamique familiale ? Toutes ces questions essentielles sont étudiées en détail, offrant aux parents d'enfants multiples plus âgés un avis rassurant et des idées pour une meilleure existence.

Grâce à des centaines d'études de grande envergure ainsi qu'au travail clinique de psychologues, d'éducateurs et de scientifiques spécialisés dans le domaine de la gémellité, nous en apprenons de plus en plus au sujet des expériences vécues par les multiples. Mais pour trouver les réponses aux questions des parents, j'ai dû mener un véritable travail de détective. Il m'a fallu examiner attentivement des volumes de textes analytiques, les ouvrages consacrés aux multiples ainsi que les études publiées récemment et synthétiser les informations techniques et statistiques en un langage accessible à tous.

En plus du point de vue scientifique, *L'Éducation des jumeaux et multiples de 3 à 18 ans* vous fournit le point de vue de dizaines de parents de jumeaux et de triplés plus âgés qui ont tout connu, le meilleur comme le pire. J'ai envoyé plus d'une centaine d'enquêtes détaillées à des parents de multiples en les invitant à me faire part de leur expérience.

Quarante-quatre questionnaires me sont revenus – les parents de quatre-vingt-quinze multiples au total ont participé (certaines familles avaient plusieurs paires de jumeaux). La zygosité (relation génétique entre les jumeaux et les triplés) de ce large échantillon de multiples était la suivante : seize garçons identiques, douze filles identiques, dix garçons fraternels, dix-huit filles fraternelles, vingt-six jumeaux du sexe opposé, deux paires de jumeaux dont la zygosité était inconnue (une paire de filles de même sexe et une paire de garçons de même sexe) et trois ensembles de triplés. Les âges variaient entre six et trente-trois ans, avec une moyenne de treize ans. Les réponses fournies par les parents à mes questions étaient très spontanées et celles incluses dans ce livre vous concernent directement. Elles répondront à un grand nombre de vos préoccupations actuelles.

Les plupart des enquêtes étaient si intéressantes qu'il m'a été difficile de choisir les points à inclure dans ce livre. Deux des réponses les plus interpellantes ont été fournies par les parents qui ne connaissaient pas la zygosité de leurs jumeaux. « Nous n'avions pas fait le test pour déterminer leur zygosité, mais mon médecin m'a dit qu'il était sûr à 85 % qu'ils n'étaient pas identiques. » « Pour moi, ils se ressemblaient en tout point à la naissance mais des différences ont commencé à apparaître en grandissant. » Même maintenant, à l'âge de treize ans, ces garçons ont toujours la même texture et couleur de cheveux ainsi que des yeux de la même teinte. Ils ont toujours eu un poids et une taille semblables.

« Je serais curieuse de savoir, mais je ne souhaite pas débourser d'argent pour le test ! », a plaisanté la deuxième mère, dont les filles adolescentes se ressemblaient également beaucoup. « J'ai examiné le placenta à la naissance, et la sage-femme m'a dit que, même s'il semblait unique, elles avaient pu fusionner. » (Il est important de noter que l'observation visuelle peut être trompeuse, car 25 à 30 % des jumeaux avec des placentas distincts peuvent être identiques et 20 % des multiples avec un placenta unique peuvent être fraternels. De plus, bien que la seule façon valable de déterminer la zygosité soit les tests de diagnostic, les études concluent qu'un parent est en mesure de la deviner avec une exactitude de 95 %. C'est peut-être la mère qui la connaît le mieux !)

En quoi le fait de connaître la zygosité de vos jumeaux est-il important ? En dehors des considérations d'ordre médical (dans l'hypothèse improbable qu'une transplantation d'un organe ou d'un tissu soit nécessaire pour l'un d'eux, l'autre jumeau serait un donneur parfaitement compatible), il existe de nombreuses caractéristiques intrinsèques au type de gémellité et le fait de connaître leur véritable zygosité peut permettre de mieux comprendre la relation qu'entretiennent vos enfants. Si, par exemple, vos jumeaux identiques semblent particulièrement proches, s'ils partagent pratiquement tous leurs amis, même durant les années de collège, et si la séparation leur est difficile à supporter, sachez que ceci est parfaitement normal. C'est l'ADN partagé qui explique ce lien puissant. Aidé par les informations présentées dans cet ouvrage concernant la nature des multiples identiques, vous pourrez les guider en douceur sur le chemin de l'individualité.

Bien que ces enquêtes soient éloignées des études formelles auxquelles je fais référence dans ce livre, elles offrent un merveilleux aperçu de la vie d'un multiple. Le choix d'un panel intéressant de multiples – des jumeaux entrant pour la première fois à l'école aux jeunes adultes en passant par les lycéens et les étudiants – permet de comprendre les expériences uniques vécues par les parents avec des enfants à divers âges et stades de développement. Les parents de jeunes multiples, par exemple, se trouvaient plongés dans les problèmes de séparation à l'école, d'invitation d'un seul de leurs jumeaux à une fête et ainsi de suite. D'autre part, bien que les parents de jumeaux lycéens ou étudiants n'avaient qu'un lointain souvenir de ces jeunes années, ils étaient tout à fait capables de nous éclairer sur les défis des années d'adolescence tels que le manque d'intimité, le début de la puberté, la lutte pour l'individualité et la compétition résultante. Ce large éventail d'âges nous a donc fourni des réponses générales et des conseils plus précis.

À l'heure actuelle, il n'existe que peu d'études portant sur le développement social et cognitif des multiples de haut rang (même si je suis sûre que, avec l'augmentation continue du nombre de triplés et de quadruplés, cette documentation sera plus fournie dans l'avenir). Dans cet ouvrage, j'ai mis en valeur les informations relatives aux multiples de haut rang. Un lecteur avec des triplés ou des quadruplés trouvera facilement de nombreuses informations utiles dans ce texte.

J'espère que vous utiliserez ce livre comme un guide pour mieux comprendre la vie d'un jumeau, d'un triplé ou d'un quadruplé. Je souhaite pourtant souligner que, bien que le texte traite des nombreux problèmes spécifiques aux multiples d'âge scolaire, tels que l'incidence de la gémellité sur l'apprentissage de la lecture ou leur lutte pour se forger une identité, tous les multiples ne rencontreront pas de difficultés. En fait, la plupart réussiront parfaitement à s'épanouir, même en traversant quelques épreuves. Les informations fournies ici sont destinées à vous éclairer, la connaissance apportant une meilleure capacité de discernement. En outre, en lisant ces chapitres, vous trouverez diverses solutions, dont certaines correspondront exactement à votre situation familiale, alors que d'autres en seront très éloignées. La parentalité n'est jamais un scénario unique. Ce qui est la norme pour une famille peut ne pas être adapté à une autre. Et surtout, essayez de rechercher des indices chez vos enfants eux-mêmes. Ils vous feront savoir s'il y a un problème. Vous devez simplement leur prêter attention, rechercher les signes et agir en conséquence.

Que vous soyez le parent de jumeaux en bas âge souhaitant apprendre comment les aider à passer à l'étape suivante ou que vous soyez un parent expérimenté ayant simplement besoin d'être rassuré au sujet du bon développement de vos adolescents, *L'Éducation des jumeaux et des multiples de 3 à 18 ans* est le livre qu'il vous faut. J'espère qu'il vous permettra de tisser des relations saines avec vos enfants et vous inspirera pour devenir un parent irréprochable.

1

COMPRENDRE LES RELATIONS INTRAGÉMELLAIRES

En observant mes jumeaux fraternels (ou dizygotes) passer leur dixième année, je continue à m'émerveiller de leur relation avec du respect mêlé de crainte et même un peu d'envie. Je suis fascinée par ce à quoi peut ressembler la vie avec un ami qui est également votre frère et de surcroît votre jumeau. L'existence d'un jumeau, d'un triplé ou d'un quadruplé est différente de celle de frères et sœurs classiques, même si ceux-ci sont proches en âge. Non seulement les multiples grandissent et se développent côte à côte en partageant les mêmes intérêts, mais les comparaisons entre eux sont plus évidentes (et souvent plus destructrices) qu'elles ne le sont entre des frères et sœurs d'âges différents. Il est probable qu'aucun d'entre nous n'a partagé l'utérus maternel avec son meilleur ami ou grandi dans le même foyer en partageant même les anniversaires ! Ce sont pourtant ces composants, et bien d'autres, qui font toute la différence entre un ami proche, un frère et un jumeau.

Lorsque mon entourage me demande de décrire le lien entre mes fils, je réponds qu'ils sont les meilleurs amis du monde et les pires ennemis – ce sont les deux faces de la même pièce. Par exemple, rien ne me réchauffe plus le cœur que de les observer quitter la cour de l'école ensemble à la fin de la journée. Je suis toujours étonnée de les voir marcher côte à côte en commentant les événements du jour. Et pourtant, dix minutes après être rentrés à la maison, ils se disputent, physiquement et verbalement, pour savoir qui jouera en premier à la PlayStation ou qui mangera le dernier cookie au chocolat.

En tant que parents de multiples, vous avez sans aucun doute observé que la relation entre eux était unique et souvent très particulière. Dans ce premier chapitre, nous allons examiner les liens qui unissent les jumeaux et les multiples : quelles sont les origines de ces liens ? De quelle façon diffèrent-ils pour chaque sous-groupe de multiples ? Comment évoluent-ils au cours de la vie ?

Les six sous-groupes de jumeaux

Combien de fois, alors que vous vous trouviez avec votre poussette double dans un magasin, avez-vous été arrêté par un étranger ? Après la question « Sont-ils jumeaux ? », ces curieux bien intentionnés en viennent inévitablement à l'interrogation : « Sont-ils identiques ou fraternels ? » Nous avons tous appris à nous référer aux jumeaux sous ces deux termes. Et pourtant, savez-vous que ce n'est que la partie émergée de l'iceberg ? Ces deux catégories comprennent encore six sous-catégories. Dans un premier temps, revoyons rapidement la biologie de la gémellité : quand un spermatozoïde unique féconde un ovule unique et que ce dernier se sépare en deux zygotes distincts, nous disons que les jumeaux sont identiques, vrais, ou pour nous montrer plus scientifiques, monozygotes. Ces jumeaux partagent exactement le même patrimoine génétique (ADN) et souvent de nombreux traits physiques, psychiques ou comportementaux. Si, en revanche, deux spermatozoïdes fécondent deux ovules différents simultanément, les jumeaux ne sont pas identiques. Dans ce cas, nous disons qu'ils sont dizygotes, fraternels ou faux. Ils partagent approximativement 50 % de leur ADN – de la même façon que des frères et sœurs issus d'une grossesse unique. Ils ont souvent une apparence et un comportement fort différents.

Une théorie a également été émise sur l'existence d'un type supplémentaire, où les gènes maternels seraient identiques (l'ovule se diviserait avant la fécondation) mais où les gènes paternels seraient différents (l'ovule ainsi divisé serait fécondé par deux spermatozoïdes distincts). Les jumeaux seraient alors semi-identiques ou vrais-faux, car chacun partageant 50 % du patrimoine génétique de la mère et 25 % de celui du père. Au final, ces enfants partageraient environ 75 % de leur ADN – 25 % de plus que des jumeaux fraternels, ce qui expliquerait pourquoi ils se ressemblent souvent tellement.

Une mère m'a confié qu'elle était convaincue que ces filles appartenaient à cette catégorie. « Nous avons testé Sam et Alex. En effet, à la naissance, les médecins pensaient qu'elles étaient fraternelles, mais elles se ressemblaient trop. Les tests ont déterminé qu'elles étaient fraternelles – deux des treize marqueurs étaient différents », dit-elle. Mais elle ajoute « Je savais qu'elles ne pouvaient pas l'être totalement car il y avait trop de similarités entre elles. » Par exemple, toutes deux étaient nées avec les mêmes problèmes physiques. Elles ont appris à marcher le même jour et avaient un orteil palmé au pied gauche ainsi que des yeux de la même couleur. Elles ont toutes les deux commencé à porter des lunettes à l'âge de deux ans. Aujourd'hui, à l'âge de quinze ans, les filles réagissent toujours exactement de la même façon à la plupart des situations, elles ont des goûts similaires à la fois dans le choix de leurs hobbies et de leurs petits amis ! Et enfin, elles ont atteint la puberté presque simultanément, avec des menstruations qui ont débuté avec une semaine de décalage.

Quel est le nombre de ces mystérieux jumeaux semi-fraternels dans le monde ? Il est pratiquement impossible à déterminer car il n'existe actuellement aucun test ADN permettant de valider cette théorie. À ce jour, les jumeaux semi-identiques ne sont pas considérés comme un type vrai de jumeaux.

D'un parent à l'autre

« Matthew, Claire et Gregory (trizygotes) étant des triplés, la dynamique des "alliances" change quotidiennement. Un jour, les garçons s'unissent et excluent la fille. Puis le lendemain, la fille peut jouer avec un garçon, laissant le troisième lire dans son coin. Leurs luttes sont terribles, mais il faut compter sur leur union lorsqu'un élément extérieur à leur trio se fâche contre l'un d'eux ! »

En plus de la classification identique ou non identique, les chercheurs ont divisé les jumeaux en six sous-groupes : filles identiques (MZf), garçons identiques (MZm), filles non identiques de même sexe (DZSSf), garçons non identiques de même sexe (DZSSm) et paires de sexe opposé (DZOSm et DZOSf, respectivement garçon et fille). Vous vous demandez peut-être en quoi cette classification est importante. Non seulement elle est plus précise (après tout, le terme *identique* désigne une paire interchangeable et non les deux individus distincts qu'ils sont), mais elle nous aide également à analyser les caractéristiques de chaque sous-groupe. (De plus, il est beaucoup plus rapide d'écrire DZOSf que fille du sexe opposé !) Tout au long de cet ouvrage, ces termes et symboles seront utilisés conjointement avec les classifications courantes que sont « identique », « non identique » et fraternel.

Les triplés appartiennent à trois catégories : tous identiques (monozygotes), où un ovule fécondé par un spermatozoïde se divise une première fois en deux zygotes distincts, puis se divise de nouveau en trois zygotes ; deux identiques et un fraternel (dizygotes), où deux ovules sont fécondés par deux spermatozoïdes puis où un seul se divise encore en deux zygotes distincts ; et enfin tous fraternels (ou trizygotes), où trois ovules sont fécondés par trois spermatozoïdes différents.

Mais tous ces sous-groupes sont-ils vraiment différents les uns des autres ? Au final, les enfants sont des enfants et les multiples ne font pas exception à la règle – ils se battent et s'aiment, connaissent des périodes de rivalité et de coopération comme tout autre enfant du même groupe. Bien qu'il soit toujours néfaste de coller une étiquette à un enfant – et particulièrement aux multiples –, il existe des différences subtiles entre les six sous-groupes de jumeaux et les trois sous-groupes de triplés. Peut-être avez-vous déjà remarqué nombre de ces particularités chez vos propres enfants. En effet, l'expérience est vécue différemment selon que l'enfant est un jumeau ou un triplé dans un groupe identique (où tout le monde a la même apparence et agit souvent exactement de la même façon), dans un groupe non identique (où le besoin d'être reconnu en tant qu'individu à part entière peut être fort et mener à des rivalités, particulièrement à l'âge de la puberté), et dans une paire du sexe opposé (où l'ordre de naissance ne présente que peu d'importance par rapport au sexe de l'enfant).

Sous-groupes de jumeaux : quelles sont leurs différences ?

Les différences observables parmi les six sous-groupes sont difficiles à évaluer, mais des études ont déjà été menées à ce sujet. La psychologue Helen Koch de l'université de Chicago, par exemple, a étudié quatre-vingt-dix paires de jumeaux (dans un environnement similaire) également réparties dans chacun des sous-groupes, ainsi qu'un groupe de contrôle avec des enfants issus d'une grossesse unique. Fascinée depuis toujours par les jumeaux, Helen Koch souhaitait les classifier selon leur zygosité ainsi qu'en fonction des différences existant entre eux et les enfants issus d'une grossesse unique. En d'autres termes, elle voulait savoir s'il existait des contrastes marqués entre les jumeaux MZ et DZ, quels étaient les effets sociaux et psychologiques de la gémellité et si l'éducation d'un enfant unique était différente de celle d'un jumeau. Bien qu'elle ait mené sa recherche dans les années 1960, ses idées font toujours autorité dans le domaine de la gémellité. Depuis, nous n'avons pas mené d'études aussi poussées et la plupart de ses résultats sont toujours valables aujourd'hui. Plus important encore, son travail nous offre un aperçu de la « situation gémellaire » – la quête de l'individualité, la compétition et la coopération – que connaissent les multiples par le seul fait d'être nés avec un partenaire du même âge.

Comme nous pouvions nous y attendre, elle a constaté que les jumeaux en général étaient plus proches que des enfants du même âge issus d'une grossesse unique – ils jouaient plus souvent ensemble, partageaient leurs jouets, leurs vêtements et leurs amis plus facilement que les autres. Dans l'ensemble, le sous-groupe des jumeaux identiques (MZ) avait tissé des liens plus étroits que celui des jumeaux fraternels de même sexe (DZSS), qui à leur tour étaient plus proches que les jumeaux du sexe opposé (DZOS).

D'un parent à l'autre

« Elise et Suzanne ont été très proches depuis leurs premiers pas. Quand elles étaient petites, elles faisaient tout ensemble – si l'une était malade et manquait l'école, l'autre refusait d'y aller. Elles avaient l'habitude d'affronter les nouvelles situations à deux. Ces dernières années (elles sont maintenant au collège), un gros changement s'est produit et elles se séparent beaucoup plus. Elles ont des groupes d'amis distincts et des intérêts différents – l'une joue dans un orchestre alors que l'autre prend des cours de dessin. Elles restent néanmoins les meilleures amies du monde à la maison, mais elles sont maintenant très à l'aise l'une sans l'autre. »

Dans sa recherche, par exemple, Helen Koch a comparé des jumelles identiques (MZf) avec des jumelles fraternelles (DZSSf). Elle a constaté que les filles du premier groupe partageaient plus librement leurs possessions et leurs amis. De plus, elles préféraient jouer avec leurs cojumelles plutôt que seules. Cette proximité pouvait-elle être expliquée par leur patrimoine génétique commun ? Ou était-ce dû au fait que les parents s'attendaient à ce que des jumelles MZ se montrent plus proches que des jumelles fraternelles du même sexe et traitaient donc les jumelles identiques de façon plus similaire ? C'est impossible à dire.

Les MZf (les jumelles identiques) et DZSSf (les jumelles fraternelles) utilisent souvent l'attention que leur apporte leur gémellité à leur profit. Une fois adolescentes, les MZf risquent de se sentir particulièrement coupables de cette caractéristique, qui consiste à mettre en valeur leurs ressemblances dans l'espoir de conserver les amis et leur popularité. (C'est l'effet prima donna, qui sera traité en détail au Chapitre 7, « À l'âge de la puberté : les multiples à l'adolescence ».)

Les DZSSf (jumelles fraternelles) développent souvent une relation profonde mais peuvent devenir des rivales à l'approche du lycée, époque où les problèmes d'indépendance surgissent et où les amitiés extérieures risquent de compromettre l'union. Et pourtant ces filles se sentent toujours déçues lorsqu'elles n'obtiennent pas de leur cojumelle la compagnie et les encouragements qu'implique selon elles leur relation. Ce comportement est différent de celui des MZf, qui se soutiennent souvent naturellement, sans que les parents n'aient à intervenir.

D'un parent à l'autre

« Victoria et Kate (MZf) sont véritablement les meilleures amies du monde et les pires ennemies – souvent simultanément. Elles restent ensemble, principalement par choix, à chaque instant de la journée. Elles ont chacune leur chambre et dorment séparément, ce qui représente leur séparation la plus longue. En regardant la télévision, toujours dans la même pièce, elles s'assoient sur le même canapé avec les membres entrecroisés, ceci sans même y penser. Si elles commencent à se battre et que je leur demande de se séparer, elles pensent que c'est moi qui suis folle. »

Une autre différence intéressante entre les sous-groupes concerne les garçons identiques (MZm) et les garçons fraternels du même sexe (DZSSm). Helen Koch a constaté que les enfants du premier groupe entraient moins en compétition entre eux que ceux du second, car les jumeaux identiques présentent souvent un front uni au lieu de laisser des désaccords générer des tensions au sein de la relation. (En matière de compétition, Helen n'a cependant constaté que très peu de différence entre les MZf et les DZSSf.) Elle a également trouvé que les MZm étaient plus timides, plus hésitants socialement et moins communicatifs que les DZSSm et les enfants issus d'une grossesse unique du même sexe. Mais quelle part de ce phénomène est due aux rouages complexes de leur relation intragémellaire ? De leur capacité à connaître instinctivement les qualités personnelles de leur cojumeau ? Ce sont les garçons identiques qui semblaient également entretenir la relation la plus forte avec leur père, car il n'existe généralement entre eux aucune compétition pour obtenir l'attention.

D'autres recherches ont mis en évidence le fait que des garçons non identiques du même sexe se montraient plus espiègles à la fois à l'école et à la maison, ce qui explique peut-être pourquoi ce groupe présente plus de troubles déficitaires de l'attention que tout autre sous-groupe de jumeaux ou d'enfants issus d'une grossesse unique. Les parents, également, trouvent que les garçons de ce groupe sont plus pénibles que les autres, mais ceci ne

D'un parent à l'autre

« Evan et Hope (DZOS) ont un lien puissant, même s'il ne se manifeste pas toujours positivement – à un instant ce sont les meilleurs copains et l'instant suivant ce sont des ennemis jurés. Evan est physiquement le plus fort des deux, et cette caractéristique a été une source de frustration pour sa sœur, ce qui l'a amenée, à mon sens, à aiguiser des facultés de réplique et de manipulation assez admirables pour son jeune âge. En conséquence, elle est devenue la dominante. Evan se contente souvent de suivre ses directives (moments où ils sont les meilleurs amis), même s'il se rebelle occasionnellement (moments où ils sont les pires ennemis). Cette dépendance vis-à-vis de sa sœur nous a préoccupés et a conditionné notre approche de leur scolarité et de leurs activités extrascolaires, particulièrement ces dernières années. Hope s'habitue progressivement au besoin d'affirmation de son frère et admet maintenant plus souvent ses réussites. »

surprendra personne ayant éduqué une maison pleine de garçons ! Helen Koch a observé que ces garçons se montraient encore plus agressifs en grandissant – ils affirmaient leurs droits encore plus énergiquement que les jumeaux MZm.

Helen a constaté que les paires du sexe opposé étaient celles qui présentaient les caractéristiques les plus intéressantes. En effet, au moment où elles commençaient leur scolarité, les filles étaient considérées comme plus dominantes que leurs frères socialement parlant (vous trouverez plus d'informations concernant les jumeaux et l'école au Chapitre 4, « Multiples et éducation »). De nombreux garçons de ces sous-groupes semblaient conscients de cette dominance, mais même s'ils aimaient être maternés par leur cojumelle, la plupart indiquaient que le rôle de subordonné leur avait été pénible à l'âge de la scolarité. En conséquence, ce phénomène provoquait quelquefois des tensions au sein de leur union.

Bien que ces particularités aient été observées dans de nombreuses études, les résultats ne correspondent peut-être pas à votre situation familiale. Toutes les paires de jumeaux de sexe opposé ne sont pas composées d'une fille dominante et d'un garçon soumis, tous les jumeaux identiques ne coopèrent pas totalement et toutes les paires de garçons non identiques ne présentent pas de problèmes d'attention ou de discipline à l'école. Chaque famille et chaque multiple est différent. Pourtant, dans les quarante-quatre enquêtes que j'ai effectuées, et qui portaient sur quatre-vingt-cinq multiples en tout, la majorité entrait dans ce schéma. La plupart des parents d'une paire garçon-fille, par exemple, décrivaient la fille comme le porte-parole durant la petite enfance. Au collège et au lycée, les jumeaux fraternels de même sexe ressentent plus le besoin d'être considérés comme des individus distincts (ce qui peut quelquefois se manifester par une rivalité) que des jumeaux identiques. Et enfin, tous les parents de jumeaux identiques décrivent leurs multiples comme entretenant un lien étroit, même à l'âge adulte.

Les jumeaux en miroir

Autrefois, la notion de gémellité en miroir – multiples se ressemblant comme si l'un était le reflet de l'autre à travers un miroir – était utilisée pour établir le type gémellaire, car on pensait que seuls ces jumeaux étaient identiques. Aujourd'hui, il existe des tests plus précis pour déterminer la zygosité et on pense que, parmi les jumeaux en miroir, il est possible de trouver des jumeaux non identiques. Selon les chercheurs, la gémellité en miroir se produit dans environ un quart des cas de gémellité MZ, lorsque l'ovule se divise à l'état embryonnaire, une fois formés les côtés gauche et droit de ce qui aurait été une même personne.

Vos jumeaux sont-ils en miroir ? Il n'existe actuellement aucun test permettant de prouver ce phénomène intéressant de la nature. La confirmation se fonde uniquement sur l'observation. Ainsi, quelles sont les caractéristiques inversées des jumeaux en miroir ?

- L'un est droitier et l'autre gaucher.
- Une implantation opposée des cheveux (observez le sommet du crâne de vos enfants pour voir si les cheveux poussent dans le sens des aiguilles d'une montre ou dans le sens inverse).
- Dans de très rares cas, les organes sont situés sur le côté opposé du corps !

Le lien gémellaire

Par nature, les multiples passent beaucoup de temps ensemble durant leur enfance, phénomène qui est également encouragé par les parents. Cette exposition précoce et prolongée d'un enfant à l'autre, et souvent sans grande intrusion de la part des autres frères et sœurs, amène les jumeaux et les multiples de haut rang à développer une alliance fraternelle puissante et influente. Chacun a un impact considérable sur la personnalité et les sentiments de l'autre. Cette influence est particulièrement importante durant l'enfance et l'adolescence, puis elle diminue légèrement lorsque chacun s'aventure à l'extérieur pour vivre sa vie et rechercher un compagnon. C'est aux alentours de vingt ans que de nombreux jumeaux s'écartent l'un de l'autre, peut-être lorsque leur relation semble menacer la création d'un autre lien avec une femme ou un mari éventuel. La bonne nouvelle est que, avec le temps, la plupart des jumeaux reviennent l'un vers l'autre et reprennent une relation saine et étroite, mais plus mature.

La société a toujours considéré les jumeaux comme naturellement proches, quelles que soient leur zygosité et leurs différences de personnalité. Les jumeaux eux-mêmes pensent souvent qu'ils doivent se montrer particulièrement proches, même lorsque ce n'est pas le cas. Deux frères non jumeaux dont les personnalités ne s'accordent pas durant l'enfance et qui continuent à vivre une existence bien différente une fois adultes ne sont pas considérés comme anormaux. Mais des jumeaux ne se préoccupant pas l'un de l'autre durant leur jeunesse et dont la relation reste tendue à l'âge adulte sont observés avec une certaine incrédulité.

D'un parent à l'autre

« Alicia et Troy (DZOS) sont les meilleurs amis du monde – ils font tout ensemble. Le fait qu'ils soient de sexe différent n'a jamais posé de problème. Ils se sont toujours entendus à merveille et s'incluent mutuellement dans chacune de leurs activités. »

La gémellité a également été très liée à la télépathie, à la perception extrasensorielle et même au paranormal. Les histoires de jumeaux ressentant la douleur ou l'angoisse de l'autre et sachant qu'il est menacé par un danger, même lorsqu'ils sont séparés par des centaines de kilomètres, font la une des tabloïdes. De nombreuses hypothèses entourent le lien gémellaire. Certaines sont vraies, d'autres non.

D'un parent à l'autre

« Depuis qu'ils sont nés, Erica et Chris (DZOS) ont été incapables de partager un lit. Mais il me semblait que, en dormant séparément, ils rataient une grande expérience de relation cosmique que tous les jumeaux doivent partager. Quand ils avaient environ quatre semaines, je me souviens avoir fait une rencontre au bureau de poste. Pendant que je me débattais avec mes bébés et le courrier, cette personne commentait les difficultés logistiques inhérentes aux jumeaux et me demandait si j'envisageais de toujours les emmener ensemble pour faire mes courses. Je répondis "Absolument. Nous essayons de les garder ensemble autant que possible pour qu'ils puissent tisser un lien étroit." Je me souviens toujours de cette rencontre, mais à présent, je ne peux pas m'empêcher de sourire de la naïveté de ma réponse. Ils sont jumeaux. Ils partageront tellement de choses durant leurs premières années de vie que ce n'est pas un trajet en ville qui sera le facteur déterminant dans la relation. Le lien se créera naturellement, sans effort particulier ! »

Au début

Il y a toujours eu beaucoup de spéculations et de mysticisme autour des jumeaux. De nombreuses sociétés les ont vénérés et ont associé la gémellité à des pouvoirs surnaturels, alors que d'autres cultures ont considéré les jumeaux comme un mauvais présage, tuant à la fois la mère et les enfants qu'elle portait. Le thème de la rivalité et de la dominance remonte à des centaines d'années et apparaît dans la mythologie, grecque ou romaine, où de nombreuses divinités étaient jumelles. Romulus et Remus, par exemple, ont été jetés dans le Tibre après que leur père, le dieu romain Mars, les eut abandonnés. Ils ont été allaités par une louve et devinrent les fondateurs mythologiques de la ville de Rome. Pourtant Romulus tua Remus dans une lutte pour le pouvoir. Eh oui, le premier incident dû à la rivalité entre frères jumeaux ! En revanche, les Gémeaux, jumeaux astrologiques, étaient inséparables et se sont encore rapprochés avec le temps. Ainsi, quand l'un d'eux a été tué au cours d'une bataille, l'autre mit fin à ses jours pour rester avec son frère. Il existe également des histoires de jumeaux dans la Bible. Dans le livre de la Genèse, par exemple, Rébecca raconte la lutte que ses jumeaux, Jacob et Ésaü, menaient dans ses entrailles – leurs rivalités et leurs combats ont perduré jusqu'à l'âge adulte.

Avant l'avènement des ultrasons, les parents ne pouvaient qu'émettre des hypothèses concernant l'expérience intra-utérine des jumeaux. Aujourd'hui, la plupart des femmes attendant des multiples sont considérées à « haut risque » par leurs médecins. C'est pourquoi ces parents bénéficient d'un suivi rigoureux et ont de nombreuses opportunités d'observer la relation de leurs multiples *in utero*. L'image de deux bébés côte à côte est non seulement extraordinaire, mais représente également une merveilleuse occasion d'étudier leur comportement fœtal. Malheureusement, il n'est possible d'observer la paire que jusqu'à la vingtième semaine de gestation environ. Passé ce délai, les bébés sont trop gros pour être visualisés l'un à côté de l'autre sur le moniteur. Ainsi la question subsiste : les multiples développent-ils une relation à ce stade précoce de leur vie ? Sentent-ils seulement la présence de leur cojumeau ?

Une façon de déterminer si les jumeaux entretiennent une relation au cours de la grossesse – pour le meilleur ou pour le pire – est le comportement du survivant quand il perd son cojumeau. Bien qu'elle soit impossible à mesurer scientifiquement, la seule preuve que nous ayons sont les expressions anecdotiques de manque exprimées par le jumeau survivant. Mais ce manque est-il imputable à ses propres sentiments, ou aux expressions de perte maintes fois répétées par ses parents jusqu'à ce qu'il les accepte comme une vérité ? Une fois encore, il est impossible d'en être sûr. Mais une chose est certaine. Une grossesse gémellaire, avec toute la stimulation et la proximité intragémellaire engendrées, est un environnement très différent d'une grossesse unique.

Vos jumeaux sont-ils télépathes ?

Prenez un livre consacré aux jumeaux. Il est très probable que vous y trouviez un passage traitant de la télépathie, de la perception extrasensorielle ou de la capacité de la paire à se transmettre des pensées sans utiliser de téléphone cellulaire. Nous souhaitons tous que les jumeaux possèdent ces facultés paranormales ! Elles apportent du piment aux discussions dans les cocktails ou confirment au moins le fait que les jumeaux sont très spéciaux. Il existe trois types de perceptions extrasensorielles chez les jumeaux : la douleur sympathique, où l'un des jumeaux ressent la « douleur » de l'autre, ceci quelle que soit leur proximité physique ; la pensée identique, où la paire pense et dit exactement la même chose au même moment ; et finalement le contact imminent, où un jumeau sait qu'il va voir ou entendre son cojumeau dans quelques instants. Il n'existe cependant pas d'expérience scientifique prouvant la télépathie chez les jumeaux. Il semble qu'ils ne présentent pas plus de facultés dans ce domaine que toute autre personne vivant sur cette planète. Mais on ne peut pas nier que de nombreux jumeaux entretiennent une relation particulière, quasiment mystique avec leur cojumeau.

Plusieurs parents m'ont assurée que leurs jumeaux pratiquaient une forme de télépathie. Par exemple, un mère de jumeaux MZm rapporte que, bien qu'ils se trouvent dans des lits différents, ses fils s'endorment souvent exactement dans la même position. De plus, alors qu'ils étaient encore nouveau-nés et qu'elle en allaitait un, l'autre esquissait un mouvement de succion de la bouche, et ceci même s'il se trouvait à l'opposé dans la pièce ! Une autre histoire intéressante provient de la mère qui pense que ses filles peuvent être semi-identiques. Un jour, elle a décidé de leur apprendre à jouer à la bataille navale. Sans se consulter, les jumelles ont disposé leurs bateaux exactement aux mêmes emplacements et dans les mêmes directions. Plusieurs parents m'ont dit que leurs jumeaux savaient quand l'autre était blessé ou qu'il produisait un travail pratiquement identique avec les mêmes consignes. Une mère de jumeaux de sexe opposé m'a confié « Je n'ai jamais pensé qu'ils communiquaient par télépathie jusqu'à cette année où l'enseignant m'a signalé qu'ils produisaient pratiquement la même rédaction en étant assis à l'opposé l'un de l'autre dans la pièce. » Quelquefois, les phénomènes de télépathie entre les jumeaux se manifestent sous une forme artistique. Plusieurs mères m'ont affirmé que leurs jumeaux effectuaient les mêmes dessins en se trouvant physiquement éloignés l'un de l'autre. Chaque enfant donnait également à sa création exactement le même titre.

Pourquoi certains jumeaux semblent-ils être tellement en phase qu'ils peuvent terminer les phrases de leur cojumeau ou savoir à quel moment il souffre ou se blesse ? La réponse est vraisemblablement plus liée à leurs gènes (souvenez-vous que les jumeaux MZ partagent 100 % de leur ADN) et à leurs expériences partagées qu'à un quelconque phénomène paranormal. Les jumeaux identiques ayant des ondes cérébrales remarquablement similaires au cours de leur vie (nous avons tous entendu l'expression « être sur la même longueur d'onde »), il est possible qu'ils détectent des signaux pratiquement imperceptibles émis par leur cojumeau. Certains chercheurs ont expliqué l'hypothèse télépathique par le fait que les jumeaux développaient une compréhension précoce du langage corporel de l'autre. Les jumeaux commencent à communiquer l'un avec l'autre très tôt dans leur existence. En fait, dans une observation de jumeaux prétendant posséder des capacités télépathiques, les chercheurs ont découvert que les sujets avaient partagé leur lit avec leur cojumeau durant les six premiers mois de leur vie.

Ayant toujours recherché des preuves de télépathie, cette mère de filles MZ n'en a trouvé aucune. Elle en déduit « Elles se comprennent bien, mais pas au point d'être télépathes. » Une autre mère dont les filles MZ descendaient souvent le matin de leurs chambres respectives avec le même pyjama rejette aussi la théorie de la télépathie et affirme que ce phénomène est dû à une grande familiarité.

Nature ou éducation : le grand débat

Qu'est-ce qui fait de nous ce que nous sommes ? Est-ce la nature ou notre patrimoine génétique qui décide si nous allons être un prix Nobel, un artiste ou un enseignant ? Est-ce notre ADN qui détermine si nous allons prendre des drogues, abuser de l'alcool, ou encore devenir centenaire ? Ou est-ce l'environnement dans lequel nous sommes éduqués (où nous vivons, notre éducation, les valeurs inculquées par nos parents et ainsi de suite) qui influe sur notre comportement et qui détermine l'individu que nous finissons par devenir ? Les scientifiques ont débattu de cette question pendant des dizaines d'années, en comparant principalement des jumeaux qui étaient élevés ensemble et des multiples élevés séparément pour mesurer l'influence des facteurs génétiques et environnementaux sur le développement de la personnalité.

D'un parent à l'autre

« Depuis leur naissance, Nathaniel et Preston (MZm) étaient tellement proches qu'ils avaient développé leur propre langage. Ceci a duré jusqu'à l'âge de quatre ans. Ils semblaient perdus lorsqu'ils se trouvaient séparés de leur cojumeau. À six ans, ils ont commencé à explorer l'univers environnant et ont découvert qu'il était plaisant de faire les choses séparément. C'est également à cette époque que les bagarres et les chamailleries ont commencé. Cela étant dit, ils entretiennent toujours ce lien inexplicable. Ils ont essayé à trois reprises de faire chambre à part. À chaque fois, ils ont fini par se réunir sur le canapé de la salle de séjour et par s'y endormir. Ainsi, bien qu'ils souhaitent se séparer, cela leur est impossible. »

Entre 1979 et 1990, la MISTRA (*Minnesota Study of Twins Reared Apart*), par exemple, a soigneusement observé plus d'une centaine de paires de jumeaux séparés à la naissance, élevés par des familles différentes, puis réunis à l'âge adulte. (Autrefois, si des bébés jumeaux étaient proposés à l'adoption, ils étaient souvent placés dans des foyers différents. Bien que cette pratique semble cruelle et soit improbable aujourd'hui, elle permet aux scientifiques d'étudier l'impact de la génétique et de l'environnement sur le caractère d'un être humain.) Cette étude indique que la nature est une force puissante qui détermine la personnalité d'un individu.

En moyenne, les jumeaux MZ de l'étude MISTRA ayant été élevés séparément puis réunis à l'âge adulte présentaient une personnalité, des goûts et des attitudes tout aussi semblables que les jumeaux MZ ayant été élevés ensemble. Les chercheurs en ont conclu que les traits psychologiques (tels que le QI) sont autant influencés par nos gènes que par nos parents. Une étude suédoise a découvert que des jumeaux MZ de quatre-vingts ans avaient encore plus de points en commun que leurs jeunes homologues. Cette caractéristique laisserait penser que, bien que ces jumeaux aient vécu un plus grand nombre d'expériences séparées, ce qui aurait dû accentuer leurs différences, ils se sont en fait rapprochés avec l'âge, phénomène qui est imputable à leur patrimoine génétique ou à la nature.

Mais la nature et/ou l'éducation ont-elles un impact sur la réussite des enfants durant leurs années de scolarité ? Quand leurs effets se manifestent-ils exactement ? Une étude menée en 2001 en Angleterre a montré que la génétique influençait fortement la réussite des élèves durant les premières années scolaires. Les enseignants ont évalué des enfants de sept ans ayant terminé la classe préparatoire. Ils les ont testés dans un grand nombre de matières académiques. Tous les enfants faisaient partie de la TEDS (*Twins Early Development Study*), une étude nationale longitudinale visant à observer plus de quinze mille jumeaux nés en Angleterre et au Pays de Galles de 1994 à 1996. Les chercheurs ont constaté que les paires de jumeaux identiques (MZ) avaient un niveau plus homogène en lecture, en écriture et en mathématiques que les jumeaux non identiques (DZ), ceci même lorsque les enfants MZ se trouvaient dans deux salles de classe distinctes et étaient évalués par des enseignants différents.

Ceci signifie-t-il que les destinées de nos enfants sont tracées d'avance et que nous ne pouvons rien faire pour les infléchir ? Bien sûr que non. L'environnement d'un enfant joue un rôle important : selon les chercheurs, les différences qu'ils ont pu observer entre des jumeaux MZ étaient dues à l'environnement auquel ils étaient exposés. Ce facteur explique pourquoi tant de jumeaux semblent être les opposés. Pour certains jumeaux, il semblerait que plus ils passent de temps ensemble, plus ils choisissent de se différencier l'un de l'autre. Pourtant, s'ils étaient séparés en permanence, la nature reprendrait le dessus et orienterait chaque enfant vers des choix, des situations et des expériences qui lui sont naturellement agréables.

Il existe également de nombreuses études accréditant la théorie de l'éducation. Il y a quelques années, par exemple, une étude menée sur les participants au programme TEDS a constaté que lorsque des jumeaux de même sexe étaient confrontés durant la petite enfance à de jeunes frères et sœurs également de même sexe, la relation cognitive intragémellaire était plus proche que celle qui était entretenue avec les frères et sœurs plus jeunes. Le lien était très fort entre les jumeaux identiques (MZ), car ils partagent 100 % de leur ADN, mais il est intéressant de constater que le lien dans les paires non identiques (DZ) était également beaucoup plus puissant que celui qui pouvait être observé dans les paires jumeau-frère ou sœur. (Souvenez-vous que les jumeaux DZ sont génétiquement semblables à leurs frères et sœurs issus d'une grossesse unique.) À quoi ce phénomène est-il donc dû ? Il existe de nombreuses théories, mais la meilleure est la thèse de « l'environnement partagé spécifique aux jumeaux ». Les jumeaux étant du même âge et se développant approximativement au même rythme, ils partagent les mêmes expériences à la même période. L'étude en a conclu que l'éducation des jumeaux DZ était plus comparable à celle de leurs frères et sœurs issus d'une grossesse unique.

L'impact de l'environnement

Bien que la génétique soit considérée comme un élément majeur dans la constitution de notre personnalité, l'environnement – à la fois partagé et non partagé – a également son rôle à jouer, et ceci particulièrement dans le cas de jumeaux élevés ensemble.

Un environnement non partagé (expériences différentes pour chaque multiple, telles que poids de naissance, classes, sports et amis) peut créer des différences entre les jumeaux, alors qu'un environnement partagé (tous les points communs des multiples, tels que le développement prénatal ou *in utero*, la vie familiale, et même le fait de partager la même classe) permet d'expliquer certaines similarités entre les multiples que la génétique ne parvient pas à élucider.

D'un parent à l'autre

« Ryan et Christopher (dont la zygosité est inconnue) ont toujours été très proches. Ils ont toujours aimé partager leurs occupations et leur cojumeau leur manquait quand ils se trouvaient séparés. Au cours préparatoire, Ryan est resté quelques jours à la maison pour cause de maladie et l'institutrice a vu Christopher pleurer pendant la récréation. Quand elle lui a demandé quel était le problème, il a répondu que son frère lui manquait. À l'arrivée en CM2, ils ont commencé à développer des intérêts différents. À présent, l'un prend des cours de batterie alors que l'autre joue de la guitare. Et depuis un an, ils n'aiment pas se ressembler ou être pris l'un pour l'autre. Ils ont des coupes de cheveux différentes afin de moins se ressembler. »

Pourtant, un environnement partagé peut quelquefois créer des différences entre des jumeaux MZ ou nous inciter à penser que des jumeaux non identiques sont plus semblables qu'ils ne le sont réellement. Par exemple, des jumeaux MZ ne sont « identiques » que dans leur composition génétique. Bien que certains jumeaux MZ partagent le même utérus et le même placenta (environnement partagé), il est possible qu'ils ne reçoivent pas une quantité identique de nutriments, d'oxygène ou même de sang. En résumé, leurs expériences *in utero* peuvent être différentes. Il est également fascinant d'étudier les diverses façons dont les jumeaux MZ peuvent être conçus : l'ovule s'est-il divisé immédiatement à la fécondation, chaque partie s'étant déplacée vers un côté opposé de l'utérus afin de s'y implanter, et chacune ayant son propre placenta et sac amniotique ; ou l'œuf fécondé a-t-il commencé à se développer sous une forme unique avant de se diviser soudainement, les deux parties partageant alors le même sac amniotique ? À première vue, il semblerait que les enfants issus du dernier groupe soient les plus semblables. Mais ce sont les embryons de ce groupe qui doivent entrer en compétition pour la nourriture, l'oxygène et le sang, ce qui amène à des différences marquées de poids et de taille à la naissance. Nous pouvons donc en déduire que, bien que les jumeaux MZ (et même les triplés MZ) aient exactement le même patrimoine génétique, ils sont très différents en arrivant au monde.

Voici un exemple concret : en raison de leurs différences prénatales, Jordan (MZm) est né avec une grave malformation cardiaque qui a nécessité plusieurs interventions chirurgicales dans les premiers mois de sa vie. Selon sa mère, il y a toujours eu une grosse différence physique entre lui et son frère, et ce malgré leur patrimoine génétique identique. Maintenant, à neuf ans, Gabriel est toujours légèrement plus fort. Les garçons présentent également des différences significatives sur le plan cognitif.

En outre, il est possible qu'un environnement partagé (même vie familiale, même classe et ainsi de suite) n'affecte pas exactement de la même façon des jumeaux MZ, car chaque individu perçoit et gère différemment les événements – alors que l'un verra le verre à moitié plein, l'autre le verra à moitié vide.

L'environnement a également un impact différent sur des jumeaux DZ. Bien que des jumeaux non identiques ne partagent que 50 % environ de leurs gènes, il est possible qu'ils aient eu des expériences *in utero* très similaires ou parallèles, recevant des quantités égales de nutriments et de sang. Durant la première année de vie, tous deux se développent approximativement au même rythme, faisant leurs premiers pas et prononçant leurs premiers mots à quelques mois (ou même quelques jours) d'intervalle. En conséquence, il est possible que les jumeaux DZ se ressemblent plus que leurs homologues MZ lors de leur venue au monde, mais avec le temps, ce sont les gènes qui prendront le dessus et la ressemblance des jumeaux MZ s'accentuera (Jordan rattrapera son frère Gabriel dans les années à venir), alors que les jumeaux DZ changeront et deviendront sans aucun doute des individus très différents, à la fois physiquement et mentalement.

Mes propres jumeaux DZ en sont un exemple parfait. Ils sont tous deux nés chauves et pesant respectivement deux kilos soixante-dix-huit grammes et deux kilos soixante-quinze grammes – une simple différence de trois grammes. Il était difficile de les distinguer durant les premiers mois. Ils ont prononcé leurs premiers mots et commencé à marcher à quelques jours d'intervalle. Pratiquement tous les étrangers pensaient qu'ils étaient identiques. Pourtant, dix années plus tard, l'un a pratiquement six centimètres de plus que l'autre. Ils sont tellement différents, physiquement et dans leurs actes, que personne ne reconnaît en eux les jumeaux qu'ils sont en réalité.

Gérer le handicap

Les risques d'avoir un multiple présentant un handicap tel qu'une paralysie cérébrale ou un problème d'apprentissage est plus élevé que chez un enfant issu d'une grossesse unique (statistiquement, il existe six fois plus de cas de paralysie cérébrale chez les jumeaux et douze fois plus chez les triplés). Les jumeaux MZ courent encore plus de risque de naître avec un handicap que les jumeaux non identiques.

Quand ils apprennent que l'un de leurs jumeaux présente un handicap, les parents éprouvent généralement un sentiment de douleur, de peur, de culpabilité et même quelquefois de colère pour le jumeau en bonne santé qui est souvent un rappel – une image en miroir – de ce que le jumeau handicapé aurait pu être. Certains parents regrettent même l'absence de relation gémellaire normale entre les frères ou les sœurs.

Le jumeau en bonne santé surmonte les problèmes seul. Il peut rester en retrait pour moins attirer l'attention sur son cojumeau. Il est possible qu'il se sente coupable (« Pourquoi ai-je survécu sans handicap ? ») et même jaloux du jumeau handicapé qui reçoit plus d'attention de la part des professionnels de santé, de la famille et des amis. Il est même possible qu'il essaie de s'occuper de son jumeau handicapé pour se soulager de sa culpabilité. En apparence, ce comportement peut paraître noble, attentionné et compatissant, mais si ces bonnes actions vont trop loin, elles risquent de devenir excessivement pesantes pour un jeune enfant.

Ce type de gémellité comprend cependant de nombreux aspects positifs. La plupart des jumeaux en bonne santé ayant un cojumeau handicapé deviennent des adultes sensibles. Leur vue du monde n'est pas égocentrique, et ils sont souvent plus respectueux des personnes handicapées – une fois adultes, beaucoup poussent le trait jusqu'à devenir des professionnels de la santé. Ils développent enfin une grande confiance en eux, qui provient du fait qu'ils apportent leur contribution dès qu'ils le peuvent.

Lorsqu'ils ont un jumeau handicapé, les parents doivent cependant prendre un certain nombre de paramètres en considération.

Ils doivent expliquer souvent, et en partant du début, à l'enfant en bonne santé la situation avec son cojumeau. Ils doivent veiller à ce qu'il comprenne qu'il n'est pas en cause dans cette situation. De nombreux jumeaux en bonne santé n'ayant pas compris et ayant été maintenus dans l'ignorance ont passé leur enfance désorientés et blessés par ce qu'ils considéraient comme un traitement spécial pour leur cojumeau. Les enfants qui comprennent la situation depuis le début et qui se montrent capables de la formuler aux autres avec assurance grandissent généralement en acceptant parfaitement le handicap au lieu d'éprouver du ressentiment. Ils parviennent souvent à trouver un équilibre dans leur relation.

Ils ne doivent pas hésiter à leur faire faire les mêmes sports, de peur de souligner l'écart entre leurs capacités. Comme me l'a dit la mère d'un triplé DZ handicapé, « La compétition a amélioré l'état de Matt. » Sans la compétition implicite entre ses enfants, m'a-t-elle expliqué, son fils ne se serait pas autant dépassé physiquement.

L'enfant handicapé est sensible à ce qui peut sembler des éloges excessifs pour des tâches simples. Les parents et les enseignants doivent également féliciter et discipliner l'enfant handicapé de façon adéquate.

Les parents ayant un enfant handicapé ont besoin d'une aide extérieure afin de pouvoir consacrer du temps et souvent une attention indispensables à l'enfant en bonne santé.

Au lieu de l'exclure, autorisez le jumeau en bonne santé à se joindre à quelques séances de thérapie.

L'avantage de la gémellité : la véritable histoire

Il est possible que les jumeaux aient la possibilité de lire dans leurs pensées respectives et puissent utiliser ce superpouvoir à leur profit, mais la gémellité présente d'autres avantages. Les jumeaux développent généralement une grande confiance mutuelle. Ils unissent souvent leurs forces dans les périodes de stress et de peine. Depuis les tout premiers jours, ils développent un système de soutien émotionnel et social qui leur offre une base solide dans laquelle ils puiseront leur vie entière. (Dans les années 1970, vous souvenez-vous du triste cas de jumeaux ayant été enfermés six ans dans un sous-sol par leur belle-mère ? Leur gémellité a engendré une stimulation mentale réciproque qui leur a permis d'éviter des dommages permanents.)

À l'âge de la scolarité, les jumeaux sont tout aussi prêts que leurs camarades de classe à aborder les tâches d'apprentissage. En fait, certains jumeaux peuvent se sentir plus en sécurité, ce sentiment étant dû à la relation forte qu'ils ont déjà tissée avec leur cojumeau. Leur situation unique leur permet d'acquérir relativement tôt l'art de la négociation, du compromis et du partage. La présence physique du cojumeau n'est pas toujours nécessaire – le lien entre eux qui les unit est souvent suffisant pour se soutenir mutuellement, même lorsqu'ils sont séparés une partie de la journée. (Néanmoins, pour des jumeaux fortement liés l'un à l'autre, la séparation doit être progressive.)

Et alors que certains enfants issus d'une grossesse unique ne nouent pas de lien fort avec leur père, les jumeaux tissent souvent une relation étroite avec celui-ci. Après tout, papa doit mettre la main à la pâte pour les biberons et changer les couches durant la petite enfance. Il crée ainsi un lien précoce qui perdure au fil des ans. Les enfants entretenant des relations fortes avec leurs deux parents ont un sentiment de sécurité plus profond qui facilite leur passage à d'autres relations.

Les jumeaux se montrent souvent très protecteurs l'un envers l'autre, chacun agissant comme garde du corps personnel de l'autre. Les tyrans de cours de récréation sont moins susceptibles de s'attaquer à un jumeau, car ils savent que leur « victime » a un allié de poids qui finira par la soutenir. Les parents demandent généralement à leurs enfants de se défendre mutuellement quand l'un se trouve en difficulté dans la cour. Ce comportement est instinctif pour la plupart des jumeaux. Une mère m'a dit que ses filles non identiques menaient toujours des vies séparées depuis la plus tendre enfance, mais quand l'une d'elles s'est trouvée en difficulté dans la cour de récréation de la maternelle, sa cojumelle s'est ruée vers elle et a étalé son « agresseur » par terre !

D'un parent à l'autre

« À l'âge de dix ans, bientôt onze, Joseph et Jack (MZm) sont toujours en compétition. Ils veulent se surpasser mutuellement. Ils se battent et s'agacent mutuellement. Ils se taquinent également beaucoup et s'insultent. Cela m'amuse beaucoup d'entendre l'un traiter l'autre de laideur, car ils sont identiques. Mais quelquefois après la bagarre, je me rends dans leur chambre (qu'ils partagent) et je les trouve tous les deux installés dans le même lit. »

Et qu'en est-il des années d'adolescence ? Le fait d'avoir un pote pour vous soutenir moralement dans une foule de nouvelles situations est une bénédiction. Pas de moment pénible à attendre seul debout au bord du gymnase pendant le cours de danse. Avec votre cojumeau à vos côtés (ou au moins à portée de vue), vous vous sentez à l'aise et décontracté en toute circonstance. La pression du lycée, les préparatifs pour la faculté, le départ du foyer ainsi que les hauts et les bas de la vie sentimentale sont considérablement allégés par la relation intragémellaire. Ceci est encore plus important durant les années tumultueuses de l'adolescence, lorsque chaque commentaire ou regard peut avoir des centaines de significations différentes.

Et finalement, ce sont les jumeaux eux-mêmes qui nous démontrent jour après jour l'impact positif de leur relation – une amitié, un compagnon constant quoi qu'il advienne. La plupart des jumeaux poursuivent cette relation particulière à l'âge adulte. L'ami des jeunes années fait alors place à un confident mature – quelqu'un qui comprend et traverse les mêmes épreuves.

Et dois-je mentionner que les jumeaux ont tendance à être plus populaires à l'école ? Que ce soit dû à leur statut qui intrigue ou au fait que la relation intragémellaire permet de se sentir plus en sécurité, ce qui joue un rôle attractif, la plupart des jumeaux disent avoir eu beaucoup d'amis et de nombreuses expériences positives durant leur scolarité. En fait, des études ont montré qu'il serait plus facile pour des adolescents jumeaux de sexe opposé d'interagir avec leurs pairs, car plus d'opportunités s'offrent à eux. La nature de leur statut leur permettrait de mettre en place plus facilement une interaction positive avec des membres du sexe opposé. Socialement parlant, le lien intragémellaire est bénéfique à ces enfants.

Les multiples à l'âge adulte

Vos jumeaux ou multiples conserveront-ils leur proximité une fois adultes ? Bien que certains multiples se réjouissent d'atteindre les études supérieures, cette étape leur permettant enfin de se libérer de liens pesants avec leur cojumeau, la plupart restent proches, au moins spirituellement. Que réserve donc l'avenir à vos multiples ? Cela dépend en partie de leur zygosité ou de leur type gémellaire – les jumeaux identiques avec un patrimoine génétique partagé sont ceux qui conservent le lien le plus fort. Ils sont suivis par les jumeaux fraternels de même sexe. La relation entretenue par les jumeaux durant l'enfance et les années tumultueuses de l'adolescence joue également un rôle déterminant pour l'avenir. De nombreux frères jumeaux essaient de faire front ensemble durant l'adolescence, profitant du confort que leur offre le fait d'avoir un confident du même âge. Mais si l'entourage n'apprécie pas cette relation et encourage l'un à rejeter l'autre, il est alors possible que la paire éclate.

La recherche a montré que les jumeaux se mariaient généralement plus tard que les enfants issus d'une grossesse unique. Cette caractéristique est probablement due à l'amitié et au lien profond entre les multiples. Si vous avez un partenaire qui vous complète parfaitement, il n'y a aucune urgence à trouver l'âme sœur. Il est également possible que les jumeaux se montrent réticents à former une autre paire, bénéficiant déjà d'une relation stable et réussie. Le fait de quitter le jumeau risque aussi d'être ressenti comme une trahison par certains. Ce phénomène peut être considéré comme une bénédiction ou un fléau. D'un côté, il est sage de prendre son temps pour choisir le partenaire d'une vie, car les statistiques indiquent qu'un mariage tardif accroît les chances de longévité. Inversement, certains multiples peuvent rester sur leurs acquis, redoutant de ne pas parvenir à créer une nouvelle union par eux-mêmes.

D'un parent à l'autre

« Depuis le début, j'ai dit à Sheila et à Virginia (DZSSf) qu'elles seraient les meilleures amies en grandissant et qu'elles devaient commencer dès lors à cultiver cette amitié. À présent, elles sont à l'université. Elles ne se voient pas beaucoup et ne communiquent pas tellement entre elles. Elles restent en contact par notre intermédiaire. Nous sommes allés rendre visite à Virginia à l'université alors que l'orchestre de jazz de Sheila se trouvait dans la ville pour un concours. Nous n'avons pas averti Virginia. Leur rencontre a donné lieu à une effusion d'étreintes et de larmes. C'était très émouvant. »

Au final, ce sont les multiples ayant admis les amitiés extérieures de leur cojumeau durant l'enfance qui ont le plus de facilité à accepter la nouvelle union de leur cojumeau à l'âge adulte. Souvent, lorsqu'un jumeau se marie, le second trouve rapidement une partenaire. Le premier ouvre la voie et le second lui emboîte le pas.

Quand un enfant issu d'une grossesse unique se marie avec un jumeau, il ne comprend pas forcément la puissance de la relation que partagent les multiples. Lorsqu'une épouse sent qu'elle arrive en deuxième position derrière le cojumeau dans les sentiments de son mari, il est possible qu'elle demande le divorce ou au moins qu'elle limite le contact entre la paire. Ceci explique peut-être pourquoi certains jumeaux se marient à d'autres jumeaux. Chacun comprend ainsi l'alliance gémellaire et les nuances subtiles qui l'accompagnent. Quand une paire de jumeaux identiques s'unit à une autre paire de jumeaux identiques, on parle de mariage quaternaire. Ce cas est rare (on dénombre moins de trois cents couples de ce type dans le monde), mais il existe. Les enfants de ces couples sont encore plus étranges – ce sont non seulement des cousins germains, mais leurs gènes sont ceux de frères puisque leurs parents identiques partagent 100 % de leur ADN.

Les statistiques les plus étonnantes concernant les jumeaux adultes proviennent de l'étude menée dans le Minnesota. Les chercheurs souhaitaient savoir de quelle façon les gènes affectaient nos vies amoureuses. Ils partaient du principe que puisque les jumeaux

D'un parent à l'autre

« La proximité de Dan et de Todd (DZSSm) a toujours connu des hauts et des bas. Au départ, ils faisaient preuve d'un amour et d'une admiration inconditionnels l'un envers l'autre. Mais des impératifs temporels ainsi que des amitiés et intérêts extérieurs distendent quelquefois les liens. À présent, ils sont à l'université et chacun suit son propre chemin. Je constate non seulement un désir d'indépendance par rapport au cojumeau, mais également par rapport à la famille en général. »

MZ partageaient exactement le même ADN, ils devaient également avoir les mêmes critères dans le choix d'un compagnon. (Si un jumeau a un penchant pour les blondes, ce doit être également le cas de l'autre.) Ils pensaient, en outre, que les jumeaux MZ devaient être attirés par les épouses de leurs cojumeaux. (« Mon frère a très bon goût dans le choix des femmes ! ») Ceci semblait logique, particulièrement dans les cas de mariages quaternaires mentionnés ci-dessus. Pourtant, quand ils ont testé leur théorie, celle-ci s'est effondrée sous leurs yeux ! Non seulement les épouses de jumeaux MZ n'étaient pas plus semblables que celles d'hommes choisis au hasard, mais les jumeaux MZ masculins n'éprouvaient aucune attirance pour les femmes de leurs frères. En fait, les deux tiers ressentaient de l'indifférence ou même de l'antipathie envers elles. Et la conclusion des chercheurs dans tout cela ? « L'amour a ses raisons que la raison ne connaît pas. » Il est totalement imprévisible et aléatoire.

À l'âge adulte, de nombreux jumeaux se rapprochent l'un de l'autre, développant une amitié plus profonde que durant leur enfance. Lorsque chaque jumeau commence à suivre son propre chemin indépendamment de l'autre, les rivalités et les comparaisons qui étaient si évidentes durant l'adolescence finissent par s'estomper et disparaître. Cette tension n'étant plus existante, les jumeaux sont enfin libres d'apprécier pleinement leur relation particulière.

Les chercheurs ont enfin constaté qu'un lien émotionnel fort entre des jumeaux MZ adultes augmentait leur durée de vie (et qu'il n'existait aucune corrélation entre la durée de vie et le fait d'être des jumeaux DZ).

Une étude a découvert que des jumeaux MZ qui se parlaient au moins une fois par mois au téléphone ou en personne vivaient plus longtemps en moyenne que ceux n'ayant pas des contacts aussi fréquents.

Un ami pour la vie

La boucle est ainsi bouclée. Nés ensemble, les jumeaux deviennent instantanément camarades. Ils développent une relation étroite qui les affectera socialement et psychologiquement plus que la relation entretenue entre deux frère et sœur issus d'une grossesse unique. En grandissant et en découvrant qui ils sont et ce qu'ils souhaitent obtenir de la vie, il est possible qu'ils s'éloignent l'un de l'autre ou prennent des chemins différents. Ceci est naturel et ne doit pas être condamné, même si cet éloignement est plus difficile à vivre pour un jumeau que pour l'autre. Mais la puissance du lien que vos multiples ont tissé durant leur enfance empêche souvent l'éclatement de la paire durant les années tumultueuses de l'adolescence. Une fois celles-ci passées, la plupart des multiples s'invitent respectivement dans leur nouveau foyer afin d'apprécier une nouvelle fois leur union.

2

DÉVELOPPER L'IDENTITÉ ET PROMOUVOIR L'INDIVIDUALITÉ

En tant que personne issue d'une grossesse unique, j'ai toujours considéré mon individualité comme acquise. Lorsque je me regarde dans un miroir, je me vois moi-même. Personne d'autre n'est identique. Pourtant, pour certains multiples, et particulièrement pour ceux ayant une grande ressemblance, il peut être difficile de se construire une personnalité propre.

De nombreux facteurs affectent l'identité et l'individualité des jumeaux : l'attitude des parents et des familles, leur culture et la façon dont les jumeaux eux-mêmes considèrent leur relation. Si les parents, par exemple, privilégient l'unité et la solidarité familiale en encourageant leurs multiples à travailler ensemble et à compter l'un sur l'autre, les jumeaux adopteront naturellement le même mode de pensée.

En matière de multiples et d'individualité, tout est question d'équilibre. Il convient de leur apprendre à cultiver leur relation particulière tout en leur offrant la liberté de découvrir et d'explorer des intérêts personnels.

Quand un jumeau a une bonne image de lui-même, la relation intragémellaire s'en trouve renforcée.

Les défis identitaires pour les jumeaux et les multiples

Durant leurs premières semaines de vie, les jumeaux développent rapidement une relation de dépendance – une union – avec leur mère. Pour les bébés, la frontière entre leur propre personne et celle de leur mère est floue. Ils pensent qu'ils sont une seule et même entité. Lentement, en grandissant et en améliorant leur mobilité, ils découvrent qu'il existe un univers extérieur à cette relation. Ils réalisent qu'ils sont séparés de leur mère – à la fois physiquement et psychologiquement – et de leur environnement. C'est entre cinq et trente-six mois que tous les enfants, dont les multiples, s'engagent dans ce lent processus de séparation et d'individuation. Ils se détachent alors de la relation mère-enfant et leurs propres personnalités commencent à poindre. Bien qu'inconsciemment, ils commencent à se poser la question suprême « Qui suis-je ? » Ce processus en deux étapes est essentiel pour l'autonomie – chaque enfant a besoin d'établir un sens clair du soi, d'agir de façon indépendante et d'établir des liens étroits avec les autres.

Les jumeaux venant au monde en couple s'identifient non seulement à leur mère, mais également à leur cojumeau. Ainsi, la phase de séparation-individuation se révèle un peu plus complexe. Les jumeaux réalisent qu'ils sont des individus distincts de leur mère beaucoup plus tôt qu'ils ne comprennent qu'ils sont également distincts l'un de l'autre. C'est peut-être pourquoi la plupart des jeunes enfants multiples sont pratiquement inséparables et n'ont pas les mêmes opportunités de découverte personnelle que les bébés issus d'une grossesse unique. Il est possible que la mère ait recours aux services d'une baby-sitter ou inscrive ses enfants à la crèche et les laisse une heure ou une journée si elle travaille, mais même dans ce cas, le cojumeau est toujours présent. Les jumeaux et autres multiples mangent, dorment, se baignent et jouent ensemble. En résumé, ils passent beaucoup plus de temps ensemble qu'avec leur mère durant leur enfance, ce qui risque de retarder leur séparation.

La mère peut involontairement aggraver le processus. Après la naissance, il est possible qu'elle établisse un lien avec la paire dans son ensemble, car il est difficile pour une seule femme de s'investir émotionnellement avec deux nouveau-nés à la fois. Et même lorsque la mère s'attache à chacun individuellement, l'environnement peut contribuer à faire pression pour qu'elle les considère comme une seule entité avec des commentaires tels que « Comment pouvez-vous les distinguer ? Ils se ressemblent tellement ! »

En outre, la plupart du temps, l'attention de la mère doit se diviser entre les deux. Quand un jumeau obtient d'elle un moment pour un câlin ou une étreinte, son cojumeau est toujours là à attendre son tour. Les études ont démontré que les mères de multiples ont des interactions moins suivies avec leurs enfants que les mères d'enfants uniques. Les jumeaux passent également beaucoup moins de temps physiquement seuls avec leur mère, un composant essentiel au développement de l'autonomie – c'est le soutien émotionnel exclusif de sa mère qui sécurise un enfant et lui permet de progresser dans sa quête d'individuation.

Ce phénomène peut être une arme à double tranchant. Les jumeaux, prenant beaucoup de plaisir dans leur relation et compensant ainsi en partie le manque d'attention maternelle, risquent de compromettre leur propre individuation. Le résultat, bien que rare, peut être un manque d'estime de soi, des difficultés à agir séparément et des problèmes relationnels avec le monde extérieur. L'identité est également liée au développement cognitif, car une certaine maturité est nécessaire pour résoudre le problème. (Il est important de signaler ici que la plupart des jumeaux finissent par développer un fort sens du moi – même si certains sont retardés dans ce processus – et poursuivent une vie normale et épanouissante.)

L'identité se développe-t-elle différemment en fonction des sous-groupes de jumeaux ?

Le développement d'une identité personnelle est une expérience différente pour chacun d'entre nous. Depuis des années, de nombreux psychologues étudient le problème. La psychologue Sara Smilansky, qui est professeur de pédopsychologie clinique et éducative, a

D'un parent à l'autre

« En sixième, Elise (MZf) a décidé de jouer de la clarinette dans l'orchestre de l'école. Cet engagement lui a demandé du courage, car Suzanne (MZf) n'était pas du tout intéressée par cette activité. Elise a donc dû se lancer seule. Suzanne prend des cours de dessin sans Elise depuis un an et demi, ce qui la passionne. Nous soutenons ces décisions et les respectons. Suzanne s'est également coupé trente centimètres de cheveux l'année dernière pour l'association Locks of Love. Cet événement a été un acte de séparation majeur, car elles devenaient alors très faciles à distinguer. Elise a décidé de ne pas participer à cette collecte de cheveux, et nous l'avons également soutenue. »

observé de quelle façon les jumeaux israéliens développaient leur propre identité. En utilisant une série de tests et d'interviews, Sara a conçu un système – un score d'individuation – visant à définir le niveau de conscience de soi et d'autonomie d'un enfant. Le questionnaire déterminait la perception de soi des jumeaux en classant leurs goûts, leurs humeurs, leurs réactions et ainsi de suite. Au cours de sa recherche, Sara a découvert que, alors que les enfants issus d'une grossesse unique et fréquentant les classes du CE1 au CM1 étaient déjà fortement individualisés, les jumeaux non identiques (DZ) ne l'étaient pas autant. Ceux de sexe opposé obtenaient cependant un score plus élevé que ceux du même sexe. Les jumeaux identiques (MZ) étaient les moins individualisés à cet âge. Dans les classes de CM2 et de sixième, les jumeaux DZ se trouvaient toujours derrière les enfants issus d'une grossesse unique, mais pas autant que dans les classes précédentes (une fois encore, les scores d'individuation étaient plus élevés pour les jumeaux de sexe opposé que pour ceux de même sexe). Il n'y avait, en revanche, que peu de changement dans le groupe MZ. Aucun progrès significatif vers l'individuation ne pouvait être constaté.

En outre, une étude suédoise longitudinale ayant suivi un groupe de jumeaux pendant seize ans a obtenu des résultats similaires. En utilisant le Wartegg Drawing Test pour évaluer la confiance en soi, l'estime personnelle, les niveaux d'anxiété et

D'un parent à l'autre

« J'avais entendu parler de jumeaux qui ne reconnaissaient pas leur propre image dans un miroir. Nous nous sommes donc attachés à affirmer leurs identités individuelles le plus tôt possible. Pour cela, nous avons joué à cache-cache devant un miroir en disant "Où est Kaden ?" (MZm), "Le voilà !" en même temps que nous avancions et reculions devant le miroir. Puis nous avons fait la même chose avec les deux garçons ensemble. Mais malgré cela, des problèmes ont perduré avec le "nous". La question était toujours "Pouvons-nous... ?" même si l'un d'eux seulement formulait la demande. Il nous fallait donc passer petit à petit du "nous" au "moi" et finalement au "je". Ceci n'a été acquis que juste avant l'entrée en maternelle. »

d'agressivité, le mode de gestion du conflit par l'enfant et ainsi de suite – tous les composants de l'identité d'un enfant –, les chercheurs ont conclu que parmi les différents sous-groupes de multiples, les jumeaux DZ étaient ceux qui possédaient le sens le plus fort du moi, et ceci qu'ils soient de même sexe ou de sexe opposé. Une fois encore, c'est pour les jumeaux MZ que le processus d'individuation posait le plus de problème. Les filles MZ faisaient preuve de plus de dépendance vis-à-vis de leur cojumelle et se reposaient moins sur leur mère que les filles DZ.

Parmi les six sous-groupes, pourquoi donc les jumeaux MZ sont-ils ceux pour qui l'individuation est la plus problématique ? De nombreux facteurs contribuent au retard d'autonomie affectant tous les jumeaux, mais des enfants identiques doivent faire face à des obstacles supplémentaires. En premier lieu, le fait de grandir simultanément avec un cojumeau peut quelquefois être déroutant et menacer la conscience de soi de l'enfant. Le plus souvent, quand un jumeau identique regarde dans le miroir, il reconnaît le visage de son cojumeau et non le sien. En fait, la recherche montre que les bébés MZ ont besoin de six mois de plus que les jumeaux DZ pour se reconnaître dans un miroir. Et même par la suite, les adolescents MZ font souvent des erreurs en regardant un miroir.

De nombreux jeunes jumeaux répondent également au nom de leur cojumeau. Il n'est pas étonnant que des voisins, des enseignants et même des parents continuent à intervertir les noms ou à considérer les deux comme une seule et même entité. Les jumeaux eux-mêmes peuvent douter de leur identité exacte. (Dans une étude où un groupe d'enfants incluant une paire de jumeaux jouaient ensemble, les multiples étaient invariablement traités comme une seule et même entité.) En outre, c'est en jouant avec d'autres enfants ayant une personnalité, des possibilités et des expériences différentes que les jumeaux développent leur propre sens de l'identité. Mais certains jumeaux MZ préfèrent jouer ensemble et ne pas faire l'expérience de la socialisation avec les autres.

Ne fermez pas les yeux sur la double identité

Bien que vous veniez de lire plusieurs pages sur les problèmes susceptibles d'être rencontrés par certains jumeaux sur le plan du développement du sens du moi, le retard d'autonomie n'est pas inévitable. De plus, les parents ne doivent pas rejeter la double identité de leurs multiples dans l'espoir de favoriser leur individualité. Les jumeaux ont leur propre identité, mais ils ont également une identité en tant que multiples qui ne doit pas être négligée. Et bien qu'il soit important pour chaque enfant de sortir de l'ombre de son cojumeau pour développer ses propres capacités, il est également important de reconnaître le lien particulier qui les unit. La mission des parents devrait donc être d'encourager leurs jumeaux – et tous leurs enfants – à suivre leur propre voie à leur propre rythme.

Par ailleurs, dans la hâte des parents de voir chacun de leurs jumeaux se forger sa propre personnalité, il est possible qu'ils en fassent trop. Par exemple, si vous pensez qu'il est préférable pour vos jumeaux de se trouver dans les classes distinctes, il n'est peut-être pas nécessaire de les séparer à la maison dans des chambres distinctes. Ne forcez jamais une séparation. Vous risqueriez alors d'obtenir l'effet inverse de celui recherché. Au lieu de prendre de l'indépendance, vos jumeaux risqueraient de se sentir anxieux et de chercher à se rapprocher encore plus l'un de l'autre.

D'un parent à l'autre

« À l'âge de deux ans et demi environ, mes jumeaux (MZm) jouaient à cache-cache dans le placard de ma mère, dont les portes étaient recouvertes de miroirs. Un garçon se cachait dans le placard et riait. Son frère l'entendait et le retrouvait de cette façon. Quand ce dernier s'est vu dans le miroir, il s'est précipité pour attraper son cojumeau. Il a eu un regard vraiment étonné quand il a réalisé que ce n'était pas son frère. Ils ont joué dans ce placard et avec le miroir pendant plus d'une heure. Un garçon entrait dans le placard et l'autre fermait la porte et regardait son image dans le miroir, puis ils changeaient de place. À un moment, ils sont tous deux sortis du placard, ont fermé la porte et ont touché leurs reflets dans le miroir. Il ont ainsi réalisé pour la première fois qu'ils se ressemblaient. C'était vraiment formidable de les voir apprendre par le jeu. »

Devez-vous vous inquiéter ?

De nombreux jumeaux n'ont aucun problème à développer un fort sens du moi. Il est possible que ce processus soit un peu plus long que pour un enfant issu d'une grossesse unique, mais il finit néanmoins par se produire. Pourtant, si un jumeau rencontre toujours des difficultés à son entrée au collège, c'est peut-être parce qu'il est persuadé de fonctionner mieux en équipe qu'en solo. L'attitude positive d'un parent peut lui être utile. En assistant avec douceur vos multiples sur la voie de l'autonomie, il sera peut-être plus facile de considérer cette période d'individuation comme un rééquilibrage de leur relation plutôt que comme une séparation ou un éclatement de la paire, qui aurait une connotation négative.

D'un parent à l'autre

« Nous avons proposé des choix à Gabriel et Jordan (MZm) – Souhaites-tu aller sur ce terrain de camping ou sur celui-là ? Veux-tu assister à ce cours ou à cet autre ? S'ils faisaient le même choix, tout allait pour le mieux. Et si leurs choix étaient différents, cela ne posait pas de problème non plus. À de nombreuses reprises, ils ont choisi les mêmes activités, mais il est aussi arrivé qu'ils souhaitent faire quelque chose de radicalement différent. »

Plusieurs parents de jumeaux identiques que j'ai interviewés suivaient attentivement le développement de l'individualité de leurs enfants, et ce depuis le plus jeune âge. Nombre m'ont dit faire attention à utiliser le nom de chaque enfant au lieu de les appeler collectivement « les jumeaux ». Ils encourageaient également leurs enfants à penser et à parler par eux-mêmes.

Promouvoir l'individualité

Il est toujours délicat de trouver un juste équilibre entre encourager l'individualité des multiples et ménager leur liaison. D'un côté, nous comprenons tous combien la relation entre nos multiples est particulière et forte. Pourtant, la société valorise les individus uniques, indépendants et forts, les personnes non conformistes qui se distinguent de la masse. Les jumeaux, les triplés, les quadruplés veulent être considérés comme des individus à part entière, même si pour certains cette volonté est moins forte que pour d'autres. Est-il possible d'allier les deux ? Absolument. Lorsque vous encouragez l'individualité de vos jumeaux, vous les aidez à approfondir leur relation intragémellaire. Ceci peut sembler contraire à la logique, mais le fait d'autoriser des multiples à développer leurs propres goûts, intérêts et personnalité atténue les rivalités et leur permet d'apprécier plus pleinement la partie « nous » de leur relation au lieu d'avoir à lutter pour exprimer le « je ».

Ne forcez pas vos jeunes jumeaux à passer des heures séparés pour les aider à développer leur sens du moi. Comme le sait tout parent de multiples, ceci serait une erreur énorme ! Pour des raisons purement pratiques, les jumeaux doivent partager certaines choses, telles que la toilette et les repas afin que les parents aient un moment pour se reposer. À la place, essayez de réserver une heure par semaine pour effectuer une promenade en tête à tête avec l'un d'eux, et ce depuis leur plus jeune âge afin d'enclencher le processus d'individuation.

En outre, les parents peuvent faire une foule de petites choses pour encourager ce processus chez leurs jeunes multiples. Il vous est possible, par exemple, de faire dormir les enfants à des moments différents

D'un parent à l'autre

« J'ai toujours laissé Matalie et Abigail (DZSSf) choisir leurs activités extrascolaires. Si elles font les mêmes choix, j'encourage les entraîneurs et les instructeurs à les séparer. À chaque fois que possible, je les inscris des jours différents ou dans des équipes différentes. »

afin de pouvoir vous occuper individuellement de celui qui est éveillé. Chaque parent peut également prendre un enfant dans une pièce distincte et jouer ou lire en tête à tête. Mais le plus important est la perception et le comportement parental – les enfants observent les réactions de leurs parents comme un guide, et si papa ou maman continue à les traiter en tant que paire, les jumeaux auront également tendance à se considérer de cette façon. Adressez-vous toujours à chaque enfant individuellement. Bien qu'il ne soit jamais trop tard pour aider les jumeaux à développer leur autonomie, il est important d'enclencher le processus tôt, car les enfants sont plus fortement influencés par les parents quand ils sont jeunes.

Ce que les parents peuvent faire

Un développement précoce du sens du moi chez chaque enfant nécessite de préparer le terrain à l'avance afin d'obtenir des attitudes et des relations saines, non seulement avec leur environnement mais également entre eux. Voici quelques stratégies à suivre.

D'un parent à l'autre

« J'ai réalisé très tôt que Rick et James (MZm) s'entendaient mieux s'ils pouvaient passer certains moments séparés durant la journée. Peu importe leurs activités, il suffisait qu'ils passent quelque temps seuls. Je pense qu'il était aussi important de leur donner du temps pour se retrouver seuls et développer leur individualité que de les laisser ensemble afin de créer un lien. Quelles que soient leurs querelles, ils se soutenaient toujours l'un l'autre – si quelqu'un se comportait mal envers l'un d'eux, ils se défendaient mutuellement. J'ai beaucoup utilisé le sport et les activités manuelles, qui étaient aussi bénéfiques au groupe qu'à l'individu. »

- Le fait de commencer le processus d'individuation à un jeune âge (ou dès que possible) permet à chaque enfant d'avoir son propre matériel – ne regroupez pas tous les jouets, livres ou vêtements. Il est acceptable (et certainement plus pratique) pour les jumeaux de partager certains vêtements, mais permettez à chaque enfant d'en avoir quelques-uns qui lui sont personnels. (En grandissant, autorisez-les à décider de ce qu'ils souhaitent partager. Après tout, un des avantages d'avoir une cojumelle est d'avoir une garde-robe deux fois plus fournie !) Offrez à chaque enfant une boîte à trésor spéciale ou une petite bibliothèque pour ranger ses affaires personnelles.
- Bien que les photographies du duo soient précieuses, prenez également de nombreuses photos de chaque enfant seul. Créez une boîte de souvenirs, un livre de mémoires ou un album photo distinct pour chacun.
- Respectez leurs goûts individuels, depuis la nourriture aux vêtements en passant par les couleurs et les personnages de dessins animés. Certains parents encouragent même chaque jumeau à décorer comme il lui plaît son côté de chambre. Depuis la plus tendre enfance, cultivez les talents, les qualités et la créativité individuels, que ce soit en musique, en dessin ou même dans le domaine de l'écriture. Certains jumeaux ayant des difficultés à reconnaître leur unicité ont besoin d'un guide parental.

D'un parent à l'autre

« Mes triplés étant fraternels, ils ne se ressemblent pas. Mais j'ai toujours pris soin de les traiter comme un groupe, plutôt que comme des individus distincts, car je faisais toujours tout avec les trois ensemble. C'était pour moi une question de logistique, et j'ai toujours pensé qu'il était important de les traiter de façon égale et juste. Mais il me semblait aussi que, ce faisant, j'étouffais leur individualité. Je n'avais ni l'argent ni le temps de les sortir séparément. Mais j'essayais, et j'essaie toujours, de passer un peu de temps avec chacun en particulier à la maison. Je les prends tour à tour pour leur apprendre à cuisiner, pour les aider dans leurs devoirs ou jouer à un jeu. »

- Veillez impérativement à passer chaque jour du temps seul avec chaque jeune jumeau. Planifiez également une séparation progressive à l'extérieur du foyer. Commencez par une brève période de séparation lorsque vos jumeaux sont très jeunes et augmentez progressivement sa durée avec l'âge. Ce sont les enfants qui n'ont jamais fait l'expérience d'un moment seuls qui rencontrent le plus de problèmes de séparation par la suite. Mais il n'est jamais trop tard, l'objectif étant que chaque jumeau se reconnaisse naturellement comme un individu distinct de son cojumeau et que le fait de se retrouver seul ne lui pose pas de problème. Restez attentif aux moments où ils souhaitent réellement être ensemble et faites preuve de souplesse – ne forcez jamais le processus. Montrez-vous créatif : une mère m'a confié que, pour des raisons de logistique, il lui était impossible de sortir ses jumeaux de sexe opposé séparément. À la place, m'a-t-elle dit, un parent sortait souvent pour jouer au baseball ou au badminton avec un enfant alors que l'autre restait à la maison et s'occupait du cojumeau.
- Affectez à chaque jumeau des tâches ménagères différentes – l'un dresse la table pendant que l'autre plie le linge. Ainsi, chacun pourra développer la confiance en soi nécessaire pour travailler de façon autonome.

Principes de base des fêtes d'anniversaire

Malgré toute cette discussion au sujet de l'individualité, il y a un événement que les jumeaux doivent partager : leur anniversaire. De nombreux parents m'ont expliqué comment ils parviennent à personnaliser la fête pour chacun de leurs multiples. Une mère d'adolescentes, par exemple, organisait deux fêtes l'une après l'autre – une fille invitait ses amies le vendredi soir alors que l'autre les invitait le samedi soir. Bien que cette idée ait eu un grand succès, elle ne la conseille pas. « Cela fait un week-end très long », m'a-t-elle confié. Cette année, elle y a apporté quelques modifications en invitant tout le monde le même soir, mais à l'heure d'aller se coucher, chaque jumelle s'est retirée dans sa propre chambre avec son propre groupe d'amies.

Comme l'anniversaire de mes fils tombait cette année pendant les Jeux olympiques d'hiver, nous avons utilisé ce thème pour imaginer une fête parallèle. Deux équipes étaient en concurrence pour obtenir la médaille d'or. Chaque garçon était le capitaine d'une équipe composée de ses invités personnels, ce qui donnait l'illusion de deux fêtes distinctes.

Il existe de nombreux moyens de faire en sorte que chaque enfant se sente le centre de l'attention en ce jour particulier. Voici quelques idées pour vous aider à mettre chacun de vos multiples en lumière.

Il est aussi facile d'acheter ou de cuisiner deux petits gâteaux que d'en acheter ou d'en cuisiner un gros. Et n'oubliez pas de chanter deux fois « Joyeux anniversaire », en prenant soin d'inverser chaque année le destinataire de la première chanson.

Il est conseillé d'offrir des cadeaux différents à chacun, en fonction de sa liste de souhaits personnelle. Mais que se passe-t-il si tous deux souhaitent une maison de poupée onéreuse ? Il est acceptable de partager des objets volumineux et coûteux, mais pensez à compléter le cadeau avec un petit jouet personnel pour chacun.

Envisagez de diviser la liste des invités et de faire envoyer à vos multiples des invitations séparées. Ainsi, chaque enfant est personnellement impliqué dans la fête et les invités n'ont pas à apporter deux cadeaux quand ils ne sont amis qu'avec un seul des jumeaux.

Pour les jumeaux de sexe opposé, où un thème commun peut être plus difficile à trouver, essayez d'organiser une fête plus petite pour chacun d'eux à des jours différents de la semaine. Au moment de l'adolescence, lorsque les intérêts évoluent chez les deux sexes, vous pourrez de nouveau associer les fêtes (et au dire des parents, leurs jumeaux de sexe opposé apprécient particulièrement ces événements).

Faciliter les choses pour l'extérieur

Contrairement à ce que peuvent laisser penser des questions idiotes du type « Comment parvenez-vous à les distinguer ? », la plupart des personnes issues d'une grossesse unique souhaitent traiter les multiples comme des individus à part entière, mais ils ont souvent besoin d'une aide supplémentaire pour identifier chaque enfant. En d'autres termes, si vous vous attachez à ce que les étrangers considèrent vos multiples comme des êtres uniques, ce sera probablement le cas. Si vos multiples sont des jumeaux du sexe opposé ou fraternels ne se ressemblant pas du tout, les choses seront grandement facilitées, mais ce n'est pas la seule solution. Sans un moyen d'identifier chaque enfant (particulièrement dans le cas de jumeaux et de triplés identiques), les enseignants, les voisins et même les amis ne s'adresseront pas à vos jumeaux séparément de peur de commettre une erreur. Ils éviteront d'utiliser leurs prénoms, par exemple, entretenant toujours une conversation superficielle, ou pire encore, en les écartant totalement. Les enfants sont sensibles au fait que l'enseignant accueille chaque matin tous les élèves par leur prénom, mais pas les jumeaux de peur de se tromper.

D'un parent à l'autre

« Dès l'âge de trois ans, Victoria (MZf) a pris sur elle d'affirmer sa propre identité. Un jour, elle est descendue en portant une casquette avec ses vêtements d'école. Nous sommes restés stupéfaits en pensant "Quel sens du style !" Et ceci n'a pas été le fait d'une seule journée – elle a porté cette casquette partout pendant plus d'un an. C'est ainsi que, depuis l'âge de trois ans, Victoria a ressenti le désir d'affirmer sa propre identité – positivement – et d'aider les autres à savoir immédiatement qui était qui. »

Vêtements identiques pour des jumeaux plus âgés

À un certain moment de leur vie, vous avez probablement habillé vos enfants de façon identique (ou au moins similaire). Pourquoi pas ? Vous êtes fier de vos multiples et vous souhaitez que le monde entier sache combien ils sont spéciaux. Bien que cette pratique puisse sembler innocente, et même amusante, les parents doivent reconnaître qu'elle n'est généralement pas profitable à leurs enfants. Le fait de les habiller de façon identique une fois par hasard n'aura pas d'effets négatifs à long terme. Mais quel peut être l'impact d'une telle pratique si elle est régulière ? En premier lieu, des vêtements identiques risquent de fausser la réalité et de suggérer subtilement au public que les multiples sont une seule et même entité, et non des individus à part entière. Et il est beaucoup plus difficile de distinguer des jumeaux MZ qui se ressemblent et s'habillent exactement de la même façon. De plus, une fois cette pratique mise en place, elle est difficile à modifier.

D'un parent à l'autre

« J'ai toujours encouragé l'individualité. Dès que Joshua et Anthony (MZm) ont eu quelques mois, j'ai arrêté de les habiller de la même façon. Si quelqu'un nous donnait des tenues identiques, elles allaient toutes les deux dans le tiroir du même enfant. Ils ont toujours eu leur propre gâteau d'anniversaire avec leurs propres cadeaux. Lorsque quelqu'un nous donnait un cadeau à partager entre les deux, je me renseignais sur la nature de l'objet et je m'assurais qu'il pouvait vraiment être partagé. Dans le cas contraire, je le donnais à un enfant et j'en achetais un autre similaire pour l'autre, de façon qu'ils aient tous deux un cadeau. Il m'arrivait également de le ranger dans ma boîte de cadeaux à "replacer" et je l'utilisais pour une fête à laquelle ils étaient invités. »

Un habillement identique a également des conséquences pour les multiples eux-mêmes. Le choix vestimentaire est un élément identitaire puissant, car c'est une présentation externe de notre personne et il contribue au sens interne de ce que nous sommes. Pour les enfants qui se sont toujours habillés de la même façon, cette pratique peut devenir une partie intégrante de leur gémellité. Un habillement identique renforce leur double identité, compromettant le processus de développement de l'autonomie. Et en s'en tenant fermement à cette tradition, de nombreux jumeaux commencent à croire inconsciemment qu'ils ne sont pas capables de se débrouiller seuls.

Il n'est pas surprenant de constater que des jumelles identiques s'habillent plus souvent de la même façon que des jumelles fraternelles ou que tout autre type de multiples masculins. La conséquence pour les filles MZ continuant de s'habiller identiquement à la préadolescence peut être une bonne raison pour décourager cette pratique. Ces jumelles rencontrent quelquefois plus de difficultés à développer une image positive de leur propre corps, car elles se voient elles-mêmes à travers leur jumelle vêtue de la même façon. Elles ont plus de mal à se visualiser intérieurement – cet effort n'est pas nécessaire puisque leur cojumelle agit comme un miroir qui leur renvoie cette image.

Ce que les parents peuvent faire

Les parents ont un rôle important à jouer pour permettre à leurs multiples d'affirmer leur identité sociale. Vous pouvez aider les autres à voir les qualités spéciales et uniques de chacun de vos enfants et essayer de faire comprendre à vos multiples que la vie est remplie de choix personnels ainsi que de nombreuses possibilités excitantes.

- Apprenez à vos multiples, et particulièrement aux enfants MZ, à se présenter par leur prénom. Ceci aidera les étrangers à les identifier et les mettra à l'aise en leur permettant de connaître chaque enfant individuellement. Si, par exemple, leurs enseignants et leurs camarades de classe ont des difficultés à les distinguer, apprenez à vos enfants à leur donner des indices : « Je suis celui avec une tache de rousseur sur la joue gauche » ou « Je suis gauchère alors qu'elle est droitière. »

D'un parent à l'autre

« Dès que quelqu'un les appelait "les jumelles", nous répondions "Leurs noms sont Ashleigh et Amanda (DZSSf)." Nous encourageions également les filles à se présenter par leurs prénoms. Quand elles étaient plus jeunes, elles ont eu quelques difficultés à s'y habituer. Elles se présentaient toujours comme Ashleigh-Amanda (prononcés ensemble), puisque c'est de cette façon qu'elles se voyaient. Durant les deux premières années de leur vie, mon mari et moi avons fait faire des photographies de chaque fille séparément, afin qu'elles aient pour plus tard des photos d'elles seules avec papa et maman. Comme j'aime beaucoup les albums, tous mes enfants ont les leurs, depuis les années où ils étaient bébés à leurs années d'école en passant par leurs activités sportives respectives. »

- Expliquez à vos enfants que ce ne sont pas des vêtements identiques qui créent le lien intragémellaire et, inversement, que ce ne sont pas des vêtements différents qui le brisent. Si vos jumeaux rejettent l'idée de s'habiller différemment, souvenez-vous qu'ils n'ont pas d'expérience de la chose, et que l'inconnu est toujours effrayant. Il est possible qu'ils n'aient pas suffisamment confiance en eux pour se montrer différents. Certains encore ont le sentiment de trahir le cojumeau s'ils s'habillent différemment. Insistez sur le fait que, même en étant vêtus de façon différente, ils restent jumeaux. Vous pouvez faciliter la transition en suggérant dans un premier temps une variation dans leur habillement – mêmes vêtements avec des couleurs différentes ou mêmes pantalons avec des hauts et des chaussures différents.
- Si vos enfants doivent porter des uniformes à l'école, encouragez-les à les accessoiriser différemment – bandeaux dans les cheveux, bijoux, chaussures et même sacs à dos différents.
- Testez différents styles de coiffures jusqu'à ce que chaque enfant trouve celui qui lui convient.

Juste maman et moi

Le fait de passer du temps seul avec chaque multiple est important à de nombreux égards. Cette pratique offre à chacun la possibilité de passer du temps en tête à tête avec maman ou papa, de s'exprimer honnêtement sans la peur d'être entendu ou même d'être jugé par son cojumeau et de se démarquer progressivement de ce dernier. Les parents en tirent également parti en apprenant à connaître leurs jumeaux individuellement et en développant un lien plus profond avec chaque enfant isolément et non en tant que composant d'une même unité. Au début, il est fascinant et un peu déroutant de constater que la personnalité des jumeaux en paire et très différente du caractère individuel de chacun.

Les parents ayant trouvé un moyen de passer du temps seul avec chaque multiple ont découvert que cette pratique était très plaisante et bénéfique à la relation parent-enfant. Une mère m'a confié qu'elle adorait organiser des sorties incluant un dîner, une soirée au cinéma et une nuit à l'hôtel seule avec l'une de ses filles.

« De temps à autre, il est agréable d'avoir un seul enfant avec vous », dit-elle. « Ils peuvent également vous parler sans être interrompus par une sœur ou un frère, et maintenant que les filles sont à la préadolescence, elles s'ouvrent vraiment à moi, ce qui ne serait probablement pas le cas en présence de leur sœur. » Une autre mère se souvient des moments passés seule avec chaque enfant, que ce soit pour aller dans une vidéothèque avec son fils ou dans de beaux restaurants avec sa fille. Les parents adoptent également une approche pratique : pour suivre les « rendez-vous » avec chacune de ses filles, une mère de triplées surlignait dans une couleur différente les jours sur le calendrier afin de savoir avec certitude à qui elle devait accorder son temps. Un père tirait parti de ses horaires de travail variables pour alterner les sorties avec chacun de ses jumeaux.

Pourtant, pour de jeunes jumeaux, la séparation peut s'avérer délicate. Elle risque d'être effrayante si c'est la première fois qu'ils se trouvent séparés de leur cojumeau ou qu'ils interagissent seul à seul avec un parent. (C'est pourquoi il est important de mettre en place le rituel de séparation alors qu'ils sont encore bébés et moins conscients.) C'est une autre bonne raison pour passer du temps seul avec chaque enfant. Les jumeaux ont besoin de développer cette personnalité individuelle, la capacité de penser et d'agir indépendamment l'un de l'autre. Si cette pratique est toute nouvelle pour vous et vos multiples, voici quelques astuces pour un bon début.

Si vos multiples n'ont jamais été séparés, commencez par des sorties brèves (une balade de quinze minutes pour aller à la banque ou à la poste, par exemple) et augmentez progressivement la durée de séparation. Maintenant que mes enfants sont plus âgés, j'en emmène toujours un avec moi le samedi matin pour faire les courses et l'accompagner dans les endroits qu'il apprécie, tels que la vidéothèque ou son fast-food favori.

Sachez toujours qui doit aller avec papa ou avec maman. (Les multiples peuvent se montrer très susceptibles si vous passez leur tour par inadvertance.) Et n'oubliez pas la sœur ou le frère issu d'une grossesse unique. Cette relation est souvent négligée. Essayez également de sortir un multiple avec son frère ou sa sœur pendant une journée. Vous faciliterez ainsi les liens entre un jumeau et son frère ou sa sœur plus âgée, ou plus jeune.

Ne vous laissez pas envahir par la culpabilité de ne pas passer assez de temps avec chaque enfant. Vous risqueriez ainsi de surcompenser. Il n'y a aucune raison de soûler de paroles le pauvre enfant ou de céder à tous ses caprices de sucreries. Un enfant se sent réconforté et prend du plaisir en sachant simplement que sa mère ou son père est présent pour lui uniquement. Détendez-vous.

Si le fait de passer du temps avec chaque enfant se révèle difficile, un membre de la famille ou un ami proche peut de temps en temps tenir le rôle de parent de substitution ou de confident temporaire. Après tout, vous souhaitez non seulement créer un lien parent-enfant, mais vous voulez également que chaque jumeau se sente à l'aise sans l'autre.

D'un parent à l'autre

« J'ai commencé à sortir mes garçons séparément au moment de l'école maternelle. Andrew et Jeffrey (DZSSm) étaient en première année de maternelle et Joey en deuxième année. Les vendredis, j'en gardais un avec moi à la maison pendant que les deux autres allaient à l'école. Nous prenions le petit-déjeuner et le déjeuner ensemble, nous faisions les courses entre l'heure de la rentrée et celle de la sortie des classes. Nous n'étions que tous les deux. J'adorais ce moment et les enfants l'attendaient également avec impatience. »

Les multiples et l'amitié

Parmi les thèmes les plus vivement débattus figure le suivant : le fait d'être un jumeau représente-t-il une aide ou une gêne pour nouer des amitiés avec les pairs ? Les personnes qui adhèrent à la première hypothèse affirment que la forte base émotionnelle que représente une relation avec un cojumeau permet de faire preuve de plus de confiance pour trouver de nouveaux amis. Dans une certaine mesure, cette affirmation est exacte. Les jumelles, par exemple, utilisent souvent leur relation pour acquérir une certaine reconnaissance sociale. De nombreux enfants considèrent le couple comme des célébrités et sont naturellement plus enclins à jouer avec elles. Pourtant, à l'exception des années de collège et de lycée où il a été prouvé que la gémellité était un atout dans la création de nouvelles amitiés, la plupart des recherches actuelles accréditent la seconde théorie – les jeunes jumeaux (fréquentant l'école maternelle et primaire) ont des amitiés moins diversifiées et sont socialement plus renfermés que des enfants issus d'une grossesse unique.

Pour en comprendre la raison, observons la vie typique d'une paire de jeunes jumeaux. Les tâches ménagères étant très contraignantes avec des jumeaux, les parents reculent souvent devant l'organisation de jeux avec d'autres enfants. De plus, les jumeaux ayant chacun un camarade de jeux tout trouvé, de nombreux parents ne se soucient pas d'inviter des enfants de l'extérieur. Et même lorsque le voisin vient jouer avec eux, il interagit avec les deux enfants à la fois, et non avec l'un d'eux en particulier. En d'autres termes, en raison de la nature de leur relation, les jeunes jumeaux n'ont que rarement l'occasion d'interagir seuls avec des éléments extérieurs. En conséquence, nombre de jeunes multiples considèrent leur cojumeau comme leur meilleur ami. En outre, des jumeaux MZ étant génétiquement identiques, ils ont des intérêts et des types de jeux similaires (ils connaissent les « règles » de tous les jeux qu'ils concoctent), et ils passent plus de temps à jouer ensemble que les jumeaux DZ ou les enfants issus d'une grossesse unique.

Plusieurs études ont démontré ce phénomène. L'étude SITSS (*Southern Illinois Twins and Siblings Study*) a observé la réaction de jumeaux de cinq ans pendant qu'ils jouaient avec un enfant inconnu. Chaque jumeau était placé dans une salle de jeux de laboratoire en présence d'un enfant unique du même sexe et du même âge. Le jumeau a présenté certaines inhibitions. Les résultats ont démontré que les jumeaux étaient beaucoup plus réticents que les enfants issus d'une grossesse unique à utiliser les jouets en premier ou même à interagir avec un inconnu. De plus, les jumeaux identiques se comportaient beaucoup plus timidement que leurs homologues non identiques. Il est intéressant de constater qu'avant l'expérience, lorsqu'ils ont été interrogés sur le comportement de leurs jumeaux face à leurs camarades de jeux inconnus, les parents avaient une opinion inverse de leurs enfants – ils les voyaient comme très sociables. Les chercheurs en ont conclu que, comme les parents voyaient leurs jumeaux jouer ensemble tous les jours, en interagissant prosocialement l'un avec l'autre, ils se concentraient probablement plus sur leurs comportements sociaux positifs et moins sur leurs inhibitions.

Il est donc important pour les parents de prendre du recul, d'examiner la sociabilité de leurs multiples un peu plus objectivement et finalement de les aider à développer leurs facultés sociales si celles-ci sont défaillantes. Dans le cas contraire, des problèmes de comportement et même de langage risquent d'apparaître lorsque l'enfant quitte le confort du foyer pour s'aventurer dans un univers social plus large, tel que la maternelle.

Ne sous-estimez jamais le pouvoir des amis. Les études ont montré qu'un bon camarade peut être profitable à la santé psychique d'un enfant et même participer à sa réussite scolaire ultérieure. En outre, les enfants qui rencontrent des difficultés pour se faire de nouveaux amis risquent de rencontrer également des problèmes d'adaptation à long terme dans la vie ultérieure. Bien que personne ne puisse affirmer catégoriquement si ces découvertes s'appliquent à la population des multiples, le message est clair – les parents avec de jeunes multiples doivent essayer d'aider leurs enfants à créer des relations individuelles extérieures à la gémellité.

D'un parent à l'autre

« Quand ils étaient jeunes, Nathaniel et Preston (MZm) partageaient leur meilleur ami, ce qui est toujours le cas aujourd'hui. Je ne dirais pas qu'ils aient vraiment des amis extérieurs à leur relation gémellaire. En fait, ils ont le même groupe d'amis avec lesquels ils peuvent jouer séparément. Ceci n'affecte pas vraiment la relation, mais je remarque qu'ils se mettent réciproquement au courant de ce qu'ils font avec l'ami mutuel. C'est comme s'ils ne voulaient pas manquer ce qui s'est passé pendant qu'ils étaient séparés. »

Quand les jumeaux partagent leurs amis

Le fait de se faire des amis est-il un processus différent pour les multiples et les enfants issus d'une grossesse unique ? Oui, en effet. Lorsque les multiples atteignent la maternelle et commencent à trouver des compagnons à l'extérieur du noyau familial, ils les partagent souvent mutuellement. Cette tendance se poursuit généralement pendant de nombreuses années. (De nombreuses personnes interrogées pour mon enquête ont confirmé ce schéma.)

En outre, le nombre d'amis partagés par les multiples varie considérablement en fonction de leur zygosité. En fait, une étude récente menée sur des jumeaux de huit ans a montré que les paires identiques avaient environ 50 % de leurs amis en commun. Les jumeaux non identiques du même sexe partageaient environ 25 % de leurs amis tandis que ce chiffre tombait à 5 % pour les paires du sexe opposé. Bien que cette étude réponde à certaines questions, elle en laisse beaucoup en suspens. Pourquoi les jumeaux partagent-ils leurs amis ? Est-ce parce que de nombreux jumeaux – MZ en particulier – ont des goûts très similaires et sont donc attirés par le même type de personnes ? Ou est-ce dû au fait que, la plupart des jumeaux passant leur temps ensemble et rencontrant simultanément les mêmes amis potentiels, leur réseau social est plus limité que celui d'enfants issus d'une grossesse unique ? Le fait de partager des amis est-il néfaste ? Cette pratique affectera-t-elle le développement psychique et social d'un jumeau ? Personne ne sait avec certitude quelles en sont les conséquences à long terme, mais certaines observations intéressantes ont néanmoins émergé.

D'un parent à l'autre

« Quand ils étaient plus jeunes, Michael et Jennifer (DZOS) avaient toujours les mêmes amis et faisaient toujours les mêmes choses ensemble. Avec le temps, chacun a appris à se faire des amis personnels, mais ils partagent toujours leurs activités. Ils disent qu'ils sont les meilleurs amis et ils se réservent toujours du temps l'un pour l'autre. »

En premier lieu, ce sont les jumeaux MZ qui tirent le mieux leur épingle du jeu. Ils considèrent le partage d'amis comme un point important leur procurant beaucoup de plaisir et n'engendrant pas de conflit. Pratiquement la moitié des jumeaux DZ prennent plaisir à partager des amis, mais sous certaines conditions, telles que jouer avec un camarade commun à des moments différents. En conséquence, c'est chez les jumeaux DZ que la création de nouvelles amitiés se révèle la plus conflictuelle. Les jumeaux du sexe opposé sont ceux qui partagent le moins d'amis, mais qui connaissent également le moins de conflits. Ceci est dû au fait que les amis partagés sont issus d'un environnement social plus large (amis d'un groupe sportif, par exemple), ce qui élimine ainsi toute rivalité.

La plupart des multiples de mon enquête appartenaient à l'une ou l'autre de ces catégories en ce qui concerne les amis. Les jumeaux identiques étaient ceux qui partageaient le plus d'amis, avec peu ou pas de conflits (de nombreux lycéens identiques partageaient toujours la majorité de leurs amis). Les jumeaux du même sexe tendaient à diversifier leurs amitiés à la fin de l'école primaire. Il se faisaient alors de nouveaux amis personnels et en partageaient très peu avec leur cojumeau. Mon échantillon a montré que les paires de sexe opposé semblaient partager beaucoup plus d'amis que la recherche ne le laissait entendre, mais plusieurs d'entre elles vivaient en milieu rural où les parents m'ont signalé qu'il était plus difficile de trouver des pairs du même sexe et du même âge.

Le meilleur ami partagé

D'un parent à l'autre

« Karsten et Annika (DZOS) ont plusieurs amis proches en commun dans le voisinage. Deux de ces amis, cependant, essaient quelquefois de s'interposer entre mes enfants au cours de leurs jeux. L'ami en question prononce intentionnellement une parole destinée à amener Karsten ou Annika à faire un choix différent. Le résultat final est que l'un ou l'autre des jumeaux se range toujours du côté de cet ami. »

Les jeunes multiples ont souvent un meilleur ami en commun. Le partage d'un ami peut être une expérience heureuse (mes jumeaux ont partagé avec plaisir leur meilleur ami pendant trois ans – certains participants à l'enquête m'ont indiqué que leurs enfants avaient partagé leur meilleur ami durant toutes leurs années de collège), mais qui recèle également certains pièges. Il peut arriver, par exemple, que le trio deux-un ne fonctionne pas, car un enfant issu d'une grossesse unique peut se montrer incapable de comprendre la dynamique de la paire. De plus, l'enfant unique risque de ne jamais parvenir à connaître chaque jumeau séparément s'il joue avec eux en tant que paire et non avec chacun individuellement. Le résultat est pire encore quand un enfant issu d'une grossesse unique se sentant mal à l'aise avec le lien intragémellaire essaie délibérément d'opposer un jumeau à l'autre. Le fait d'avoir un quatrième enfant unique permet souvent de rétablir l'équilibre. En cas de division pour organiser des jeux parallèles, par exemple, il se constitue ainsi naturellement deux groupes de deux.

À l'autre extrémité de la corde, on trouve des situations où les parents d'enfants issus d'une grossesse unique évitent d'établir des contacts sociaux avec les parents de jumeaux. Ils peuvent se montrer réticents à accueillir deux enfants à la fois et préféreraient n'en inviter qu'un seul. Ils n'osent pourtant pas le demander par peur de froisser les parents des jumeaux ou l'enfant qui n'est pas invité. Ceci se produit plus souvent que vous ne le pensez, particulièrement si vos enfants se trouvent dans la même classe et qu'un ami préfère un jumeau à l'autre. C'est une situation embarrassante pour le camarade qui souhaite inviter un seul jumeau mais sait qu'il va blesser l'autre (particulièrement si le lien intragémellaire est fort). Il finit donc par n'inviter personne. N'oubliez pas que les comportements sont difficiles à changer, et si vous imposez vos jumeaux en tant que paire indivisible, il sera très difficile de faire évoluer les opinions.

Ce que les parents peuvent faire

Saviez-vous qu'aider vos jumeaux à se faire des amis était une tâche aussi complexe ? En fait, il ne doit pas en être ainsi si vous abordez la chose avec une certaine ouverture d'esprit. La clé ici consiste à aider vos multiples à trouver un juste équilibre entre leur individualité et leur relation intragémellaire. Tous les multiples ont besoin d'interagir avec des enfants autres que leur cojumeau afin de

D'un parent à l'autre

« Pendant le cours de tumbling, Guinevere et Meredith (MZf) choisissaient une fille chaque semaine et l'accaparaient à tel point que celle-ci était incapable de suivre l'enseignement de l'instructeur, car elle était trop distraite par mes jumelles. Elles ne comprenaient pas que leurs camarades avaient besoin d'un espace vital. Les autres filles se sont plaintes. Nous avons alors dû séparer physiquement nos filles durant le cours et leur apprendre à respecter l'espace vital des autres. Lorsqu'elles sont entrées en maternelle, elles ont été placées dans des classes distinctes et chacune a trouvé une amie à qui s'attacher. Il me semblait qu'elles essayaient de reproduire le lien intragémellaire quand elles se trouvaient sans leur cojumelle. »

surmonter leurs inhibitions sociales. Au final, ce sont les multiples qui partagent certains de leurs amis, mais qui développent également quelques amitiés individuelles, qui tirent le mieux leur épingle du jeu. Voici quelques idées pour aider vos jumeaux à nouer de nouvelles amitiés.

- Un des meilleurs moyens pour présenter vos jumeaux à de nouveaux amis est de prendre les choses en main et d'organiser hebdomadairement des après-midi de jeux. Ces rendez-vous risquent d'être agités, particulièrement si vous avez des triplés et/ou de jeunes garçons, mais le bénéfice social que vos enfants en retireront en vaut la peine. La clé du succès est simple : définissez une tranche horaire particulière (pas plus de deux heures) afin qu'il n'y ait pas de malentendu à propos de l'heure à laquelle les parents doivent venir chercher leurs enfants, prévoyez plusieurs activités (installez une table de travaux manuels et de dessin, par exemple) ainsi que des jeux libres afin d'entretenir l'action. Mettez de côté les jouets particuliers de vos jumeaux afin d'empêcher toute bagarre ou destruction accidentelle. Vous pouvez même encourager les jeux en tête à tête en incitant chaque jumeau à jouer avec un invité.
- Montrez-vous direct et honnête avec les parents d'enfants uniques et faites-leur comprendre que vous ne voyez pas d'inconvénient à ce qu'ils invitent vos jumeaux individuellement s'ils le souhaitent.

- Si un seul jumeau est invité chez un ami, arrangez-vous pour organiser un après-midi de jeux pour son cojumeau, que ce soit chez vous ou chez quelqu'un d'autre.
- Avec une surveillance correcte, exposez vos jumeaux à des enfants de tout âge, depuis les voisins (invitez les enfants de la maison voisine pour un jeu de basket dans votre allée) aux cousins (organisez des soirées pyjama) en passant par les enfants des amis de la famille (votre ami a peut-être des enfants du même âge que les vôtres) et ceux rencontrés au parc ou à la piscine municipale. L'objectif ici est que vos jumeaux se sentent à l'aise avec des personnes autres que leur cojumeau.

Quand l'un rencontre des difficultés pour se faire des amis

Alors que je recherchais des parents de multiples pour ce livre, j'ai reçu un courrier électronique d'un parent très inquiet. « Nous avons des problèmes avec une de nos filles. Alors que l'une de nos jumelles est très aimée et populaire, l'autre (aussi gentille soit-elle) n'est pas acceptée de la même façon. » Il n'est pas le seul dans cette situation. D'autres parents m'ont confié qu'un de leurs jumeaux était très ouvert et comptait de nombreux amis, alors que l'autre n'était pas aussi adroit socialement. Par exemple, la mère de filles fraternelles de neuf ans les décrivait comme totalement opposées socialement parlant. L'une était populaire à l'école et était invitée à de nombreuses soirées pyjama et après-midi de jeux, alors que l'autre rencontrait des difficultés pour nouer des liens avec des pairs du même âge.

Il est pénible pour un parent de voir un enfant moins sociable souffrir psychiquement dans l'ombre de son cojumeau. Les conséquences peuvent être doubles : l'enfant introverti risque de se sentir inférieur à son frère ou à sa sœur et perdre son estime personnelle alors que le jumeau le plus extraverti peut soit prendre de la distance avec son cojumeau moins sociable, soit limiter ses amitiés extérieures afin d'essayer de protéger son frère ou sa sœur.

De nombreux facteurs peuvent rendre un multiple moins sociable que l'autre. Certains enfants ont juste besoin de plus de temps pour nouer des relations de longue durée, préférant observer plutôt que participer. D'autres ne sont pas nécessairement timides, mais autoritaires, repoussant les amis éventuels. En intervenant discrètement, un parent peut aider son enfant à prendre confiance en lui et à se faire des amis. Voici comment.

- N'essayez pas de changer la personnalité de l'enfant timide ou de l'encourager à se comporter comme sa sœur qui est plus sociable. Ceci ne fera qu'alimenter le ressentiment et la rivalité entre frère et sœur. Aidez-le plutôt à trouver des situations sociales où il se sent plus à l'aise. En d'autres termes, n'organisez pas des jeux avec la foule d'amis du jumeau populaire. Invitez plutôt un camarade qu'il choisit lui-même.
- Avant de nouveaux après-midi de jeux, prévoyez des activités dans lesquelles votre enfant brillera afin de générer une expérience plus positive. Ne vous cachez pas lorsque le nouvel invité arrive, en espérant que tout aille pour le mieux. Restez à portée de voix de façon à pouvoir le guider ou à changer rapidement de programme si une activité particulière ne se déroule pas comme prévu. Si tout va bien, essayez d'organiser régulièrement des jeux avec le même enfant.
- Inscrivez votre enfant timide à des sports qui lui permettront de prendre confiance en lui tels que les arts martiaux ou à des activités où il fera preuve de talent.
- Ne retenez pas l'enfant sociable pour ménager les sentiments de l'autre. Assurez-lui que le fait de se faire de nouveaux amis est une expérience positive.

D'un parent à l'autre

« Shane et Kevin (DZSSm) ont toujours partagé leurs amis. Un week-end, un ami de Shane a invité les deux jumeaux à passer la soirée chez lui, mais Shane a décidé de s'y rendre seul. Kevin a été un peu blessé, mais je lui ai expliqué que Shane avait quelquefois besoin d'être seul. Kevin m'a confié qu'il avait eu des difficultés à s'endormir cette nuit-là car il s'était habitué à parler chaque soir à Shane des événements de la journée. Je pense qu'ils refont un peu le monde dans leur lit. »

Puis-je y aller aussi ? Quand un jumeau est invité alors que l'autre ne l'est pas

Ce n'est peut-être pas pour cette année ni même pour l'année prochaine. Mais ne vous voilez pas la face, cela arrive à grands pas. Je ne parle pas de la prochaine période glaciaire, mais de la fête d'anniversaire où l'un de vos multiples sera invité alors que l'autre ne le sera pas. Bien que de nombreux parents comprennent parfaitement que leurs jumeaux d'âge scolaire ne puissent pas tout faire ensemble 24 heures sur 24 et 7 jours sur 7, les mères se sentent souvent inconsciemment blessées et même fâchées du fait que l'un d'eux soit exclu. Bien que la plupart des jumeaux soient en mesure de gérer leurs sentiments négatifs de façon tout à fait mature dès l'âge de dix ans, les jeunes enfants ont besoin d'un peu d'aide.

Souvenez-vous que tous les jeunes enfants observent les réactions de leurs parents et en tirent les enseignements. Ils adoptent souvent les mêmes attitudes dans la vie. Ainsi, veillez à mettre en place précocement un dialogue continu et ouvert avec vos enfants au sujet de la différence entre une expérience séparée et partagée et faites-leur comprendre l'importance des deux. Une attitude décontractée finira par faire évoluer vos multiples dans le bons sens.

Résistez à la tentation d'appeler l'hôte ou l'hôtesse pour lui demander d'accueillir vos deux enfants. Une telle initiative serait non seulement impolie, mais elle renforcerait faussement l'impression que vos jumeaux sont une paire indivisible aux yeux de tous, depuis vos multiples jusqu'à leurs pairs. Une fois cette idée véhiculée, les familles avec des enfants uniques auront beaucoup plus de mal à s'en débarrasser lorsque vous serez prêt à les laisser sortir séparément. (Pour information : plusieurs parents interrogés pour ce livre étaient en désaccord avec cette approche, en pensant qu'il était cruel d'inviter uniquement un jumeau à participer à une fête, particulièrement si les enfants sont très jeunes ou si l'hôte sait qu'ils sont jumeaux.)

Chaque enfant réagira à la situation différemment. Le jumeau qui n'est pas invité peut se sentir rejeté ou se montrer jaloux. Celui qui est invité risque de se sentir coupable ou même anxieux d'être séparé de son cojumeau pour la journée. Les parents doivent être sensibles aux deux aspects du problème et offrir leur soutien.

Rappelez à l'enfant non invité que c'est l'occasion d'un tête-à-tête particulier avec papa ou maman. Essayez de faire quelque chose d'intéressant avec lui. (Évitez cependant toute activité qui tient particulièrement à cœur au jumeau invité, comme aller voir le dernier film à succès. Il risquerait ainsi de penser qu'il a été puni pour être allé à la fête.)

Mon cojumeau, mon ami

Jusqu'à présent, nous avons beaucoup parlé de la façon dont les jumeaux se font des amis dans le monde extérieur, mais qu'en est-il de l'amitié au sein de la paire ? De quelle façon la plupart des jumeaux considèrent-ils leur cojumeau ? Représente-t-il leur meilleur ami ou simplement un frère du même âge ? Quel est le degré de compatibilité des jumeaux entre eux ?

Une étude récente a demandé à trente paires de jumeaux âgés de cinq à dix ans de décrire leurs relations et comment ils considéraient leurs cojumeaux. Le résultat est sans surprise. Les jumeaux MZ sont les plus compatibles (meilleure coopération avec un plus grand nombre d'activités partagées) de tous les sous-groupes. Ils sont suivis par les jumeaux DZ de même sexe, puis par ceux de sexe opposé. L'étude a également conclu que les jumeaux DZ de même sexe étaient ceux qui entretenaient les relations les plus conflictuelles (moqueries, bagarres, chamailleries). Les jumelles fraternelles se sont révélées être les plus intéressantes aux yeux des chercheurs, car c'est entre elles qu'il était possible d'observer les plus grandes différences non seulement dans leurs pensées et le choix de leurs activités, mais également dans leurs tenues vestimentaires et leurs coiffures. Il est important de noter que, comme de nombreux jumeaux, les filles appréciaient également de partager des activités passives, telles que faire leurs devoirs et écouter de la musique. Ces différences étaient signalées par les filles sous la forme d'une simple observation, sans être teintées d'aversion pour la cojumelle. C'étaient ces différences qui les aidaient à définir leur relation. L'étude n'a cependant pas proposé d'explication.

Dans les enquêtes que j'ai effectuées pour cet ouvrage, j'ai également constaté que les filles non identiques de même sexe étaient celles qui faisaient le plus preuve d'indépendance l'une vis-à-vis de l'autre. Elle semblaient moins dépendantes de leurs cojumelles et se tournaient plus vers l'extérieur à la recherche de compagnie. Ce qui ne veut pas dire qu'elles n'étaient pas amies. De nombreux parents m'ont confié que leurs filles DZ coopéraient dans le cadre familial, mais qu'elles avaient des intérêts différents à l'école et pour les activités extrascolaires. Et, plus important encore, chaque fille restait toujours psychologiquement disponible pour sa sœur. Si les parents constatent un « refroidissement » entre leurs filles DZ, ils doivent donc savoir qu'il s'agit d'une étape normale dans l'évolution de leur relation.

D'un parent à l'autre

« Quand elles étaient jeunes, Suzanne et Elise (MZf) partageaient les mêmes amies. Au cours des deux dernières années, elles se sont quelque peu séparées et à présent, bien qu'appréciant leurs amies respectives, chacune a son propre groupe de camarades à l'école. Je pense que le fait d'avoir des amies extérieures les a obligées à s'adapter à quelqu'un qui ne sait pas tout d'elles. Et cela leur a également permis de mieux apprécier leur relation intragémellaire. »

Inversement, une autre étude a constaté que des préadolescentes identiques considéraient beaucoup plus souvent leur cojumelle comme leur meilleure amie que des filles fraternelles. Ainsi, il est clair que la zygosité joue un rôle essentiel dans la relation intragémellaire.

Quand un jumeau domine l'autre

Au cours de leur vie, de nombreux jumeaux adoptent alternativement une attitude dominante ou plus passive. Ceci n'est pas surprenant si l'on sait qu'ils ne se développent pas tout à fait au même rythme. Bien que le jumeau A ait marché en premier, c'est le jumeau B qui a probablement prononcé « maman » le premier. L'un maîtrise l'art de la bicyclette alors que l'autre est le premier à parcourir l'allée sur des rollers sans s'écorcher les genoux. C'est le yin et le yang de la condition de jumeau. La domination et la soumission n'ont pas d'impact négatif sur les enfants tant que l'alternance se poursuit au fil des années, comme c'est généralement le cas. Mais si le même jumeau endosse le même rôle pendant des périodes prolongées, des problèmes risquent d'apparaître.

D'un parent à l'autre

« Je dis souvent que Carissa (DZOSf) est la mère et que je suis simplement l'adulte. Si elle pouvait conduire, elle serait tout à fait en mesure de se passer de moi. C'est donc elle qui s'occupe de son frère et lui se satisfait de cette situation. Il est intéressant de les observer dans des classes distinctes à l'école. Kyle (DZOSm) aime avoir sa sœur pour le materner. En son absence, il a tendance à rechercher la compagnie de petites filles qui s'occuperont de lui à la cantine, tailleront son crayon et l'assisteront dans ses devoirs. L'inconvénient de cette situation est que Carissa ne laisse pas Kyle répondre par lui-même quand une question lui est directement posée. Nous travaillons actuellement sur ce point, car je souhaite développer l'indépendance de chacun et permettre à Kyle de comprendre qu'il a également son mot à dire. Je pense que c'est le plus gros problème que nous ayons avec nos jumeaux. »

Autrefois, on pensait que le poids ou que l'ordre de naissance avait un fort impact sur la hiérarchie au sein de la paire – c'est celui qui ferait le plus pencher la balance ou qui arriverait le premier sur la scène qui occuperait la position dominante. Mais une étude a démontré que ce n'était pas le poids, ni même l'ordre de naissance, qui déterminait lequel serait le porte-parole pour la paire, mais plutôt le sexe de l'enfant. Alors que les garçons sont généralement dominants physiquement, ce sont les filles qui prennent habituellement les rênes de la relation.

Les petites filles ayant tendance à mûrir plus rapidement sur le plan social et étant plus à l'aise verbalement, cette position leur est naturelle. Et n'est-ce pas charmant de voir une petite fille s'occuper de son frère ? Pourtant, si les deux enfants passent toute leur enfance et leur adolescence dans les mêmes rôles, la fille peut se faire une fausse idée des hommes. Si elle continue en grandissant à l'aider à s'habiller, à faire son lit chaque matin ou même à recompter la monnaie rendue par l'épicier, elle risque de penser que tous les hommes sont faibles et incapables.

D'un parent à l'autre

« Francesca (DZOSf) s'est toujours occupée de son frère et essaie encore quelquefois de le materner. Quand ils étaient en maternelle, c'était elle qui savait quels étaient les devoirs à rendre, qui l'attendait à la sortie de la classe, qui lui disait quand il devait se brosser les dents ou mettre ses chaussures. Soit il l'ignorait, soit il lui demandait de le laisser tranquille ! Lorsqu'il a grandi, nous avons essayé de développer son esprit d'indépendance et de l'inciter à faire des choses par lui-même. »

Les jumeaux DZ de même sexe, en revanche, peuvent chacun tenter de devenir le dominant et refuser de jouer un rôle passif. Dans un bon jour, ces jumeaux peuvent se montrer des rivaux plutôt amicaux, s'efforçant toujours de faire mieux ou au moins aussi bien que l'autre. Malheureusement, il est possible que les choses aillent un peu trop loin et qu'ils se disputent pour tout et rien, depuis qui a obtenu la meilleure note à la dictée jusqu'à qui est le plus populaire à l'école. Ce phénomène risque de perturber l'équilibre familial ainsi que l'harmonie intragémellaire.

Une étude intéressante a observé les relations de domination et de soumission entre jumeaux et leurs effets sur la santé mentale de chaque individu. Dans cette étude, 419 jumeaux ont été évalués à plusieurs reprises, depuis le moment où ils se trouvaient encore dans l'utérus de leur mère jusqu'au début de l'adolescence. Les chercheurs ont pris en compte trois caractéristiques principales – la domination physique, psychologique et verbale (agir comme le porte-parole pour la paire). Ils n'ont pas été surpris de constater que de nombreux garçons dominaient physiquement leurs jumelles durant leurs années de scolarité et immédiatement après. Les filles, en revanche, dominaient leurs jumeaux psychologiquement et verbalement avant et durant la scolarité. En outre, après une analyse plus pointue, les chercheurs ont découvert un lien entre domination-soumission et santé mentale des jumeaux. Durant les premières années de leur vie adulte, les garçons psychologiquement soumis dans les paires de sexe opposé et les filles des paires de même sexe souffraient plus de dépression, de mélancolie et de manque d'estime de soi que les autres. Les garçons verbalement soumis dans les paires de même sexe et les filles psychologiquement soumises dans les paires de même sexe étaient les enfants qui présentaient le plus de symptômes de dépression. D'autre part, les cojumeaux qui étaient psychologiquement dominants se révélaient très nerveux. Une relation déséquilibrée doit donc être prise au sérieux et les parents doivent faire leur possible pour rééquilibrer la situation.

D'un parent à l'autre

« Un de mes jumeaux (DZSSm) est d'un naturel meneur. Il met en place les jeux, crée les règles, donne les ordres, etc. L'autre jumeau se contente de suivre, jusqu'à ce que la situation devienne injuste. J'ai essayé de rétablir la justice ou d'intervenir dans le jeu, mais sans succès. Le plus efficace fut de prendre chaque jumeau à part après une confrontation et de leur expliquer quel était l'impact de leur comportement sur l'autre et comment ils aboutissaient à des chamailleries où personne n'était satisfait. Je disais au jumeau dominant que le fait de ne pas permettre aux autres de participer à l'élaboration des règles ou de leur donner la possibilité de gagner les incitait à ne plus vouloir jouer avec lui. J'expliquais au jumeau le moins dominant qu'il avait la possibilité de ne pas jouer s'il pensait qu'il était victime d'une injustice. Il pouvait également demander gentiment à participer sur un pied d'égalité et si l'autre ne le lui permettait pas, il avait le choix (et même le devoir envers lui-même) de refuser de jouer. Si le dominant souhaite jouer, et s'il sait qu'il risque de perdre son camarade de jeux, il veillera à ne pas créer d'injustices. Cette mise au point s'est avérée utile, mais doit être renouvelée régulièrement. »

L'étude a également montré qu'une attitude de domination dans un domaine était généralement contrebalancée par une certaine soumission sur un autre terrain. La bonne nouvelle de cette étude est qu'une certaine égalité finit par s'instaurer avec le temps. À la fin de la scolarité, les rapports de domination diminuent, avec 81 % des jumeaux déclarant entretenir une relation d'égal à égal avec leur cojumeau, à la fois en paroles et en actes.

Ce que les parents peuvent faire

Les parents doivent intervenir avant que le jumeau dominant ne considère le cojumeau passif comme un fardeau ou que le jumeau passif ne devienne tellement dépendant de l'autre qu'il en arrive à manquer cruellement de confiance en lui, ce qui compromettrait ainsi son développement psychique et sa quête d'autonomie à l'adolescence. Les techniques suivantes vous aideront à équilibrer la relation.

- Si vous avez un jumeau passif ou dépendant, encouragez-le à développer une relation extérieure enrichissante – avec un voisin plus jeune, par exemple, ou un nouvel élève de l'école qui pourrait avoir besoin du soutien discret d'un ami. En se sentant admiré de la même façon qu'il admire son cojumeau dominant, le jumeau passif gagnera en assurance et en estime personnelle.
- Autorisez le jumeau passif à jouer avec des enfants plus jeunes. Il bénéficiera ainsi d'un répit favorable, n'ayant plus à chercher à se hisser à la hauteur d'un cojumeau dominant.
- Apprenez à tous vos enfants à prendre des responsabilités et des initiatives. Encouragez le jumeau dominant à ne plus assister constamment le jumeau passif. S'ils sont dans la même classe, ne chargez jamais un seul enfant de l'argent pour la cantine, de la lettre à l'enseignant et ainsi de suite – essayez toujours de partager équitablement les responsabilités entre chaque enfant. Ou pour le moins, faites-leur prendre les responsabilités à tour de rôle.
- Travaillez sur le développement de la confiance en soi. Inscrivez l'enfant passif à une activité ou à un sport qui permet de développer l'estime de soi, tel que les arts martiaux.
- Veillez à ne pas trop couver un cojumeau ayant un handicap physique ou cognitif. Vous installeriez ainsi des inégalités et des injustices entre les jumeaux. Offrez plutôt la liberté à chaque enfant d'endosser certaines responsabilités et voyez s'il est en mesure de relever le défit.

D'un parent à l'autre

« Quand elles étaient plus jeunes, Carmen (DZSSf) était la dominante et se chargeait de prendre les décisions pour la paire. À présent, Christina (DZSSf) a pris plus d'assurance et elles ont tendance à prendre les décisions ensemble. Il n'y a donc pas encore de conflit de pouvoir entre elles. Pour ce qui est de l'autre paire, Monica (DZSSf) fait preuve de plus de caractère et essaie de dominer sa sœur Anna (DZSSf), que celle-ci soit d'accord ou non. Il existe dans leur relation une lutte beaucoup plus importante pour le pouvoir que dans celle de Carmen et de Christina. J'encourage les deux paires à s'entendre et j'insiste sur l'importance de leur relation intragémellaire. Je leur ai ainsi permis de décider seules qui prend les responsabilités, tant que ceci ne provoque pas de disputes. »

Permettre l'intimité

Les jumeaux ne manquent peut-être pas d'attention, mais ils manquent sans aucun doute d'intimité, à la fois psychologique et physique. Dans mon foyer, par exemple, c'est une lutte constante pour éviter qu'un jumeau ne se mêle des affaires de l'autre ! « Maman ? Qu'est-ce que tu viens de lui dire ? » ou « Quelles appréciations a-t-il sur son bulletin scolaire ? » Ils ne peuvent pas s'en empêcher. Ils pensent que leur gémellité leur donne le droit inaliénable de s'immiscer dans les affaires de l'autre dès que l'occasion se présente. Il semble également que les jeunes jumeaux adorent rapporter les mauvaises conduites du cojumeau. Ironiquement, celui qui est exposé n'apprécie pas ce fait jusqu'à ce que ce soit lui qui dénonce son frère. Ils ne comprennent pas que c'est une arme à double tranchant. Il en va donc de ma responsabilité de faire respecter la clause d'intimité dans notre foyer. Par exemple, nous insistons sur le fait que tout problème de comportement survenant à l'école doit rester à l'école. Je pars du principe que si quelque chose de suffisamment grave se produit, c'est l'enseignant, et non un cojumeau, qui doit m'en avertir. Je n'ai pas besoin qu'un jumeau espion agisse à ma place. Et si l'un ou l'autre ne respecte pas cette règle, c'est le rapporteur qui est puni, et non le prétendu mauvais garçon.

De nombreux jumeaux manquent également d'intimité physique. Depuis leur conception, les jumeaux sont toujours ensemble. La plupart des jeunes jumeaux partagent une chambre, et c'est seulement à l'approche de l'adolescence que beaucoup réclament leur propre espace. Les parents de jumeaux de sexe opposé font naturellement tout leur possible pour satisfaire ce besoin, mais ceux de jumeaux de même sexe ne reconsidèrent pas la question. Et bien que des jumeaux de même sexe puissent s'entendre parfaitement, il est toujours important de leur offrir un espace intime, un lieu où ils puissent se retrouver. Une mère m'a expliqué que, bien que ses jumelles partagent leur chambre, l'une d'elles s'est aménagé un bureau en le revendiquant comme son espace personnel pour faire ses devoirs et comme lieu de méditation à l'écart de la famille. Une autre mère m'a confié que, bien qu'elle pensait que ses filles n'avaient pas autant d'intimité que des enfants issus d'une grossesse unique, cela faisait partie des joies d'avoir un jumeau – toujours avoir quelqu'un à qui parler.

Pourquoi l'intimité est-elle importante ?

Les experts affirment que le fait d'avoir du temps pour soi est important pour le développement de l'individu. Ce temps passé en tête à tête avec soi-même permet d'évaluer ses propres possibilités ainsi que de développer la conscience de soi et la confiance en soi. C'est également durant ces périodes solitaires que les enfants apprennent l'art de la concentration. Des études ont montré que les jumeaux sont aisément distraits et éprouvent plus de difficultés de concentration – un handicap certain dans une salle de classe. Ils attribuent ce phénomène au fait que dès qu'un jumeau est occupé à travailler, son cojumeau l'interrompt immanquablement, souhaitant aussi participer ou au moins poser des questions. En outre, le temps passé séparé peut offrir à chaque jumeau la possibilité de réfléchir positivement à la relation intragémellaire et d'apprécier d'autant plus le lien qui les unit.

Le piège pour les parents

Il est tentant pour les jumeaux de rapporter aux parents les faits et gestes de leur cojumeau à l'extérieur de la maison, et ceci particulièrement si maman ou papa encourage cette tendance par inadvertance. Même si c'est avec les meilleures intentions du monde, les parents utilisent quelquefois un multiple pour connaître les sentiments et/ou les agissements de l'autre. De nombreux parents ont recours à ce procédé – il est très pratique d'utiliser l'un des jumeaux comme une deuxième paire d'yeux ou comme un informateur bienveillant. Tout commence innocemment : « John a-t-il des problèmes avec la maîtresse ? » Ou « Susan semble être de mauvaise humeur ces derniers temps. Sais-tu ce qui se passe ? » En fait, de nombreux parents avouent qu'un jumeau leur révèle les confidences de l'autre. Ceci n'est généralement pas fait avec une mauvaise intention. C'est seulement un moyen pratique pour les parents de savoir ce qui se passe réellement. Une mère m'a expliqué qu'elle s'était arrangée avec ses deux adolescentes pour que l'autre l'avertisse s'il se passait quelque chose d'important.

Pourtant les experts affirment que les parents doivent combattre l'envie de s'engager dans cette pratique. En premier lieu, elle place un poids énorme sur les épaules du confident, car il partage maintenant un secret concernant son cojumeau sans que ce dernier ne soit au courant. De plus, il faudra peu de temps au cojumeau pour comprendre que quelque chose se passe derrière son dos, ce qui risque d'ébrécher la confiance entre frères et sœurs. Une meilleure alternative consiste à vous attacher à établir une relation d'amour et de confiance avec tous vos enfants, et si quelque chose vous inquiète à leur sujet, demandez-leur simplement en privé.

À l'inverse, certains multiples ressentent le besoin de se décharger de leurs sentiments personnels envers leur cojumeau : « Il est tellement immature. Tu verrais comment il se comporte en classe. » Ou « Elle est tellement nulle ! J'ai honte d'être vue avec elle ! » Il s'agit également d'un terrain miné, mais tant que vous restez impartial, en vous comportant comme un auditeur patient au lieu de mettre les pieds dans le plat, ce comportement ne sera préjudiciable à personne.

Ce que les parents peuvent faire

Avec une sœur ou un frère toujours présent, il est quelquefois difficile pour les jumeaux de préserver leur intimité.

Voici quelques idées pour vous aider à gérer les situations délicates.

- Traitez les affaires de dénonciation rapidement et en privé. Plus tôt vous mettrez en place une règle de « non-dénonciation », plus tôt vos multiples abandonneront cette pratique. Instaurez des règles familiales relatives aux questions d'intimité. Par exemple, qui est autorisé à voir les interrogations écrites et les bulletins scolaires de vos enfants ? Quelle est votre politique de huis clos ?
- Si vous ne pouvez pas offrir à chaque jumeau sa propre chambre, essayez d'intervertir tous les six mois ou tous les ans les enfants partageant leur chambre. Associez un jumeau à un frère ou une sœur issue d'une grossesse unique. Aménagez un environnement où chaque jumeau a son propre espace et ses affaires personnelles.
- Essayez de mettre en place un rituel hebdomadaire consistant en une discussion privée entre vous et le jumeau qui est en votre compagnie. Une mère d'adolescents de sexe opposé a instauré des périodes de discussion hebdomadaires en privé. Chaque vendredi après l'école, un enfant monte dans sa chambre pendant que l'autre reste dans la cuisine pour parler. Cette mère assure l'intimité de la conversation en fermant la porte du vestibule et en plaçant un poste de radio portable contre celle-ci. (Elle dit que sa fille adore écouter aux portes.)
- Cultivez la soif d'intimité de vos jumeaux adolescents en les encourageant à trouver un travail à mi-temps le week-end ou à participer à des colonies de vacances différentes. Une demande d'intimité peut simplement être un moyen de réclamer plus d'indépendance.

Des camarades d'utérus aux camarades de chambre : les secrets d'un partage réussi

Même s'il vous est impossible d'offrir à chaque jumeau sa propre chambre, il existe des moyens astucieux de leur donner une illusion d'intimité.

Il suffit juste d'un peu d'imagination et d'huile de coude. Retroussez vos manches et au travail !

Faites de bons plans. Procurez-vous quelques magazines ou livres d'architecture et de décoration pour y rechercher des idées.

Dans la mesure du possible, tenez compte des désirs de vos enfants et essayez de les satisfaire. Renseignez-vous sur ce qui est important pour eux, tel qu'avoir des étagères séparées ou un coin lecture au calme.

Même dans une petite chambre, essayez de diviser visuellement l'espace au moyen d'une bibliothèque, d'un rideau ou même d'une cloison autoportante. Vous fournirez ainsi à chaque enfant un espace privé et l'apparence de sa propre pièce, quelle que soit sa taille.

Prévoyez des possibilités de rangement individuel. Plus il y en a, mieux c'est. Par exemple, au lieu d'une seule commode, essayez d'acquérir des lits capitaine où des tiroirs destinés au rangement des effets personnels se trouvent sous chaque matelas. Un meuble de classement avec des tiroirs séparés est également une bonne idée. Il offre à chaque enfant un emplacement pour cacher ses documents secrets et il lui apprend également à organiser sa vie trépidante !

Encouragez vos jumeaux à établir une liste de règles de camarades de chambrée. Ils doivent y aborder des questions telles que la mise en place d'une période de calme pour étudier, qui sera responsable d'ôter la poussière et de passer l'aspirateur, ou la gestion des invités. (Si l'un invite un ami à passer la nuit, par exemple, son cojumeau sera-t-il invité également ?) Le fait d'expliquer clairement les choses permet d'éviter les disputes ainsi que les rancœurs dans l'avenir.

Si vous avez des triplés et seulement deux chambres, vous pouvez envisager de transformer une pièce en dortoir où ils dormiront tous et réserver l'autre pièce pour l'étude et la réception des amis. Chaque enfant y aura son propre bureau et un emplacement pour s'asseoir et se détendre. Vous pouvez également essayer l'approche « tournante ».

Tous les six mois, une fille déménage dans sa propre pièce et les deux autres partagent la seconde chambre. Un mère ayant des triplées et une autre fille plus jeune mais seulement deux chambres m'a expliqué qu'elle faisait changer tout le monde de pièce chaque année afin que toutes les filles aient été camarades de chambre à un moment ou à un autre.

Quelquefois « je » et quelquefois « nous »

Le chemin vers l'individualité et l'autonomie peut être éprouvant et sembler contradictoire. Il est en effet délicat de promouvoir l'indépendance tout en encourageant l'amitié entre frères et sœurs. Vous pouvez préparer la voie en incitant vos multiples à découvrir ce qu'ils ont de spécial en eux. En célébrant à la fois leurs différences et leurs ressemblances, non seulement vos enfants développeront une image positive d'eux-mêmes, mais ils apprécieront d'autant plus le lien qui les unit.

3

DOUBLE DISCIPLINE

Si vous êtes comme moi, vous n'avez probablement déjà que trop entendu le commentaire « Des jumeaux ? C'est le double de problèmes ! » Ou vous en avez peut-être assez de n'allumer la télévision que pour voir des sitcoms idiotes dépeignant des parents de multiples au bord de la crise de nerfs face à des enfants hors de contrôle qui s'agitent dans tous les sens. Pourquoi les multiples ont-ils toujours une aussi mauvaise réputation en matière de comportement ? Pourquoi ont-ils toujours l'image de petites teignes ? Ces stéréotypes contiennent-ils une part de vérité ? Des jumeaux engendrent-ils le double de problèmes ?

Personnellement, je ne pense pas que les multiples soient naturellement mauvais. De la même façon que les enfants issus d'un grossesse unique, les jumeaux ont besoin de règles et de conseils pour apprendre à se contrôler et à adopter le comportement approprié dans une situation donnée. La différence entre les deux groupes est simplement le nombre. Il est un peu plus facile de transgresser les règles quand vous avez un ou plusieurs alliés à vos côtés.

Gérer les enfants multiples

Les mauvais jeux de mots et les scénarios de télévision mal écrits mis à part, le fait de discipliner plusieurs enfants du même âge est plus difficile que de diriger des enfants issus d'une grossesse unique et d'âges différents. Il existe deux raisons très logiques à cet état de fait. En premier lieu, avec des jumeaux vous avez deux enfants qui sont exactement au même stade de développement. Les jeunes jumeaux, par exemple, apprennent toujours simultanément l'art de la négociation et du partage. Ainsi, quand ils souhaitent tous deux s'approprier un jouet, aucun ne va céder. Au contraire – ils vont se battre jusqu'à la mort pour ce jouet ! Et le résultat ? Des cris, des pleurs, des coups, des morsures. Vous en avez sans doute déjà fait l'expérience. Je n'ai pas besoin d'aller plus loin. Mais les jumeaux d'âge préscolaire ne sont pas les seuls à poser des défis en matière de discipline. Il suffit d'attendre les années d'adolescence. Avec des jumeaux adolescents, la double montée hormonale entraîne habituellement deux fois plus d'histoires ! Traduction : beaucoup de visages boudeurs, de claquements de porte et de cris.

Lorsque vous avez un groupe de jeunes multiples jouant ensemble, ils peuvent également associer leurs esprits ingénieux pour inventer toutes sortes de jeux plus ou moins dangereux. Je me souviens du jour où mes garçons ont décidé d'organiser une chasse au trésor dans le jardin. Excellente idée. Mais malheureusement, ils ont fouillé dans la poubelle des déchets à recycler et y ont découvert des morceaux de verre cassé qu'ils ont décidé de cacher dans le jardin. (Ils ont attendu que je sois remise du choc de les trouver en train de fouiller dans les ordures pour y dénicher des tessons de bouteille et m'ont expliqué qu'ils avaient besoin de quelque chose de petite taille et que le verre leur semblait parfaitement adéquat.) J'ai également entendu d'autres histoires de jumeaux se faisant la courte échelle pour déverrouiller les portes d'entrée, accéder aux placards où sont cachées les belles porcelaines et même passer par-dessus la barrière du parc ou du lit.

Il y a bien sûr le « facteur zen » avec les jumeaux – c'est le terme que j'utilise lorsque mes garçons sont tellement « concentrés sur leur objectif » ou tellement en phase l'un avec l'autre qu'ils ne m'entendent pas alors que j'essaie d'intervenir. Leurs voix sont plus fortes, leurs actes deviennent plus fous et l'un deux – toujours avec l'intention d'amuser l'autre – dépasse les bornes et finit par faire quelque chose qu'il ne devrait pas. Pour certains jumeaux, c'est le « facteur célébrité » qui les amène à se dissiper. Étant toujours le centre d'attention de la famille et cherchant toujours à attirer l'attention où qu'ils aillent, ces sosies peuvent soudainement se transformer en enfants gâtés manipulateurs s'ils ne parviennent pas à leurs fins. Ce problème est encore amplifié si les jumeaux sont les seuls enfants de la famille. Et ne négligeons pas non plus le « facteur fécondité ». Certains parents ayant souffert de stérilité des années durant connaissent soudainement le bonheur d'avoir non pas un, mais deux bébés. S'accrochant toujours à leur rêve prénatal de famille parfaite, ils laissent s'installer les mauvais comportements. Ils ont tellement attendu ces enfants qu'il leur est maintenant difficile de mettre en place des règles par peur de jouer les trouble-fête. Et finalement, ils se retrouvent débordés. Voyons les choses en face – il est tellement épuisant de constamment gouverner les enfants que nous fermons quelquefois les yeux. Malheureusement, lorsque vous manquez de constance dans la discipline, vos enfants se faufilent dans la brèche et l'utilisent à leur avantage.

Pourtant, tout n'est pas mauvais dans le statut de multiple. Le plus gros avantage pour les parents est qu'ils se tiennent compagnie mutuellement. Quand ils sont occupés, ils sont moins susceptibles de se plaindre et de réclamer votre attention de façon négative. En fait, de nombreux jumeaux suivent le droit chemin en se rappelant mutuellement à l'ordre. Chez moi, j'ai souvent entendu un jumeau dire à l'autre « Hé, tu ne devrais pas faire ça. Maman va être furieuse. » Quasi systématiquement, l'acte répréhensible cesse et le jeu reprend d'une façon plus productive.

Les colères à propos des jouets

Depuis l'époque où ils commencent à ramper jusqu'à la fin de leur scolarité, les multiples se disputent inévitablement à propos des jouets. Ils peuvent se chamailler à propos de tout objet – avant que vous ne vous en rendiez compte, ils passent d'une dispute pour le tracteur rouge à une bagarre pour la cartouche de Game Boy convoitée.

D'un parent à l'autre

« Lorsque Sheila et Virginia (DZSSf) se disputaient pour un jouet, nous le confisquions un moment. Nous devions examiner chaque jouet que nous achetions et chaque cadeau qu'elles recevaient en nous demandant de quelle façon elles pouvaient se battre pour celui-ci. Nous avons écarté beaucoup de possibilités, car l'objet ne valait pas la peine de risquer des disputes à la maison. »

Pour éviter la guerre des jouets, les parents avec des multiples en âge préscolaire doivent s'en tenir aux objets disposant de nombreux éléments, tels que les cubes, les Lego, les sets de bricolage ou les mallettes à dessin et ainsi de suite. Les différents éléments permettent à chacun de participer pleinement sans avoir à se disputer. (Dans les familles où les multiples ont moins de trois ans, les parents doivent choisir soigneusement les jouets afin qu'ils ne présentent pas de risque d'étouffement.) Bien que ce procédé soit séduisant, résistez à la tentation de tout acheter en double. Cette méthode est non seulement onéreuse, mais nécessite beaucoup de rangement et elle ne règle que rarement le problème, car les jumeaux veulent toujours ce qu'un cojumeau a en sa possession à un moment donné. Et que se passe-t-il si l'un des deux jouets identiques se casse ? Vous êtes sûr de vous trouver confronté à un concert de hurlements. À la place, de nombreux parents optent pour deux objets complémentaires tels qu'un ballon de football et un ballon de handball, un camion à benne basculante et un camion de pompier ou deux poupées Barbie différentes.

Encourager la coopération chez les jeunes multiples

Contrairement à ce que pensent de nombreuses personnes, la coopération ne signifie pas que l'enfant fasse exactement ce qui lui est demandé par l'adulte. En fait, c'est un processus où l'enfant apprend à adapter ses besoins et ses désirs en fonction de ceux des autres. La coopération, l'art du compromis, est une faculté que tous les jeunes enfants doivent maîtriser, mais qui demande de la pratique. Et pour les multiples qui jouent continuellement l'un avec l'autre et passent leurs jeunes années ensemble, l'enseignement de la coopération permet de réduire les conflits et d'éviter que les disputes ne dégénèrent (ainsi que quelques maux de tête pour papa et maman). Mais comment procéder ?

- Lorsque vos jumeaux sont encore très jeunes, montrez-leur comment faire les choses à tour de rôle. Asseyez tout le monde en cercle et faites rouler une balle ou une petite voiture vers un enfant. Une fois qu'il l'a prise en main, criez « C'est au tour de Suzy. Fais-la rouler vers Suzy. » Félicitez-le lorsqu'il fait rouler l'objet vers sa cojumelle. Encouragez Suzy à le faire rouler vers vous, car c'est votre tour et ainsi de suite.
- Faites participer les enfants à la résolution du conflit (c'est beaucoup plus efficace lorsque les deux enfants sont calmes). Si un problème ou un désaccord apparaît, que ce soit à propos d'un jouet ou du programme de télévision à regarder, n'intervenez pas autoritairement. Demandez plutôt à chacun de vos multiples de verbaliser le problème. Laissez chacun proposer une solution qu'il pense juste pour la paire. De cette façon, chaque enfant prend part à la solution et a un intérêt dans son application. Félicitez-les quand ils parviennent à trouver un compromis qui est acceptable par chacun. (S'ils ne peuvent pas se mettre d'accord, offrez à chacun une période de calme en les séparant dans des pièces différentes et renouvelez l'expérience.)
- Proposez des choix qui donnent à chaque enfant un sens du contrôle et du pouvoir au lieu d'imposer des décisions strictes contre lesquelles ils sont sûrs de se rebeller. Au lieu de dire « C'est du beurre de cacahuètes et rien d'autre pour le petit-déjeuner », essayez « De quelle façon veux-tu manger ton beurre de cacahuètes, sur des biscottes ou sur du pain grillé ? »
- Permettez-leur de participer à la résolution des problèmes. Au lieu dire à votre fille « Tu ne porteras pas une robe d'été aujourd'hui. Il fait trop froid », essayez « Je pense qu'il fait trop

froid aujourd'hui pour porter cette robe. Que peux-tu faire pour y remédier ? » Il est possible qu'elle sorte avec un pull-over à col montant en dessous de sa robe, mais au moins elle a réglé le problème !

- Le jeu solitaire est bénéfique. Ce n'est pas parce que vos jeunes multiples passent leurs journées ensemble qu'ils ont toujours envie de jouer l'un avec l'autre. Il arrive de temps à autre qu'ils préfèrent jouer seuls. Si un enfant souhaite s'isoler pendant un moment, encouragez-le et aidez son cojumeau à comprendre son besoin de solitude.
- Les multiples plus âgés peuvent avoir besoin de rappels réguliers au sujet de la coopération. Montrez-vous direct dans vos souhaits. Au lieu de dire « Cela me ferait plaisir que mes enfants fassent place nette derrière eux », essayez « Lorsque vous rentrez, rangez s'il vous plaît vos sacs dans vos chambres. » De la même façon que les jeunes enfants, les jumeaux plus âgés répondent bien aux choix, mais vous pouvez ajouter quelques options supplémentaires, telles que des choix d'heure (« Quand souhaites-tu commencer tes devoirs ? Juste en arrivant de l'école ou une demi-heure plus tard ? ») ou de succession de tâches (« N'oublie pas que tu dois étudier ton piano, réviser pour ton interrogation de maths et mettre la table. Tu peux choisir l'ordre qui te convient. Pour moi, ce sera parfait. »)

Chamailleries entre jumeaux – devez-vous intervenir ?

Chaque enfant a sa propre technique pour attirer l'attention des parents et mettre son cojumeau dans l'embarras. Les jumeaux sont très doués pour identifier les faiblesses de leur cojumeau et les exploiter à leur avantage. Chez moi, un jumeau est passé maître dans l'art de provoquer les histoires. Il sait qu'avec un effort minime et l'activation des bons boutons aux bons endroits, il peut faire hurler son frère de colère, ce qui fait passer ce dernier pour le coupable. Par le passé, nous avons réprimandé celui qui poussait les hurlements en pensant qu'il était le coupable, ce jusqu'à ce que nous comprenions que c'était exactement ce que recherchait le manipulateur discret. Depuis, nous avons changé de stratégie et nous n'intervenons plus.

> **D'un parent à l'autre**
>
> « Si Kate et Victoria (MZf) se battent et se blessent, je les sépare et les conduis dans leurs chambres respectives pour qu'elles se calment. Je leur demande de ne sortir qu'après avoir écrit un petit mot d'excuse à l'autre. C'est l'approche "poignée de main et réconciliation". Elle semble fonctionner et ce qu'elles s'écrivent est surprenant. Il leur faut quelquefois beaucoup de temps pour se réconcilier, mais parfois c'est l'affaire d'un instant. Quoi qu'il arrive, je leur laisse toujours la maîtrise des événements. »

Lorsque les parents interviennent constamment pour arbitrer les querelles des jumeaux, qu'elles soient importantes ou non, les enfants n'apprennent jamais à gérer leurs différends par eux-mêmes. (« Pourquoi trouver des compromis à propos de la télécommande de la télévision alors que maman prendra mon parti ? ») Aux premiers signes d'une dispute, ils s'attendront à ce que vous jouiez le rôle de médiateur au lieu de réfléchir à une solution par eux-mêmes. De plus, lorsque papa et maman s'impliquent dans le conflit entre frères et sœurs, ils doivent généralement décider de la façon dont il convient de régler le désaccord et prendre parti pour l'un contre l'autre. Ce comportement est très préjudiciable à la relation, car il peut être interprété comme du favoritisme et accroître la rivalité au sein de la paire. (« Tu vois ! Maman est d'accord avec moi et pas avec toi ! ») À la place, les parents doivent rester en retrait et simplement s'assurer de l'absence d'injures et de violence physique (interdites). C'est seulement alors qu'il devient nécessaire d'intervenir avec des conséquences à la clé, ou de conduire chaque enfant dans une chambre séparée afin d'obtenir un retour au calme. Vous pouvez écouter les plaintes des enfants, mais ne réagissez pas. Il est important de ne pas prendre parti mais plutôt d'aider chaque enfant à comprendre et à écouter les réclamations de l'autre.

Ce que les parents peuvent faire

D'un parent à l'autre

« J'ai appris assez tôt – bien qu'il m'ait fallu plusieurs leçons – à rester en retrait et à laisser Evelyn et Alice (de zygosité inconnue) démêler leurs histoires par elles-mêmes. Si je restais ou prêtais attention à leur problème, c'était l'escalade. Il m'arrivait également de rester seule au milieu de la pièce en me parlant à moi-même alors qu'elles étaient déjà sorties en gloussant. Quand elles se battent au sujet d'un jouet ou d'un objet cassé et que j'essaie de jouer le rôle de médiateur afin de les aider à régler le différend, elles commencent à se faire des grimaces et passent un merveilleux moment à s'embrasser et à se donner des petits surnoms affectueux, pendant que je reste là comme une idiote. »

Il est possible que vous en ayez assez de vous battre pour faire respecter les règles. Nous oublions tous à un moment ou à un autre en quoi consiste notre rôle de parent et nous nous retrouvons en train de hurler sur nos enfants comme si nous étions un gamin de cinq ans en mal de sommeil. La discipline n'est pas simplement une question de répression. Elle consiste également à encourager le bon comportement, à enseigner et à moduler ce qui est acceptable ainsi qu'à décourager ce qui ne l'est pas. La souplesse est la clé de la discipline – tout ne fonctionne pas pour tout le monde. Et ce point est particulièrement important pour les parents de multiples. Il convient de discipliner chaque enfant en fonction de sa personnalité et de ce qui fonctionne pour lui. Il existe cependant quelques principes de base à côté desquels nous ne pouvons pas passer. En voici un bref résumé.

- Gardez votre calme et adoptez la bonne attitude. Vous connaissez l'expression « Choisissez vos combats. » Laissez glisser les événements ennuyeux du quotidien et réservez votre énergie pour quelque chose de plus constructif. Discipliner ne signifie pas avoir le dernier mot pour chaque désaccord avec vos enfants. Il ne s'agit pas de faire preuve d'une autorité exagérée. Quand vous avez réagi de façon excessive à une situation, admettez-le et passez à autre chose.

- Mettez en place un programme quotidien en ce qui concerne les devoirs, les tâches ménagères, l'heure du coucher et ainsi de suite. Lorsque chacun sait exactement ce qu'il doit faire et quand, le stress diminue et les chamailleries aussi.
- La constance et la cohérence sont les maîtres mots. S'il n'est pas admis de jouer au ballon dans la maison, cette règle s'applique *toujours*. Lorsque vous prévenez « Si tu lances de nouveau ce ballon dans la maison, tu seras interdit de PlayStation pendant une semaine », il vous faut passer à l'action dès qu'il lance de nouveau le ballon dans la maison. Lorsque vous vous montrez cohérent avec des règles précises et des conséquences invariables en cas de transgression, les enfants apprennent rapidement que votre parole n'est pas contestable.
- Exposez très clairement à vos enfants les conséquences non négociables et appropriées à l'âge en cas de mauvaise conduite et veillez à vous y tenir ! Non, ils ne peuvent pas revenir en arrière. Souvenez-vous que vous devez appliquer fermement les conséquences définies.
- Ne punissez jamais les deux enfants simplement parce que vous n'avez pas vu qui est l'auteur du méfait. Essayez à la place la méthode de l'usure. Chez moi, le maître mot est « Je sais que le coupable va se dénoncer et assumer la responsabilité de ses actes. » Bien sûr, je dois le répéter au moins dix fois dans une heure, mais ça marche.
- Ne comparez jamais le comportement d'un jumeau à l'autre en l'humiliant (« Regarde comme elle range bien ses jouets. Pourquoi ne peux-tu pas en faire autant ? ») et n'essayez jamais de motiver les enfants en créant des rivalités (« Celui qui range le premier ses vêtements gagne un esquimau. ») Présentez plutôt la tâche comme un effort d'équipe (« Voyons si vous pouvez ranger plus de provisions que moi. »)
- Remarquez et félicitez le bon comportement. Je sais qu'il peut quelquefois être difficile à déceler, mais essayez de mettre en valeur ne serait-ce qu'un début de conduite positive et félicitez-le avec enthousiasme afin que tout le monde l'entende. Lorsque vos

jumeaux coopèrent bien entre eux, dites-le-leur. Ils seront plus enclins à renouveler l'expérience dans l'avenir.

- Si l'un de vos multiples commence soudainement à adopter un comportement négatif pour attirer l'attention, c'est peut-être sa façon de dire qu'il a besoin d'un peu plus de temps avec maman. De nombreux parents ont constaté qu'en passant simplement plus de temps en tête à tête avec le polisson, qu'en lui donnant de l'amour et une attention positive, ils parviennent à limiter ses écarts de conduite.

D'un parent à l'autre

« Le problème survient lorsqu'un regard fâché est suffisant pour un enfant passif et que l'enfant plus dominant conserve une attitude provocante. Nous avons dû adapter la discipline en fonction de l'enfant et de l'infraction, et pas uniquement de cette dernière. Ceci a posé un problème dans la gestion de conséquences différentes pour la même transgression. Par exemple, j'ai trouvé une fois une pile de linge que je venais de plier répandue par terre. Clarissa (DZOSf) souhaitait un chemisier particulier et Kyle (DZOSm) lui a proposé d'aller le chercher à sa place. Quand elle est entrée dans la pièce avec le chemisier, j'ai immédiatement compris où elle l'avait trouvé. J'ai fait replier le linge à Clarissa et je lui ai demandé de le remettre dans le panier. Kyle a dû aller s'asseoir à l'écart pendant un moment avec son père. Clarissa a refusé de s'exécuter car c'était Kyle qui avait fait tomber le linge et elle a commencé à faire une colère car lui ne devait pas le replier. »

Une leçon sous forme de tableau

Il arrive quelquefois que les enfants se trouvent bloqués dans un mauvais comportement. Ils ont obtenu une réponse, même négative, de papa ou maman pendant tellement longtemps qu'il est difficile de modifier la situation. Mais nous avons tous entendu parler du pouvoir du renforcement positif. Si vous récompensez la bonne action et ignorez la mauvaise, l'enfant réalise vite que le bon comportement lui permet également d'obtenir l'attention positive des parents. Il obtient ainsi l'amour qu'il recherchait. Et en ce qui concerne les jeunes enfants, rien ne les excite ou ne les encourage plus que des autocollants de couleur.

Si vos jeunes multiples ont des difficultés à suivre les règles, achetez à la librairie plusieurs autocollants séduisants (choisissez-les en fonction de ce à quoi ils peuvent s'identifier – des super héros, par exemple) ainsi qu'une grande feuille cartonnée.

> **D'un parent à l'autre**
>
> « J'ai pratiqué les exclusions très tôt, mais j'ai eu des difficultés à les appliquer. J'avais une barrière pour bébé dans les escaliers et j'en mettais un (MZm) derrière la barrière comme s'il était en prison, mais l'autre venait le rejoindre pour lui tenir compagnie ! Il était vraiment difficile d'en faire une véritable exclusion. »

Dans un premier temps, choisissez le comportement négatif que vous souhaitez éliminer, comme taper. (Pour obtenir de meilleurs résultats, concentrez-vous sur un ou deux problèmes à la fois, sinon l'enfant aura du mal à assimiler la leçon.) Veillez à choisir un problème comportemental différent pour chaque jumeau, de façon à ne pas trop attirer l'attention sur l'un ou l'autre des enfants.

Divisez ensuite votre feuille en deux moitiés, avec le nom de chaque enfant inscrit dans le haut. Inscrivez les vingt et un à quarante et un prochains jours (au début, chaque jour peut être divisé en matinées et en après-midi, car il est plus facile d'être sage sur une période plus brève). Suspendez votre tableau à un emplacement stratégique où tous les membres de la famille peuvent le voir, comme dans la cuisine.

Puis commencez par remarquer le bon comportement et par le féliciter avec enthousiasme afin que tout le monde l'entende. À la fin de la matinée ou de la journée, offrez joyeusement un autocollant à votre enfant s'il s'est bien comporté. Après quatre ou cinq autocollants, offrez-lui un petit cadeau tel qu'un gâteau, une pièce de monnaie, de nouveaux crayons, etc. Ne retirez jamais un autocollant pour mauvais comportement (si vous ne voyez pas d'autre solution, envoyez calmement l'enfant dans sa chambre). Si aucun autocollant n'a été gagné, laissez l'espace blanc.

Après trois semaines, vous pouvez progressivement abandonner le système, passer à un autre comportement ou célébrer le succès de vos jumeaux par une sortie spéciale.

Les jumeaux et les multiples adolescents : sont-ils plus difficiles à discipliner ?

C'est au moment où vos jeunes multiples ont enfin appris à partager leurs jouets, à se traiter mutuellement avec un minimum de respect et à s'asseoir à la table du déjeuner avec leurs serviettes sur leurs genoux que la puberté survient ! Il est possible qu'ils se tiennent bien à table, mais avec un air renfrogné.

D'un parent à l'autre

« Les enfants se défendent mutuellement en cas de problème. Si je dois priver de sortie l'un d'eux, celui qui est libre le vit mal. Quand Andrew (DZSSm) a été privé de sortie, Jeffrey (DZSSm) n'arrêtait pas de me demander si je ne pouvais pas faire une exception pour son frère. Je pense qu'il se sentait coupable parce qu'il savait qu'il allait s'amuser avec tous ses amis tandis qu'Andrew devrait rester à la maison. »

L'adolescence est une période instable pour de nombreux enfants, chacun essayant de trouver ses marques dans la vie adulte. Mais pour les jumeaux, c'est une époque de rupture non seulement avec les parents, mais aussi avec le cojumeau. Ceci peut être source de conflits entre parents et enfants ainsi qu'au sein même de la dyade. Cette période est également difficile pour les parents, car il est malaisé de tenter de maintenir un lien avec un adolescent en rébellion – il est beaucoup plus facile de se sentir proche d'un enfant obéissant. Pour ce faire, il est nécessaire de puiser dans sa réserve déjà bien entamée de patience. De même que lorsqu'ils étaient tout petits, les jumeaux adolescents ont besoin de règles et de limites claires. Les enfants, et particulièrement les jeunes adolescents, ont l'étrange faculté de profiter de la situation lorsque les parents sont hésitants ou réticents à appliquer certaines règles. Et si, en tant que

Enseigner les bonnes manières

Les bonnes manières ne sont pas juste destinées à la table du déjeuner. Le fait d'apprendre à vos enfants à être polis, aimables, courtois et à faire preuve d'empathie envers les autres les aidera autant dans la classe que dans la cour de récréation. Ils seront en mesure de résoudre les conflits de façon appropriée par eux-mêmes. De plus, les enfants avec de bonnes aptitudes sociales ont plus de facilités à se faire des amis et à les garder. Commencez donc leur éducation tôt et rappelez-vous, pas de coudes sur la table.

Adoptez vous-même un bon comportement et vos enfants auront ainsi un exemple de choix. Des parents compatissants et attentifs élèvent généralement des enfants compatissants et attentifs. Si vous préférez injurier tous les automobilistes sur la route en collant au pare-chocs de leur voiture pour leur donner une leçon, il est probable que vous vous retrouviez chaque semaine dans le bureau du principal afin de justifier le mauvais comportement de votre fils en classe.

Intégrez les termes « merci », « s'il vous plaît » et « excusez-moi » dans votre vocabulaire quotidien et n'hésitez pas à effectuer des rappels de temps à autre (« Que dis-tu lorsque quelqu'un te propose à boire ? ») S'ils sont sur le point de participer à un événement qui est nouveau pour eux, tel qu'un mariage, essayez de mettre en place un jeu de rôle afin de leur enseigner le bon comportement (croyez-moi, ils s'y prêteront avec plaisir). Vous mimerez ainsi diverses situations dans lesquelles ils sont susceptibles de se retrouver à cette occasion.

Enseignez-leur comment perdre et gagner avec dignité. Il est difficile de leur enseigner à gérer l'échec, car aucun enfant n'aime perdre, particulièrement en présence d'un cojumeau. Rappelez gentiment au perdant qu'il doit serrer la main du gagnant et le féliciter, même s'il aurait préféré être le vainqueur. Louez l'effort, même si la tentative n'est pas parfaite. Et inversement, faites-lui savoir qu'il est acceptable de se sentir heureux de gagner, mais qu'il ne doit pas se vanter ou fanfaronner.

Souvenez-vous que les bonnes manières sont à double sens. Traitez votre enfant avec le même respect que vous souhaitez le voir traiter les autres. Vous ne pouvez pas vous montrer grossier avec vos enfants et vous attendre à ce qu'ils parlent gentiment aux autres.

parents, vous ne présentez pas un front uni à vos enfants, ils vous mettront la pression et n'abandonneront pas avant que vous cédiez. Même si ceci semble illogique, lorsque votre enfant en rébellion crie « Je te déteste » et se montre désagréable, c'est en fait qu'il a encore plus besoin de vous. Il finira par changer de comportement et manifester de nouveau de l'amour. Une fois plus âgés, de nombreux jumeaux remercient la juste discipline mise en place par leurs parents, même si, à ce moment-là, ils étaient tout sauf ravis.

D'un parent à l'autre

« Samantha et Alex (DZSSf) ont un tel lien que, lorsque je punis l'une d'elles, ce sont les deux qui sont peinées. C'est une chose très étrange qui perdure depuis leur plus tendre enfance. Par exemple, Sam est venue un jour me voir pour me dire qu'Alex était folle et qu'elle avait arraché deux de ses posters. J'étais très en colère et ai dit à Alex qu'elle devait donner à Sam deux posters pour remplacer ceux qu'elle avait déchirés. Sam a immédiatement commencé à défendre Alex. Elle a essayé de se rétracter en disant que, de toute façon, elle n'aimait pas les posters et qu'elle pouvait très bien vivre sans. Je me suis tournée vers Sam et je lui ai demandé "Pourquoi l'as-tu dénoncée si tu ne voulais pas lui créer de problèmes ?" Elle a commencé à pleurer en disant qu'elle ne voulait pas qu'elle ait des ennuis. Et il en a toujours été ainsi. Quand elles étaient plus jeunes, si je criais sur l'une d'elles, les deux montaient dans leur chambre pour pleurer. »

Problèmes de discipline en fonction du type de gémellité

Les paires de sexe opposé et les triplés garçon-garçon-fille peuvent poser des problèmes différents des autres types de jumeaux. Si la fille mûrit plus vite – et il est très probable que ce sera le cas, car les filles progressent plus vite que les garçons sur les plans physique et social –, il est possible qu'elle devienne une adolescente obnubilée par les garçons pendant que ses frères restent à la maison à regarder le programme du vendredi soir à la télévision avec un bol de pop-corn. En d'autres termes, un garçon de cet âge se conforme aux règles alors que la fille entre dans une phase de rébellion.

Pour de nombreux jumeaux non identiques de même sexe, l'adolescence amène un désir puissant d'individualité et le besoin de se différencier de son cojumeau. De nombreux jumeaux se dirigent alors dans des directions opposées. Ce phénomène risque de mener à des chamailleries, chacun essayant de s'épanouir dans la voie choisie. De nombreux jumeaux adolescents de même sexe deviennent les contraires. Dans leur désir d'être considérés comme différents, ils choisissent des domaines ou des sports opposés. Mais si un jumeau se sent éclipsé par la réussite d'un cojumeau, il risque de rechercher une attention négative par un mauvais comportement en classe comme à la maison. S'il pense qu'il ne pourra jamais parvenir au même niveau, il n'essaiera pas et risquera simplement de choisir le contraire. Il est même possible qu'il s'enferme dans son rôle de mauvais garçon, ne sachant pas comment changer, particulièrement si papa et maman continuent à renforcer ce phénomène en prêtant beaucoup d'attention à son comportement négatif. (Pour en savoir plus sur l'effet de couple, consultez le Chapitre 7, « À l'âge de la puberté : les multiples à l'adolescence ».)

Ce que les parents peuvent faire

L'adolescence est une période de bouleversements énormes. Bien que le conflit entre frères et sœurs ainsi qu'avec le reste de la famille représente une part normale du processus, c'est la façon dont les enfants gèrent leurs différences qui importe. Le fait d'argumenter de façon constructive permet de créer des aptitudes sociales dans l'art de la négociation et du compromis. Il peut être difficile de trouver une solution parfaite pour aider vos multiples à acquérir le contrôle de soi dont ils auront besoin dans la vie adulte. Les règles qui s'appliquaient dans leur petite enfance sont encore d'actualité, mais voici quelques points de réflexion supplémentaires.

- Accordez les privilèges en fonction de la maturité, et non de l'âge. Ce n'est pas parce qu'ils sont nés le même jour qu'ils sont prêts à accepter les responsabilités du monde adulte au même moment. Faites cependant preuve de tact. N'utilisez jamais les privilèges d'un jumeau comme motivation pour l'autre. Cette méthode est non seulement contre-productive, car l'enfant le moins mature se contentera sans nul doute de se conformer aux attentes modestes que vous avez de lui, mais elle suscitera également une rivalité au sein de la paire. À la place, expliquez calmement et en privé la différence au jumeau le moins mature. Il aura ainsi la possibilité de donner libre cours à sa frustration et vous pourrez le soutenir et lui donner les moyens de contrôler son comportement.

- Ne vous précipitez pas pour sauver votre adolescent au bord du désastre. Laissez les conséquences jouer leur rôle naturellement. Si votre fils oublie invariablement de ramener ses devoirs à l'école, n'écrivez pas de mot d'excuse au professeur ou, pire encore, ne demandez pas à son cojumeau de le tirer d'affaire. Laissez votre fils aller à l'école non préparé et accepter la sanction. Il apprendra rapidement à assumer les conséquences de ses actes.
- Aidez les adolescents à développer des intérêts plus adultes. Encouragez leur goût pour la musique, l'art ou le sport. Les adolescents qui s'impliquent de façon productive dans les arts et le sport ont moins besoin d'agir d'une façon répréhensible ou de passer leur temps libre à se chamailler avec leur cojumeau.
- Évitez les critiques et louez la réussite. Les adolescents qui sont constamment réprimandés et à qui on demande continuellement de mieux faire finissent par baisser les bras. Au lieu d'essayer de s'améliorer, ils abandonnent souvent en ayant l'impression qu'ils ne pourront jamais satisfaire les attentes des parents. Une meilleure ligne de conduite serait de les féliciter dans les domaines où ils excellent.
- Bien qu'ils puissent sembler réticents, les adolescents ont besoin que leurs parents leur consacrent plus de temps, et non moins. Programmez une sortie mensuelle, telle qu'un dîner et une soirée au cinéma, avec chaque enfant individuellement. Tenez-vous-y régulièrement.

Vous maîtrisez la situation

Le fait d'enseigner à un enfant comment se comporter de façon responsable est l'un des domaines les plus difficiles (et souvent frustrants) de la parentalité. Et lorsque vous avez des multiples, il vous faut encore un peu plus de cran et d'énergie. Bien que le concept de « double problème » soit une invention hollywoodienne, les parents de multiples ont un peu plus de problèmes à résoudre que les autres.

D'un parent à l'autre

« Les jumeaux des deux paires (DZSSf) se voyaient confier des responsabilités quand ils étaient prêts, et ceci quel que soit le niveau de maturité du cojumeau. Je n'aimais pas les inciter à rattraper le cojumeau ou quelqu'un d'autre. Les jumeaux sont des individus à part entière. Ils doivent grandir et mûrir à leur propre rythme. »

Ils doivent mettre en place des règles et des conséquences appropriées à l'âge. Ils doivent également faire preuve de beaucoup de patience en répétant les choses inlassablement avant que le bon comportement ne s'ancre définitivement. Mais, plus important encore, souvenez-vous que tous les jumeaux sont différents. Même s'ils sont nés le même jour, ce qui est efficace pour l'un peut ne pas fonctionner pour l'autre.

4

MULTIPLES ET ÉDUCATION

Un des problèmes les plus complexes posés par les multiples en âge scolaire est celui de l'éducation. Même avant les premiers pas des jumeaux, leurs parents se posent une foule de questions telles que « Doivent-ils placer leurs jumeaux dans des classes différentes ? » ou « Que faire si un enfant est prêt pour la maternelle et non l'autre ? »

Les écoles sont affectées par l'augmentation rapide du nombre de jumeaux et de multiples de haut rang. La plupart des académies se sont retrouvées sans directives quant au placement des multiples et les séparent donc arbitrairement. Pourtant, très peu d'études ont été menées à long terme sur les effets psychologiques de la séparation des multiples, ce qui met en évidence le besoin de recherches supplémentaires sur le sujet.

En plus du problème de la séparation qui fait débat depuis la nuit des temps, il existe d'autres questions éducatives propres aux multiples. Par exemple, les jumeaux rencontrent dans l'ensemble plus de problèmes de langage et de lecture que les enfants issus d'une grossesse unique. De nombreux jeunes jumeaux sont également plus immatures socialement parlant et luttent plus souvent contre des problèmes de motricité en partie dus à leur prématurité. Mais nous ne devons pas pour autant en déduire que tous les jumeaux connaîtront une vie difficile et que les multiples sont moins intelligents que les enfants issus d'une grossesse unique. La bonne nouvelle est que, une fois averti des problèmes potentiels, vous serez en mesure d'intervenir avant qu'ils n'entravent le développement de vos enfants.

Dans ce chapitre, vous trouverez les informations les plus récentes sur la question des multiples à l'école, qui n'est pas encore clairement résolue. Même les parents de multiples sont souvent en désaccord sur ce qui est dans le meilleur intérêt des jumeaux (et même des triplés). Comment pouvez-vous donc savoir que vous avez pris la bonne décision pour vos enfants ? La clé du problème réside dans l'observation attentive de vos jumeaux. Après tout, c'est vous qui les connaissez le mieux et qui savez comment ils vont répondre à certaines situations. Faites donc ce que vous avez à faire et n'hésitez pas à poser des questions.

Prêt pour la maternelle ?

Pourquoi attache-t-on tellement d'importance au fait que les enfants soient prêts pour l'école maternelle de nos jours ? Pour le meilleur ou pour le pire, l'école maternelle est une institution très différente de ce qu'elle était lorsque nous étions enfants. Les activités de découpage et de collage ont laissé la place à l'étude des sons et à l'écriture. Ce n'est plus un lieu où les enfants apprennent simplement à fréquenter les autres et à se séparer de maman. L'école maternelle d'aujourd'hui est beaucoup plus centrée sur l'apprentissage cognitif, même si la socialisation fait toujours partie du programme.

Bien que le fait d'inscrire vos enfants à l'école maternelle dès qu'ils sont en mesure d'y aller soit une bonne idée, vous ne devez pas précipiter les choses. Il est possible que vos enfants aient l'âge minimum requis pour l'école, mais que vous souhaitiez attendre un an de plus s'ils ont des difficultés verbales et sociales, et ceci particulièrement s'ils sont de la fin de l'année. Souvenez-vous, également, que si vos jumeaux sont nés prématurément, ils peuvent accuser un retard d'un, deux, voire même trois mois sur leurs pairs issus d'une grossesse unique, ce qui vous donne encore plus de raisons d'éviter une inscription hâtive.

Le rôle de l'école maternelle

Lorsque vos multiples étaient très jeunes, combien de fois avez-vous décidé de rester à la maison et de laisser vos tout-petits jouer seuls au lieu d'essayer d'habiller tout le monde, de leur faire prendre leur petit-déjeuner et de les emmener jouer à l'extérieur ? Avec de jeunes multiples, il est quelquefois trop fatigant de sortir régulièrement. Il n'est pas rare pour les parents de multiples de se montrer passifs en matière de socialisation précoce. Et bien qu'il soit formidable pour chaque enfant d'avoir un camarade de jeux continuellement à disposition, cette particularité entraîne un retard de développement chez certains multiples par rapport à des enfants issus d'une grossesse unique.

C'est précisément sur cette question que l'école a son rôle à jouer. La maternelle permet non seulement à chaque jumeau de se développer socialement, mais le cadre informel encourage également le développement d'un langage expressif et réceptif. Voici comment en faire une expérience positive pour chaque enfant.

Rencontrez l'institutrice avant le jour de la rentrée afin de lui exposer les besoins particuliers de vos multiples en matière d'éducation et les domaines leur posant des problèmes tels que l'acquisition du langage et des facultés motrices fines.

Facilitez l'identification de vos jumeaux en les habillant différemment. S'ils sont identiques (MZ), essayez d'adopter des codes de couleur pour leur tenue – rouge et bleu pour un enfant, vert et jaune pour l'autre, par exemple.

Un jour par semaine, prévoyez d'emmener un seul jumeau à l'école et de garder son cojumeau à la maison. L'enfant se trouvant à l'école aura ainsi la possibilité de développer ses propres facultés sociales et d'améliorer son langage pendant que l'enfant à la maison aura papa ou maman pour lui seul (quelque chose dont la plupart des jumeaux ont considérablement besoin et dont ils manquent malheureusement).

Souvenez-vous que l'école maternelle ne peut pas tout faire et que le développement s'effectue en majeure partie à la maison. Transformez votre foyer en environnement riche, rempli de livres, de musique et de peinture.

Comment savoir s'ils sont prêts ?

Un des indices les plus importants pour savoir si vos multiples sont prêts pour la maternelle est le développement de leur langage. Est-il fluide ? Vous cassent-ils les oreilles par leurs paroles incessantes ? Aiment-ils vous raconter des histoires, chanter et réciter des comptines ? Si tel n'est pas le cas, il vous faut prendre du recul et reconsidérer la question d'une inscription précoce à la maternelle. La recherche montre que, lorsque les jumeaux ont un retard de langage, ils sont généralement moins sociables avec les autres enfants. Si vous ne parvenez pas à déterminer le niveau de développement de vos multiples sur le plan du langage, faites-les évaluer par un orthophoniste ou par un pédiatre.

Même si vos multiples sont de grands orateurs, il vous faut évaluer d'autres aptitudes, telles que leurs facultés motrices fines et plus grossières (lancer une balle, tenir un crayon correctement et enfin tenter d'écrire des lettres), leur sens académique (compter jusqu'à dix, identifier des couleurs et des formes simples, répéter une histoire dans les détails) ainsi que leurs facultés personnelles et sociales (s'entendre avec les autres, se laver les mains, écouter et suivre les règles). Enfin, fiez-vous à votre instinct. Certes, ce sont des enfants intelligents, mais observez-les dans leur ensemble en vous demandant « Sur le plan du développement, sont-ils prêts pour l'école maternelle ? »

Personne ne peut véritablement aider un enfant à se préparer pour la maternelle, mais en tant que parent, plusieurs moyens simples s'offrent à vous pour les orienter dans la bonne direction. Par exemple, encouragez vos jeunes jumeaux à travailler de façon indépendante et à ne pas se précipiter pour être le premier à avoir terminé. Ceci leur permettra non seulement de développer leur concentration, mais leur sera également profitable pour l'apprentissage de la lecture. Encouragez-les à devenir des élèves curieux en leur posant des questions sur le monde qui les entoure. (« Selon toi, pourquoi les vitres sont-elles gelées ce matin ? ») Profitez de toutes les situations de la vie quotidienne pour exercer leur réflexion, depuis les courses alimentaires (« Combien de pommes devons-nous acheter aujourd'hui ? ») jusqu'aux notes sur le calendrier familial (« Combien de jours reste-t-il avant ton anniversaire ? ») Et il est très important de faire de la lecture à voix haute une priorité quotidienne.

Quand un jumeau est prêt pour la maternelle alors que l'autre ne l'est pas

Il n'est pas rare qu'un jumeau soit prêt pour l'école maternelle alors que son cojumeau ne l'est pas encore. Mais avant de tirer des conclusions hâtives, assurez-vous que vous ne comparez pas un jumeau à l'autre. Bien qu'un jumeau puisse sembler moins capable que son frère, il se situe peut-être néanmoins dans la moyenne. La question la plus importante à vous poser est : « Comment se situe-t-il par rapport à ses pairs ? Est-il en retard par rapport aux autres enfants de l'école maternelle ou se trouve-t-il au même niveau ? »

Vous devez également réaliser que si vous décidez de garder un jumeau à la maison une année de plus alors que vous envoyez son cojumeau à l'école maternelle, vous mettez en place une différence durable au sein de la paire. Ceci ne revêt peut-être que peu d'importance dans les petites classes, mais aura un impact énorme sur leur relation une fois à l'adolescence. En outre, il n'est pas rare que le jumeau dont le développement est le plus lent finisse par rattraper et dépasser le cojumeau dont on pensait qu'il était en avance.

Une solution consiste à les garder ensemble à la maison un an de plus, particulièrement s'ils sont de la fin de l'année. De plus, faites évaluer le jumeau en retard par un professionnel afin de déterminer exactement ce qui pose problème. Il est possible qu'il soit simplement un enfant « tardif » ayant juste besoin d'un peu plus d'attention et d'un coup de pouce pour combler son retard.

La parole : comment l'acquisition du langage affecte l'apprentissage

La plupart des enfants commencent à parler entre les âges de dix-huit mois et trois ans. Mais saviez-vous que les jumeaux échangent des signes – les bases du langage – bien avant ce délai ? Les jumeaux ont d'énormes aptitudes pour la communication préverbale, mais si les parents ne communiquent pas verbalement de façon active – et qu'ils les laissent copier leurs erreurs linguistiques mutuelles – le résultat peut être la création d'un langage autonome ou idioglossie. Bien que pratiquement 40 % des jumeaux – et un pourcentage plus élevé de triplés – développent une forme ou une autre de langage autonome, celui-ci disparaît rapidement dans la plupart des cas.

Dans l'ensemble, les jumeaux d'âge préscolaire connaissent plus souvent un retard de langage que les enfants issus d'une grossesse unique du même âge. Et les garçons, qui accusent en général un retard plus important que les filles dans le domaine du développement du langage, sont encore plus à risque. À trente mois, par exemple, certains multiples ont un énorme retard de huit mois par rapport aux enfants uniques. Ils ont des difficultés d'articulation, omettant souvent la première ou la dernière consonne du mot, ils ont tendance à former des phrases moins complexes avec un vocabulaire moins riche et ils parlent généralement plus fort pour attirer l'attention (ce qui est peut-être dû au fait qu'ils sont accoutumés à la concurrence pour obtenir l'attention d'un adulte).

Fort heureusement, les problèmes de langage se manifestent quand les jumeaux sont jeunes mais ils diminuent généralement par la suite. La mauvaise nouvelle, cependant, est l'effet résiduel du retard de langage sur des apprentissages ultérieurs, tels que la lecture, l'écriture et même l'orthographe. La recherche tend à démontrer qu'il existe un lien entre l'acquisition du langage et ces apprentissages.

Ainsi, pourquoi les multiples sont-ils plus sujets aux problèmes de langage ? Ce n'est pas parce qu'ils sont moins capables de s'exprimer. En fait, les études menées sur des jumeaux adoptés par des familles différentes montraient que leurs aptitudes verbales étaient identiques à celles des enfants issus d'une grossesse unique. De nombreuses théories divergent sur l'explication de ce phénomène, mais les chercheurs s'accordent sur plusieurs facteurs. Par exemple, comme les jumeaux comprennent intrinsèquement les actes et les habitudes de l'autre, il est possible qu'ils soient moins motivés pour parler. Les parents de jeunes enfants sont également très occupés et ils ont tendance à répondre à leurs questions brièvement, en utilisant des directives plutôt qu'en engageant une conversation. En d'autres termes, ils ne donnent peut-être pas à leurs jumeaux assez de « temps d'antenne ». Les jumeaux eux-mêmes sentent qu'ils ont une durée limitée pour faire passer leur message et ils rivalisent pour être entendus par maman ou papa en parlant rapidement et en omettant certaines consonnes. Et puisque les jeunes jumeaux sont des camarades de jeux parfaits, l'éventail d'adultes et d'enfants auquel ils sont exposés est moins large que celui d'enfants issus d'une grossesse unique, ce qui limite le besoin de communication verbale. Finalement, les jumeaux représentent l'un pour l'autre un modèle linguistique médiocre, copiant souvent leurs erreurs de langage. C'est la combinaison de tous ces facteurs qui provoque quelquefois un retard de langage chez les multiples.

Il convient cependant de relativiser. Il est important de savoir que tous les jumeaux ne présentent pas de retard en matière de langage. En fait, certains jumeaux ayant des amis variés et de bonnes opportunités de communication avec les adultes sont plus avancés dans le domaine du langage que leurs homologues issus d'une grossesse unique. Et même si vos enfants présentent un certain retard, ils ne rencontreront pas nécessairement des problèmes en lecture. Cela étant dit, voici quelques astuces qui vous permettront de développer le bagou chez vos jumeaux.

- Engagez la conversation. Animez-la à l'infini. Mais évitez de parler à vos enfants en tant que paire. À la place, parlez-leur individuellement, en résistant à l'envie de converser principalement avec celui dont le langage est le plus avancé.
- Accordez toute votre attention à l'enfant qui est en train de s'exprimer. Ne rompez pas le contact visuel. Si l'un d'eux vous demande quelque chose, tel qu'un verre de lait, n'amenez pas automatiquement un verre pour les deux. Vous donnerez ainsi à l'autre jumeau la possibilité de demander également.
- N'autorisez jamais le jumeau « bavard » à interrompre ou à parler pour le jumeau « plus silencieux ».

- Corrigez gentiment les erreurs de syntaxe en répétant la phrase de votre enfant sous une forme correcte. Par exemple, si l'un de vos multiples dit « Dehors je vais jouer dans le jardin », répondez par « Oh, tu as dit que tu voulais sortir pour jouer dans le jardin ? »
- Élargissez le cercle d'amis de vos jumeaux en les présentant à divers enfants. C'est à ce niveau que la maternelle a son rôle à jouer. (Comme mentionné précédemment, il est préférable de les y amener à tour de rôle, de façon qu'ils puissent chacun faire individuellement l'effort de communiquer avec leurs camarades de classe.)
- Bien que le langage autonome puisse être fascinant, il ne doit pas être encouragé. (Après tout, si un enfant issu d'une grossesse unique utilisait un langage autonome, la plupart des parents interviendraient immédiatement.)
- Associez les mots aux signes visuels. Par exemple, ne dites pas simplement « oiseau », mais montrez-en un au même moment.
- Chantez et lisez des comptines ainsi que des poèmes à rimes. (Les mamans occupées peuvent tirer parti des livres audio durant les trajets en voiture en encourageant leurs enfants à suivre l'histoire sur la page imprimée.)
- Restez attentif aux éventuels problèmes et prenez l'avis d'un professionnel dès que vous suspectez des difficultés de langage.

Séparés ou ensemble ?

C'est la question que se pose chaque parent de jeunes multiples. Faut-il les séparer ou les laisser ensemble à leur rentrée en maternelle ? En fait, c'est la première cause de conflit entre les parents de multiples et les responsables scolaires.

Avant de nous plonger au cœur du sujet, considérons une nouvelle fois la vie d'une paire de jumeaux typiques. La plupart font tout ensemble. Nombreux sont ceux qui partagent la même chambre et se couchent en même temps. Ils mangent, font leur toilette et jouent ensemble. Ainsi, quand arrive l'époque de l'école – un grand bouleversement pour tout enfant –, les jumeaux doivent non seulement apprendre à se séparer pour la première fois de leurs parents, mais également de leur cojumeau. La transition sera plus difficile pour certains que pour d'autres. Pour les multiples ayant été encouragés dès leur plus jeune âge à avoir leurs propres amis, ayant passé beaucoup de temps séparés, ou appréciant simplement des activités différentes, il est possible que la séparation ne pose pas de problème majeur. Pour les autres, et particulièrement pour les jumeaux identiques (MZ) qui ont peu d'expérience de la séparation et dont les liens sont par nature plus forts, le fait de se retrouver dans des salles de classe différentes peut être traumatisant.

Il est difficile de demander à vos jumeaux s'ils souhaitent être séparés ou rester ensemble, car ils n'ont pas suffisamment d'expérience scolaire pour en tirer une conclusion. Certains jumeaux peuvent se montrer réticents à exprimer leur véritable désir. Ils demandent à être ensemble simplement parce c'est ce qu'ils connaissent le mieux ou parce qu'ils ne veulent pas froisser leur cojumeau. Les parents peuvent obtenir des informations en s'enquérant de l'opinion de chacun séparément, mais ils doivent également observer attentivement leurs enfants dans différentes situations sociales pour définir les besoins de chacun avant de prendre la décision finale. Il est intéressant de noter, également, que dès que des multiples rencontrent une difficulté – expression orale et lecture, rivalité, immaturité sociale – les écoles conseillent toujours de les séparer. La séparation guérit-elle toujours de tous les maux ? Absolument pas. Avant de séparer hâtivement vos jumeaux dans l'espoir de résoudre tous les problèmes, il vous faut d'abord lutter contre le handicap ou le problème lui-même. Ceci ne veut pas dire que la séparation ne sera pas utile – elle est souvent efficace. Mais il s'agit simplement d'une partie de la solution.

La « taille unique » peut fonctionner pour des ponchos, mais pas pour le développement et l'apprentissage des multiples. De la même façon que chaque enfant issu d'une grossesse unique a des besoins éducatifs qui lui sont propres, il en va de même pour les jumeaux, les triplés et les quadruplés. Malheureusement, la plupart des écoles continuent à appliquer pour tous les multiples une politique identique, qui consiste souvent en leur séparation. Bien que la séparation puisse fonctionner admirablement bien pour une paire de jumeaux, elle risque de se révéler désastreuse pour une autre. Les écoles connaissant le plus de succès ont adopté une politique flexible, où chaque ensemble de multiples est évalué au cas par cas. Les multiples sont alors laissés ensemble ou séparés en fonction de leurs besoins. De nos jours, de plus en plus d'écoles prennent fort heureusement le train en marche et se documentent sur les besoins particuliers des multiples. Elles s'informent non seulement sur la façon dont le développement social et psychique diffère de celui des enfants issus d'une grossesse unique, mais également sur la façon dont il affecte leur progression sur le plan éducatif.

Le lien gémellaire et la socialisation

Nombreux sont ceux qui pensent que la nature de la relation intragémellaire risque de gêner le développement social des multiples, particulièrement durant les années scolaires où la plupart des enfants commencent à se faire des amis à l'extérieur de l'unité familiale. Les personnes partageant ce point de vue craignent que des jumeaux restant ensemble dans la même classe ne se replient sur eux-mêmes, choisissant de jouer uniquement entre eux et non avec leurs camarades de classe. Bien que certains multiples puissent rester soudés l'un à l'autre, nombreux sont ceux qui interagissent harmonieusement avec leurs camarades de classe et leurs enseignants. La recherche montre que les multiples des six sous-groupes parviennent à tisser un réseau relationnel avec des camarades de jeux divers, autres que leurs cojumeaux.

D'un parent à l'autre

« Nous choisissons de laisser Troy et Alissa (DZOS) dans la même classe. Ils n'ont jamais été séparés depuis la maternelle et ils sont maintenant en CE2. Il en sera ainsi jusqu'à ce qu'ils demandent à être séparés ou jusqu'à ce qu'ils atteignent le collège ou le lycée et choisissent des orientations différentes. »

Ils sont cependant nombreux à se sentir plus à l'aise en présence de leur cojumeau (dans la même classe) pour aborder les autres. En fait, les filles de paires de même sexe semblent plus sociables envers leurs camarades de classe quand elles se trouvent dans la même salle – leur statut de jumelles attire l'attention sur elles, ce qui les rend plus abordables aux yeux des autres membres de la classe. Ces derniers peuvent délibérément rechercher leur amitié, peut-être en les considérant comme particulières et plus intéressantes que des enfants issus d'une grossesse unique.

Cela étant dit, cependant, de nombreux jumeaux préfèrent travailler ensemble que séparément. C'est pourquoi les parents et les enseignants doivent encourager les jumeaux dans la même classe à s'asseoir à des tables séparées et à se lier avec une variété d'enfants. On ne doit jamais partir du principe que, comme les jumeaux sont ensemble, ils doivent collaborer sur chaque projet ou chaque tâche.

La séparation dans des classes différentes encourage-t-elle l'individualité ?

Dans une étude menée en Australie, les chercheurs ont demandé à plus d'un millier d'enseignants quelle était, selon eux, la raison la plus importante pour séparer les multiples dans des classes différentes. Plus de 90 % ont indiqué que cette pratique était meilleure pour le développement individuel de l'enfant. Pourtant, les chercheurs de l'étude ont souligné qu'aucune preuve empirique n'accréditait cette croyance. D'autre part, certains chercheurs affirment que la séparation dans des classes différentes serait profitable pour les jumeaux, car ils seraient ainsi forcés de coopérer avec leurs camarades et de travailler indépendamment, ce qui réduirait l'intradépendance au sein de la paire et renforcerait l'identité de chaque enfant.

En outre, ils soutiennent que la séparation éliminerait la tentation de comparer les jumeaux ou de les considérer comme une même entité – les camarades de classe et les enseignants percevraient et évalueraient chaque enfant en fonction de ses mérites

D'un parent à l'autre

« Une année, nous avons demandé que les garçons soient avec des enseignants différents parce que nous trouvions que Dan (DZSSm) s'accordait particulièrement bien avec l'enseignant qui aimait jouer au football dans la cour de récréation avec ses élèves, alors que Todd (DZSSm) s'épanouissait avec un enseignant qui avait la réputation de donner des devoirs individualisés plus difficiles pour satisfaire les élèves les plus avancés. Deux ans plus tard, nous avons demandé que les garçons soient placés dans la même classe en raison de l'expérience positive que nous avions eue avec cet instituteur pour notre aîné. Nous pensions également que la coopération mutuelle pourrait leur être profitable. Il était intéressant de passer devant la porte de leur chambre une fois la lumière éteinte et de les entendre discuter du livre qu'ils étudiaient à l'école. Le fait de les avoir placés dans la même classe s'est cependant retourné une fois contre nous. Todd avait passé beaucoup de temps à travailler sur un devoir alors que Dan l'avait oublié. À la dernière minute, il a copié une grande partie du devoir de Todd ! Le matin suivant, Todd ayant découvert les méfaits de son frère a rapidement refait son devoir. Dan a obtenu une meilleure note que Todd pour ce devoir. Nous avons eu une longue discussion avec Dan à ce sujet. Il n'a jamais recommencé. »

personnels. Pourtant, les mêmes chercheurs admettent qu'il existe peu ou pas de différence en matière d'individuation entre les jumeaux fréquentant la même classe ou des classes différentes. Ils émettent l'hypothèse que la paire ne tire peut-être pas pleinement profit de sa séparation, la vivant plutôt comme une punition. En d'autres termes, les spécialistes sont toujours en opposition sur la question de savoir si la séparation dans des classes différentes encourage l'individualité.

Quelle que soit votre conviction, il est important de se souvenir que l'école est une petite partie de la vie d'un enfant. C'est ce qui se passe durant les heures extrascolaires qui importe le plus – des points tels que l'attitude et le comportement des parents, les relations entre frères et sœurs, la participation à d'autres activités de groupe et ainsi de suite.

Est-il préférable de séparer les jumeaux plus tôt que plus tard ?

Les jeunes enfants étant très adaptables, la meilleure période pour séparer les jumeaux est-elle l'entrée à la maternelle ? Pas nécessairement. De nombreux chercheurs remettent en question la logique derrière la séparation précoce, et ceci particulièrement dans le cas de jumeaux MZ naturellement similaires et entretenant une relation plus étroite que tout autre sous-groupe de jumeaux. L'adaptation à la maternelle est non seulement difficile, mais le fait de devoir s'adapter à la vie de la classe sans la personne avec laquelle ils ont entretenu des liens tellement forts durant leur petite enfance semble presque cruel. En revanche, certains chercheurs prétendent qu'une séparation précoce est une étape importante de la préparation à l'inévitable séparation à l'âge adulte. Plus elle intervient tôt, disent-ils, meilleures sont les chances pour un enfant de s'adapter au changement.

Bien que par le passé il n'y ait eu que très peu d'études comparant le comportement des jumeaux séparés à celui de multiples restés ensemble, les chercheurs commencent à se pencher sur cette question. Par exemple, une étude longitudinale effectuée au Royaume-Uni en 2004 a cherché à déterminer si la séparation en classe avait un impact sur le comportement, les progrès scolaires ainsi que les aptitudes en lecture – tels que rapportés par l'enseignant de l'enfant – de jumeaux de sept ans identiques et non identiques de même sexe, et si une variation était observable en fonction de la zygosité. Plusieurs résultats importants ont été obtenus : il semble que les jumeaux séparés dès la première année d'école présentaient plus de problèmes d'intériorisation (problèmes d'estime de soi, d'anxiété et de dépression) que ceux n'ayant pas été séparés. Les problèmes des jumeaux MZ s'intensifiaient au cours de la première année suivant la séparation. Il a également été découvert que les jumeaux séparés rencontraient plus de difficultés en lecture que ceux restés ensemble, avec les jeunes jumeaux MZ une fois encore au sommet de la liste.

Pourtant, tout n'était pas négatif pour les jumeaux séparés. L'étude a découvert que les jumeaux DZ qui étaient séparés après la première année étaient beaucoup plus travailleurs que ceux restés ensemble. Une autre étude menée une année plus tard aux Pays-Bas a reproduit celle du Royaume-Uni, mais cette fois en prenant en compte les observations des parents (en plus de celles des enseignants) ainsi que les problèmes préexistants à la séparation. Elle a suivi les effets à court et à long terme de la séparation. Les conclusions étaient comparables à celles de la première étude : à court terme, les jumeaux de sept ans MZ et DZ séparés présentaient plus de problèmes d'intériorisation que ceux restés ensemble. À long terme, les jumeaux de douze ans n'avaient pas d'autres problèmes que ceux qui étaient préexistants à la scolarisation. De plus, aucune différence n'a pu être notée en termes de réussite scolaire entre les jumeaux séparés et les autres.

Bien que ces études tendent à indiquer qu'une séparation précoce risque de provoquer un traumatisme psychique pour certains jeunes enfants, souvenez-vous que ce n'est pas toujours le cas. Aucune étude n'a pris en compte le point de vue de l'enfant – s'il souhaitait ou non partager la vedette de la classe avec son cojumeau. Elles n'ont pas non plus déterminé si la séparation avait véritablement permis de développer l'autonomie et l'identité personnelle de l'enfant. Il convient enfin de noter que ces études ont été effectuées à l'étranger et ont donc été influencées par la culture locale. En d'autres termes, ce qui ne fonctionne pas au Royaume-Uni ou aux Pays-Bas peut s'avérer efficace en France et *vice versa*. Une certaine souplesse et une communication ouverte entre les parents et les responsables scolaires pour évaluer chaque paire individuellement représentent une fois encore la clé de la réussite scolaire.

Certains parents m'ont confié que lorsque leurs enfants étaient séparés de force, ils présentaient des problèmes comportementaux et des difficultés scolaires, mais une fois réunis dans la même classe l'année suivante, tout rentrait dans l'ordre. Par exemple, une mère dont les fils DZ (non identiques) étaient séparés au CP a connu une année difficile – un enfant ne communiquait pas avec ses camarades de classe et éprouvait des difficultés pour se concentrer sur son travail. Malheureusement, le principal de l'école a refusé de placer les garçons dans la même classe l'année suivante, ce malgré l'insistance de leur mère. Après plusieurs entrevues, dont l'une avec l'inspecteur régional, les garçons ont été autorisés à intégrer la même classe. L'année a été exceptionnelle pour les deux. Il est difficile de dire si le succès est imputable au fait d'avoir été dans la même classe ou au fait qu'ils avaient un an de plus.

Prendre la décision

Sur la question de la séparation à l'école, les parents que j'ai interrogés pour ce livre se répartissent également en deux groupes – la moitié a choisi de laisser les multiples dans la même classe alors que l'autre moitié a décidé de les séparer. La plupart des parents de la première moitié ont déclaré qu'il n'y avait aucune raison de ne pas laisser leurs enfants ensemble – ils s'entendaient bien entre eux et avec leurs camarades de classe, coopéraient au lieu de rivaliser et appréciaient réellement de se trouver ensemble. (Quelques-uns, cependant, les ont laissés ensemble contre leur gré, car leur école n'avait qu'une seule classe maternelle.) Pourtant, pratiquement la moitié des parents de ce premier groupe ont séparé leurs multiples au cours préparatoire en déclarant que « c'était le bon moment ».

En ce qui concerne les parents du second groupe, les raisons de leur décision de séparation sont variables. Plusieurs m'ont indiqué qu'ils avaient simplement « le sentiment » que cette méthode fonctionnerait mieux, alors que d'autres pensaient que les différences dans les styles et les possibilités d'apprentissage justifiaient la division de la paire. Une famille avait demandé que leurs filles restent ensemble, mais avait « perdu la bataille ». Il est intéressant de constater que neuf paires de jumeaux MZ ont commencé leur scolarité dans les classes séparées, leurs parents ayant le sentiment que le fait d'être constamment confondus avec leur cojumeau pouvait se révéler déplaisant pour la paire. Plusieurs jumeaux identiques ont demandé à leurs parents d'être séparés.

Voici un ensemble de conseils et de questions destinés à vous aider à prendre votre décision. Nous allons aborder le sujet d'une façon ouverte plutôt que de donner un avis tranché. Les parents pourront ainsi réfléchir à la question de la séparation en classe sous plusieurs angles, considérer l'enfant dans son ensemble plutôt que sous un seul aspect, puis choisir la meilleure solution. Gardez cependant à l'esprit qu'un enfant peut être dominant à la maison mais devenir beaucoup plus passif à l'école. Ainsi, avant de décider, observez vos multiples dans diverses situations telles que les jeux et les activités plus calmes. Il est également important pour les parents de prendre du recul et d'essayer d'évaluer la situation d'une manière constructive plutôt qu'émotionnellement. Enfin, les parents doivent prendre en considération les opinions et les remarques des enseignants de l'école maternelle ainsi que celles d'autres professionnels en contact avec leurs enfants – leurs avis sont non seulement importants mais peuvent différer des observations que les parents ont pu faire chez leurs enfants.

Aptitude. Un jumeau est-il manifestement plus capable que l'autre ? Le multiple le moins capable se dérobe-t-il continuellement à des activités dans lesquelles son cojumeau excelle ? L'un se considère-t-il comme perdant ou comme inférieur à son cojumeau ? L'enfant le plus capable se place-t-il délibérément en retrait pour rester au même niveau que son frère ? (Même si à première vue il peut sembler utile, ou même touchant, qu'un jumeau aide l'autre pour ses devoirs, vous constaterez qu'au fil du temps cette situation est inconfortable pour chaque enfant.) La paire s'installe-t-elle dans une sorte de « complémentarité » où l'un maîtrise la lecture, par exemple, et convainc l'autre que ce n'est pas nécessaire pour lui à présent ?

Des aptitudes différentes ont été la raison première invoquée par les parents pour séparer leurs jumeaux. Et avec juste raison : le fait d'offrir à chaque multiple la possibilité d'apprendre à son propre rythme et de sa propre façon sans essayer de se caler sur un cojumeau est bénéfique pour les deux enfants.

Comportement. Vos jumeaux essaient-ils constamment de se surpasser mutuellement ? (Si les jumeaux sont en compétition à l'école et non à la maison, il est possible que d'autres facteurs soient en cause, tels que les encouragements des camarades.) Sont-ils perturbateurs en classe ? S'unissent-ils pour dominer ? Se battent-ils continuellement ? Se perturbent-ils l'un l'autre ou perturbent-ils délibérément leurs camarades de classe et l'enseignant ? Entrent-ils en concurrence pour attirer l'attention de l'enseignant ? Le cancanage, où l'un rapporte les mauvais agissements de l'autre aux parents, est-il un problème ? Bien que la séparation fasse généralement cesser les bagarres dans la classe, elle risque de ne pas modifier le comportement perturbateur (ils peuvent facilement s'unir avec d'autres éléments de leurs classes respectives et continuer ainsi à faire des ravages). Dans ce cas, une autre intervention peut s'avérer nécessaire.

Leur lien. Les enfants redoutent-ils le fait d'être séparés ? (Si tel est le cas, les parents et les enseignants doivent reconnaître cette appréhension afin d'aider chaque jumeau à comprendre qu'il peut tirer son épingle du jeu par lui-même.) Présentent-ils une codépendance, où l'un ou les deux se révèlent incapables de communiquer avec les autres enfants ? En d'autres termes, se sentent-ils incomplets ou seulement la moitié d'un tout ? Bien que des classes séparées puissent permettre à chaque enfant de découvrir qu'il peut très bien fonctionner seul, cette méthode risque de s'avérer trop stressante pour la paire durant les premières années du primaire.

Un jumeau domine-t-il ou limite-t-il continuellement l'autre ? Par exemple, l'un parle-t-il toujours pour l'autre, n'autorisant jamais le plus effacé à répondre ? Donne-t-il des ordres à son cojumeau ? Le dirige-t-il dans les jeux ? Ou dans le cas de jumeaux de sexe opposé, la fille « étouffe-t-elle » le garçon en effectuant souvent des tâches simples de la vie quotidienne à sa place, telles que lacer ses chaussures ? Une fois placé dans une classe distincte, l'enfant « passif » s'épanouit souvent, son estime personnelle s'affermissant dans le processus, alors que cette situation est généralement plus difficile pour l'enfant « dominant » qui doit s'adapter à la classe sans son cojumeau. Si vos jumeaux sont identiques, risquent-ils de se vexer si leur instituteur ou leurs camarades les confondent en classe ?

D'un parent à l'autre

« Comme de nombreux parents, nous avons longuement hésité avant de prendre la décision d'une éventuelle séparation de nos enfants à l'école. Nous avons finalement décidé de les laisser ensemble à la maternelle. Nous pensions qu'il n'y avait aucun mal à nourrir un lien gémellaire quelques années de plus s'ils s'entendaient et fonctionnaient bien ensemble. Lorsque Rachel et Nicole (MZf) ont atteint le cours préparatoire, la question ne se posait plus pour nous. Nous savions que c'était le moment. Non à cause de ce que nous avait dit l'institutrice de la maternelle, mais parce que nous savions qu'elles avaient besoin d'un peu plus d'indépendance. Nous avions remarqué qu'elles étaient lasses des personnes ne parvenant pas à les distinguer. »

Socialisation. Aiment-ils se trouver avec d'autres enfants ? Se font-ils facilement des amis ? Ont-ils déjà été séparés, à l'occasion d'une visite chez la grand-mère par exemple ou ont-ils fréquenté l'école maternelle alternativement ? Apprécient-ils de passer du temps seuls ? Les enfants sociables et socialement matures s'adaptent généralement bien à chacun de ces scénarios.

La parole et le langage. Vos jumeaux rencontrent-ils des problèmes de langage ? L'un parle-t-il pour l'autre ? Dans la plupart des cas, le fait de séparer les jumeaux dans des classes différentes leur offre de meilleures occasions de mettre en pratique leurs facultés verbales, ce de façon individuelle.

Vie de famille. Les jumeaux ont-ils récemment connu une perte, telle que la mort d'un parent ou d'un frère ? Un divorce est-il intervenu dans la famille ? La famille a-t-elle déménagé dans une nouvelle région ou une nouvelle académie, où le fait d'avoir un allié dans la classe permettrait à chacun de mieux se concentrer durant la période d'adaptation ?

> **D'un parent à l'autre**
>
> « Nous avons laissé Gabriel et Jordan (MZm) ensemble durant les deux premières années de maternelle – nous avions le sentiment qu'il était important qu'ils puissent se soutenir mutuellement. Nous les avons finalement séparés après avoir découvert que les enfants de leur classe ne pouvaient pas les différencier. Ils s'adressaient à l'un ou à l'autre en disant "Lequel est Gabriel, lequel est Jordan ?" C'est ainsi qu'ils ont commencé à se faire des amis personnels. Ils étaient également à des niveaux de développement différents. En outre, Gabriel était le dominant – Jordan le suivait partout. Ils ont très bien supporté la séparation. »

Comment vos jumeaux sont considérés par les autres. Les membres de la paire sont-ils constamment comparés l'un à l'autre ? Les enfants les considèrent-ils comme une seule et même entité ? Par exemple, les enfants unissent-ils leurs prénoms ? Les pairs leur collent-ils une étiquette, telle que « le calme » ou « le rusé » ? Certains jumeaux ne se préoccupent pas de la façon dont ils sont considérés par leurs camarades. D'autres, en revanche, demanderont à être dans des classes différentes.

Considérer la question sous les deux angles

Mes jumeaux se trouvent dans une situation relativement unique – ils ont commencé la maternelle ensemble, ont été séparés depuis le CP jusqu'en CE2. Ils sont maintenant en CM1 et partagent de nouveau la même classe. Je n'interviendrai pas dans le débat concernant les questions d'individualité/autonomie. Je fournirai plutôt ce que je pense être les observations de base dans les deux scénarios.

Avant leur entrée à l'école maternelle, mes fils n'avaient passé que très peu de temps séparés, et l'école étant une expérience totalement nouvelle pour eux, je les ai naturellement laissés ensemble dans la même classe. Cette approche a fonctionné un moment, mais au cours de la deuxième année j'ai remarqué de petits signes indiquant qu'il était peut-être temps de changer. Par exemple, lorsqu'un garçon apportait un goûter pour la classe, les enfants remerciaient poliment les deux garçons et non pas celui qui leur avait offert le goûter. Cette situation était vexante pour lui. Il voulait qu'ils le remercient en particulier et non son frère. Il ne pouvait pas exprimer exactement ce qui le contrariait, mais à mes yeux, c'était évident.

Il ne souhaitait pas être automatiquement associé à son frère. Il voulait que ses camarades de classe le considèrent pour lui-même.

Il y avait également d'autres signes. Si quelque chose d'excitant ou d'intéressant se produisait dans la classe, c'était une course effrénée vers la maison pour être le premier à me le raconter, ce qui provoquait toujours des larmes chez celui qui n'était pas arrivé à temps. Enfin, si l'un des garçons avait désobéi et était réprimandé par son instituteur, son cojumeau essayait de venir à son secours. Et comme c'était toujours le même qui désobéissait, je craignais que les enseignants ne finissent par les cataloguer inconsciemment comme le bon et le mauvais jumeau. Ce sont de petits signaux tels que ceux-ci qui nous ont décidés à les séparer l'année suivante.

Voici quels ont été les points positifs de quatre années passées dans des classes distinctes. En premier lieu, ceci a permis à chaque enfant de mener ses propres expériences scolaires individuellement. Il pouvait nous les exposer avec fierté chaque soir à la table du dîner. Je suis persuadée que des expériences uniques et solitaires (un moment que chaque enfant peut considérer comme le sien) manquent malheureusement à beaucoup de jumeaux. Leur cercle d'amis est également plus large, chacun partageant ses camarades de classe avec l'autre. En étant dans des classes distinctes, ils connaissent simplement plus d'enfants. Mon cercle de connaissances s'est également élargi. Je suis en contact avec davantage de parents et d'enseignants que s'ils étaient restés dans la même classe.

J'ai entendu des parents se plaindre du fait que lorsque leurs enfants étaient séparés, ils avaient un surplus de travail, des projets de classe et des voyages d'études différents, ce qui provoquait le chaos dans la maison et une certaine hostilité entre les jumeaux lorsque l'un devait passer plus de temps sur ses devoirs que l'autre. C'est tout à fait exact. Lorsque des enfants du même niveau se trouvent dans des classes différentes, vous entendez beaucoup de protestations du type : « Ce n'est pas juste ! Pourquoi a-t-il passé dix minutes sur ses devoirs alors que je dois y passer une heure ? » Mais j'ai utilisé ces objections à des fins éducatives. Je répète inlassablement à mes enfants qu'il faut toujours quelqu'un pour avoir le plus de devoirs, participer au voyage le plus intéressant, se trouver avec le meilleur professeur ou avoir le projet le plus facile. C'est la vie et elle n'est pas toujours juste. Ils assimilent ainsi ces leçons simples qui leur permettront de faire face aux problèmes bien plus difficiles auxquels ils se trouveront sans nul doute confrontés dans l'avenir.

D'un parent à l'autre

« Ils ont été dans la même classe jusqu'en CM1. C'était plus facile pour moi. Je souhaitais qu'ils aient les mêmes devoirs au même moment. Mais Jeffrey (DZSSm) était tellement brouillon qu'il perdait souvent tous ses devoirs. Je devais faire une copie de ceux d'Andrew pour que Jeffrey puisse faire les siens, ce qui rendait Andrew furieux. Il demandait "Pourquoi Jeffrey doit-il prendre les miens ? Pourquoi ne peut-il pas s'occuper de ses propres affaires ?" Jeffrey ne faisait pas attention aux choses. Probablement parce qu'il savait qu'Andrew était là pour le dépanner. À présent, ils sont au lycée et ils ont quelques cours ensemble. Jeffrey demande toujours les devoirs à Andrew, mais désormais, ceci ne semble pas le gêner autant. »

Pour le CM1, nous avons choisi de les placer dans la même classe. Notre seule motivation a été l'enseignante qui avait très bonne réputation. (Certains parents que j'ai interviewés ont également placé leurs multiples dans la même classe en raison de la réputation du professeur.) Eh oui, la vie est maintenant plus facile. Ils peuvent préparer les interrogations ensemble, s'entraider en cas de problème et je n'ai pas à diviser mon temps de volontariat entre deux classes. Tous deux apprécient l'expérience (ce sont les meilleurs amis du monde, après tout). Ils semblent ainsi très détendus. Leur enseignante n'observe aucune rivalité entre eux. Et pourtant, nous nous trouvons à présent confrontés à d'autres problèmes. Bien que nous ayons mis en place une règle « pas de bavardage », il n'a pas fallu cinq jours d'école avant qu'elle ne soit enfreinte. C'est manifestement un défi sur lequel nous devons travailler. Et de la même façon qu'à la maternelle, nous assistons presque quotidiennement à une lutte pour être le premier à raconter les événements de la journée.

D'un parent à l'autre

« Ils ont été dans la même classe jusqu'en CM1. C'était plus facile pour moi. Je souhaitais qu'ils aient les mêmes devoirs au même moment. Mais Jeffrey (DZSSm) était tellement brouillon qu'il perdait souvent tous ses devoirs. Je devais faire une copie de ceux d'Andrew pour que Jeffrey puisse faire les siens, ce qui rendait Andrew furieux. Il demandait "Pourquoi Jeffrey doit-il prendre les miens ? Pourquoi ne peut-il pas s'occuper de ses propres affaires ?" Jeffrey ne faisait pas attention aux choses. Probablement parce qu'il savait qu'Andrew était là pour le dépanner. À présent, ils sont au lycée et ils ont quelques cours ensemble. Jeffrey demande toujours les devoirs à Andrew, mais désormais, ceci ne semble pas le gêner autant. »

Que ferons-nous l'année prochaine ? Après une longue réflexion, nous avons décidé de les séparer de nouveau pour la bonne raison qu'ils passent 24 heures sur 24 et 7 jours sur 7 ensemble. Nous pensons que le fait de mettre un peu de distance entre eux, même si ce n'est que dans la classe voisine, leur sera profitable. En outre, je remarque que leurs amis commencent à considérer la paire dans son ensemble, et non chaque garçon individuellement. Des classes séparées les aideront à cultiver des amitiés individuelles.

Lorsque l'heure de la séparation approche

Si la séparation semble être la bonne solution pour vos multiples, commencez par les préparer bien avant le premier jour d'école. Même des jumeaux sociables et décontractés trouveront la transition difficile. Après tout, ils ont passé pratiquement chaque moment ensemble depuis leur naissance. Il est donc impératif que les parents amorcent le processus de « sevrage » bien avant la première sonnerie.

- Emmenez régulièrement chaque enfant en promenade de façon individuelle. Commencez par une séparation brève, telle qu'un trajet rapide à l'épicerie et augmentez progressivement la durée jusqu'à parvenir à un après-midi complet en tête à tête avec un enfant.

- Parlez ouvertement de la séparation à venir. Insistez sur les points positifs. Faites participer chaque enfant à un jeu de rôle ou lisez-lui des histoires qui lui permettront d'imaginer ce à quoi ressembleront ses expériences scolaires sans son cojumeau.
- Demandez aux responsables scolaires d'autoriser vos jumeaux à « s'entretenir » l'un avec l'autre au cours de la journée s'ils le désirent.
- Encouragez les amitiés extérieures en organisant des doubles après-midi de jeux à la fois chez vous et peut-être de façon occasionnelle chez les autres enfants.
- Laissez chaque enfant explorer ses intérêts à volonté, et n'exigez pas une proximité intragémellaire constante.
- Laissez à chaque enfant le temps de s'adapter à sa vie scolaire sans son cojumeau. Si l'acclimatation est difficile, offrez votre soutien et vos encouragements au lieu d'inverser précipitamment la situation. La plupart des jumeaux ont simplement besoin de temps.

Réexamen annuel de la situation

La séparation à l'école ne doit pas être considérée comme une question du tout ou rien – soit nous séparons les enfants, soit ils restent ensemble –, mais plutôt comme un processus continu et progressif. Il est important pour les parents de conserver une certaine ouverture d'esprit et de revoir leur décision tous les ans. Au cours de mon enquête, j'ai été étonnée du nombre de parents dont les enfants changeaient de situation d'une année sur l'autre – séparés une année et ensemble la suivante. Chaque printemps, prenez un rendez-vous avec les professeurs de vos enfants pour avoir leur avis. Observez vos jumeaux dans la classe et soyez attentif à leurs points forts ainsi qu'à leurs points faibles. Cette année, il est peut-être préférable que vos enfants soient placés dans la même classe, mais qui sait ce que la situation nécessitera l'année prochaine ? Si, par exemple, vos jumeaux sont ensemble cette année et que l'un rencontre des difficultés alors que l'autre excelle partout en blessant l'estime personnelle de son cojumeau, il vous faut peut-être reconsidérer la question de leur séparation pour l'année prochaine.

Le problème des triplés

Vous pensez que la question de la séparation des jumeaux est difficile. Imaginez quel serait le problème si vous aviez des triplés ! La majorité des ensembles de triplés étant composés d'une paire de jumeaux identiques (MZ) et d'un troisième frère non identique (DZ), le problème de la séparation à l'école se complexifie. De nombreuses petites écoles de campagne n'ont pas suffisamment de classes de même niveau pour séparer totalement les triplés. Pourtant, le fait de séparer l'enfant fraternel (DZ) de ses sœurs ou de ses frères identiques (MZ) peut avoir des effets dévastateurs, l'enfant dizygote se sentant alors totalement exclu. Dans de telles situations, la meilleure solution consiste à laisser les triplés ensemble, mais à leur aménager une certaine intimité en les asseyant à des tables séparées. Si cette solution est retenue et que les parents souhaitent compenser cette promiscuité constante, ils peuvent alors inscrire chaque enfant dans une activité extrascolaire ou un sport différent.

Être un avocat pour vos multiples

Comment expliquer que les parents de jumeaux, de triplés et de quadruplés se trouvent plus souvent en désaccord avec les responsables scolaires que les parents d'enfants issus d'une grossesse unique ? Les conflits peuvent aller de la simple (mais frustrante) remise en ordre suite à un mélange des bulletins scolaires de vos jumeaux à quelque chose d'aussi important que le fait de laisser vos multiples ensemble dans la même classe. Pour être juste, il faut admettre que toutes les écoles ne se montrent pas aussi inflexibles et que tous les parents n'ont pas à se battre. De nombreux responsables scolaires sont ouverts aux avis et préoccupations des parents et se montrent attentifs aux besoins spécifiques des multiples en matière d'éducation. En fait, seulement quatre familles sur les quarante-quatre interrogées ont parlé de responsables scolaires bornés. Cependant, de nombreuses familles entrent chaque année en conflit avec les responsables scolaires quand elles souhaitent laisser leurs enfants ensemble ou simplement obtenir pour ces derniers les services dont ils ont besoin.

Le problème numéro un pour les parents et les éducateurs est la question de la séparation dans des classes différentes. Certaines écoles pensent qu'il est préférable de séparer les multiples, alors que certains parents préfèrent laisser leurs enfants ensemble, au moins jusqu'à ce qu'il y ait des preuves suffisantes justifiant une séparation. Du point de vue de l'école, le processus d'individuation – développement de l'autonomie – des jumeaux est facilité s'ils se trouvent dans des classes distinctes. Une autre préoccupation est celle de l'égalité. Une enquête menée auprès de 584 enseignants australiens, par exemple, a cité l'équité comme un problème majeur lorsque des jumeaux fréquentent la même classe. Nombre d'entre eux ont rapporté qu'il était trop facile de comparer les jumeaux ou qu'ils se sentaient obligés de maintenir la paire au même niveau.

Comment les parents peuvent-ils aider les éducateurs à comprendre la véritable nature de la relation gémellaire et de quelle façon elle affecte leur apprentissage ? Une meilleure communication est nécessaire entre les responsables scolaires, les enseignants et les parents de multiples. Une mère m'a confié que, en tant que famille de militaire, ils avaient été amenés à vivre dans sept régions différentes en deux ans. Il était donc important de laisser leurs enfants (DZSSf) ensemble dans la même classe. Pour parvenir à leurs fins, ils ont adopté une approche proactive et préventive. Dès qu'ils arrivaient dans une nouvelle académie, ils envoyaient un courrier au principal de l'établissement, demandant que leurs filles restent ensemble et incluaient des informations pertinentes telles que les études publiées sur le sujet ainsi qu'une lettre de recommandation des anciens enseignants attestant de la réussite de leurs filles dans la même classe.

Si vous anticipez le problème, voici quelques autres idées qui vous aideront à gagner la bataille.

- Bien avant l'inscription à la maternelle, renseignez-vous sur la politique écrite de votre académie concernant les multiples. Appelez l'école ou directement l'académie. Si vous n'obtenez pas de réponse, c'est un point en votre faveur, mais ceci ne signifie pas que le principal de l'école ne sera pas fermement opposé au fait de laisser vos jumeaux dans la même classe.

- Si votre école mène une politique non officielle consistant à séparer tous les multiples, vous pouvez demander une entrevue en tête à tête avec le principal de l'établissement. Présentez-vous à l'entrevue avec tous les documents destinés à prouver que le fait de laisser les jumeaux ensemble n'entrave pas leur individuation (consultez la fin de ce livre pour trouver les études appropriées ou contactez l'association Jumeaux et plus pour obtenir de la documentation) et que les jumeaux identiques peuvent quelquefois se trouver en difficulté dans des classes séparées à cause de leur lien intrinsèquement étroit. Écoutez calmement et répondez aux inquiétudes du principal. Une entrevue est souvent suffisante pour le convaincre d'inscrire vos enfants dans la même classe, au moins pour un essai.
- Si vous vous trouvez dans une impasse, ou si la politique écrite de votre académie comprend une clause stricte déclarant que tous les multiples doivent être séparés, l'étape suivante consiste à écrire une lettre au recteur de l'académie en question (envoyez-la en recommandé et faites-la suivre d'un appel téléphonique quelques jours plus tard) ou à participer au conseil scolaire local afin d'exprimer votre souhait de changement. Vous pouvez également contacter une association et obtenir le soutien d'autres parents de multiples.
- Si vous avez épuisé toutes les possibilités et que vous ne parveniez toujours nulle part, vous avez la possibilité d'inscrire vos enfants dans une école privée qui satisfera vos souhaits. Offrez-vous les services d'un avocat et préparez-vous à entrer dans la bataille. Imitez cette mère du Minnesota qui, en 2005, a réussi à changer la loi de son état. Cette mère courageuse a ébauché une législation stipulant que les parents devaient avoir le dernier mot dans le placement de leurs multiples. C'est la première loi de ce type aux Etats-Unis. Les parents du Texas, de l'Illinois, de la Caroline du Nord, de l'état de New York et du Massachusetts se sont également unis pour faire accepter une législation similaire.

Quand les multiples diffèrent en capacité

Il y a peu de temps, j'ai reçu une lettre de mon académie qui me demandait de tester l'un de mes jumeaux pour un possible placement dans une classe pour enfants surdoués. Ma réaction initiale de fierté a été modérée par la question « Pourquoi pas l'autre également ? Il est aussi intelligent ! » J'ai été choquée de ma réaction et j'ai dû prendre du recul pour réfléchir à toutes ses conséquences. Même si j'étais heureuse et fière du succès de mon fils, je ne pouvais pas laisser l'autre en arrière.

Soutien scolaire

Devez-vous autoriser vos multiples à s'entraider pour leurs devoirs ? Ceci semble tentant, particulièrement si vous êtes aussi mauvais que moi en mathématiques ! S'expliqueront-ils mutuellement le cours ou choisiront-ils la solution de facilité en se donnant simplement les réponses ? Et si vous les laissez en prendre l'habitude, aborderont-ils leur travail comme un effort de groupe au lieu d'explorer chacun un sujet à son propre rythme ?

De nombreux éducateurs pensent que l'apprentissage collectif, processus dans lequel un élève maîtrisant bien un sujet explique ce qu'il sait dans un langage compréhensible à un camarade en difficulté, est bénéfique. Selon certains experts, le fait qu'un jumeau aide son cojumeau pour ses devoirs réduit la compétition, car il se sent fier de la réussite de son « élève ».

Avant de vous lancer, cependant, assurez-vous que « l'enseignant » souhaite véritablement aider (il peut se sentir accablé par la tâche) et que « l'élève » souhaite l'assistance qui lui est proposée (il risque de se sentir menacé par les connaissances de son cojumeau). Dans ce cas, un professeur particulier peut être la solution. Essayez également de faire en sorte que l'un de vos jumeaux aide l'autre dans une pièce publique telle que la cuisine ou la salle de séjour de façon à pouvoir garder un œil sur le déroulement des opérations et à vous assurer qu'il propose vraiment des explications et non la solution aux devoirs.

Ceci était-il juste ? Ma réaction n'est pas atypique pour les parents de multiples. Les questions de différences de capacités scolaires sont courantes, laissant de nombreux parents dans l'embarras. Mais en réalité, il s'agit plus d'un problème pour les parents que pour les jumeaux eux-mêmes et, malheureusement, c'est plus souvent une mauvaise gestion de la situation que le fait de ne pas parvenir au même but qu'un cojumeau qui marque les jumeaux à vie.

Devez-vous laisser un jumeau sauter une classe ?

Avez-vous un petit génie en mathématiques ou vivez-vous avec le prochain romancier à succès ? Pour chaque jumeau connaissant des difficultés en lecture, il existe de nombreux multiples dont le potentiel dépasse largement le niveau de la classe, ce qui amène les parents à se demander s'ils doivent le laisser sauter une classe. Avant de vous décider, il vous faut prendre en considération plusieurs questions telles que la maturité, son lien avec son cojumeau et ce qui est dans son intérêt, à la fois à court et à long terme.

D'un parent à l'autre

« Depuis l'école primaire, Todd (DZSSm) fréquente une classe réservée aux élèves surdoués. Ceci a nécessité de notre part beaucoup de tact et s'est probablement révélé notre plus gros défi durant la scolarité de nos enfants. Nous ne souhaitions pas faire sentir à Dan (DZSSm) qu'il était moins bon que son frère et nous ne voulions pas minimiser les réussites de Todd. Dans un premier temps, je pense que cette situation a été difficile pour Dan, particulièrement lorsque des camarades de classe insensibles lui disaient "Tu n'es pas aussi intelligent que Todd." Avec le temps, Dan commence à accepter l'intelligence de Todd. Par opposition, Dan est très sociable. C'est un jeune homme heureux qui s'épanouit en étudiant le commerce à l'université. À son tour, Todd apprend qu'être intelligent n'est qu'une facette de la personnalité d'un individu. Il ne se vante pas et ne dédaigne jamais les autres. C'est un leader calme qui reconnaît les qualités des autres. »

Bien que le fait de sauter une classe soit une bonne solution pour une année donnée, qu'en est-il l'année suivante ? Il arrive souvent que les enfants se montrent temporairement ennuyés par la lecture ou les maths au niveau où ces matières sont enseignées dans leur classe, ce qui n'est plus le cas l'année suivante. Et bien qu'il soit acceptable d'offrir du travail plus difficile, il peut être néfaste de pousser l'enfant trop tôt. Vous devez considérer la maturité physique et sociale de votre enfant. Ici encore, son immaturité et sa petite taille peuvent ne pas représenter de difficulté majeure dans les petites classes, mais à l'âge de la puberté, cette différence risque de poser de sérieux problèmes de socialisation. Et il vous faut enfin penser aux conséquences pour le cojumeau. Un jumeau est-il condamné à vivre éternellement dans l'ombre de son cojumeau si l'un saute une classe ?

Avant de vous décider, il est préférable de recueillir la réaction du jumeau concerné séparément et en privé. Souhaite-t-il quitter sa classe actuelle et son cojumeau ? Si tel n'est pas le cas, d'autres moyens s'offrent à vous pour lui apporter la stimulation intellectuelle dont il a besoin. Recherchez, par exemple, une activité extrascolaire enrichissante telle qu'un club d'échecs ou de mathématiques, ou encore un cours de musique ou de dessin. Voyez également si l'enseignant de votre enfant peut lui confier des projets supplémentaires ou si l'école peut s'arranger pour faire passer votre jeune Einstein dans une classe supérieure une partie de la journée, pour les mathématiques ou le français par exemple. Cette solution lui permettrait de passer la majorité de la journée avec ses camarades de classe actuels et, plus important encore, avec son cojumeau.

Devez-vous faire redoubler un jumeau en difficulté ?

Vous constatez que l'un de vos jumeaux se trouve en grande difficulté à l'école et vous ne pouvez vous empêcher de vous demander « Dois-je le faire redoubler ? » C'est la question la plus douloureuse à laquelle certains parents de multiples se trouvent confrontés. Il convient d'y réfléchir attentivement avant de modifier irrévocablement le parcours scolaire de vos multiples.

En premier lieu, faites faire un diagnostic correct par un spécialiste en éducation ou un psychologue. C'est seulement alors que vous saurez s'il rencontre une difficulté dans un domaine particulier ou s'il présente des handicaps plus profonds et, dans ce cas, si la situation est réversible ou non.

Certaines études tendent à prouver que le redoublement ne fonctionne pas, car le fait de simplement répéter un sujet qui vous a posé des problèmes ne vous aidera pas à mieux le comprendre. Il est plus important de savoir pourquoi vous n'avez pas compris le sujet la première fois.

Il convient également de prendre en considération la personnalité de l'enfant en difficulté. De quelle façon le fait de redoubler affectera-t-il son estime personnelle et le lien avec son cojumeau ? Rien n'attire plus l'attention sur les différences entre deux jumeaux qu'un redoublement. S'il s'agit de la seule solution, vous devez vraiment envisager de transférer le jumeau en difficulté vers un autre établissement afin qu'il ne se trouve pas en proie aux comparaisons non souhaitables. Cette disposition sera également profitable à l'enfant le plus capable, en le soulageant de la culpabilité de dominer son cojumeau.

D'un parent à l'autre

« Durant son année de première, Michael (DZOSm) a échoué dans toutes les matières. Il a essayé de suivre des cours du soir et de s'inscrire à l'université d'été pour rattraper, ce qui s'est révélé impossible. En terminale il n'était pas prêt et il a dû redoubler. Avec Victoria (DZOSf), ils ont été effondrés de ne pas passer le baccalauréat ensemble. Au cours de l'examen, elle pleurait sur sa chaise et lui pleurait sur le balcon. J'étais peinée pour les deux. »

Une autre option consiste à faire donner des cours particuliers au jumeau en difficulté afin de lui offrir l'aide et l'attention dont il a besoin, et ce jusqu'à ce qu'il rattrape son retard.

Plusieurs parents m'ont fait part de leurs interrogations au sujet du redoublement d'un ou des deux jumeaux. Les parents d'une paire de jumelles DZSSf, par exemple, ont finalement pris la décision de faire redoubler leurs deux filles. « La décision a été difficile », m'a confié la mère. « Elle rencontre des difficultés dans toutes les matières, mais particulièrement en lecture où elle a un retard d'une classe, malgré un travail important. Elle est également immature socialement et se lie difficilement avec ses pairs. Je voudrais éviter qu'elle perde son enthousiasme pour l'école et abandonne simplement parce que tout est trop difficile. »

Cas particulier des jumeaux de sexe opposé

La scolarité de jumeaux de sexe opposé peut engendrer des difficultés spécifiques. À l'école primaire, la recherche montre un retard général des jumeaux de sexe masculin sur les filles. Ainsi, les parents doivent-ils envisager une séparation si une jumelle surpasse son frère ? Oui, et à juste titre. L'estime personnelle du garçon risque de se trouver mise à mal si celui-ci doit lutter perpétuellement pour suivre le rythme de sa sœur qui continue à exceller. Et pour couronner le tout, il risque de décrocher en pensant qu'il n'y a aucune raison de faire plus d'efforts, car tout est joué d'avance.

D'un parent à l'autre

« Nous les avons séparés pour la raison qu'elle le maternait et le dominait tout le temps, et qu'il la laissait faire. Je sentais qu'il avait besoin de faire les choses par lui-même, ce qui lui permettrait de se forger une meilleure estime de soi et un certain sens de l'autonomie. Je voulais que Kyle (DZOSm) sache qu'il pouvait fonctionner sans la présence continuelle de sa sœur. Je souhaitais aussi que Clarissa (DZOSf) découvre que tout le monde ne se laisse pas diriger de la même façon et qu'elle apprenne à autoriser quelqu'un d'autre à prendre la tête des événements. »

Une autre question à prendre en considération est le problème de la socialisation. Au Chapitre 1, nous avons vu que, dans des couples de jumeaux de sexe opposé, les filles avaient tendance à « surmaterner » (certains diraient même « commander ») leur frère. Durant la période préscolaire, les garçons apprécient généralement que leur sœur prennent les initiatives à leur place. Qui ne souhaiterait pas avoir quelqu'un pour lacer ses chaussures ou pour verser un verre de jus de fruit ? Pourtant, à l'âge de la scolarité, les garçons rejettent généralement cette aide continuelle. Alors qu'ils commencent à explorer le monde extérieur, ils trouvent le comportement de leur sœur intrusif. Il est pourtant souvent difficile de modifier des habitudes ancrées depuis plusieurs années. Il peut également arriver que certaines filles n'apprécient plus de devoir assister leur frère en permanence.

Ce que les parents peuvent faire

Lorsque les performances scolaires de deux enfants issus d'une grossesse unique sont différentes, la plupart des parents ne se laissent pas démonter. Après tout, ce sont des personnes distinctes. Pourtant, lorsque vous avez des multiples dont le cursus scolaire est parallèle, leurs différences sont dramatisées. Les astuces suivantes aideront vos multiples à comprendre et à apprécier leurs différences.

- Maintenez un dialogue constant sur la différence de chacun dans la vie. Bien qu'ils soient jumeaux, ce sont également des personnes distinctes. Laissez-les s'habituer à l'idée qu'ils trouveront chacun un domaine où ils pourront exceller.
- Si la compétition et les comparaisons vont bon train, envisagez des activités où les possibilités de comparaison seront moindres. Ils aimeraient peut-être pratiquer des sports différents (ou tenir un rôle différent dans le même sport). Si cette méthode ne fonctionne pas et que les comparaisons nuisent à l'harmonie de la paire, il vous faut envisager une inscription dans des écoles distinctes.
- Intervenez avant que l'équilibre fille-garçon ne soit définitivement rompu et que chacun ne s'enferme dans un rôle malsain. Encouragez-les à se montrer indépendants et à agir par eux-mêmes.
- Dès leur plus jeune âge, offrez-leur leur propre chambre ou au moins une intimité où chaque enfant a la possibilité d'explorer ses propres intérêts à volonté.
- Dans le cas de jumeaux de sexe opposé, envisagez une séparation à l'école, et ceci particulièrement si la fille est plus avancée que son cojumeau.

- Ne vous focalisez pas uniquement sur les faiblesses de votre jumeau sans prendre en considération ses points forts. Attachez-vous à construire la réussite scolaire de votre jumeau en difficulté et félicitez ses succès. Mais n'oubliez pas pour autant le jumeau le plus capable. S'il ne reçoit aucune félicitation, il pensera rapidement que rien de ce qu'il fait n'en vaut la peine. Ne négligez jamais les succès d'un jumeau dans le but de ménager les sentiments de l'autre.

Difficultés d'apprentissage

Dans le cas de multiples, la question de savoir s'ils rencontrent plus de problèmes d'apprentissage que les enfants issus d'une grossesse unique est souvent posée. La réponse est oui, mais les raisons ne sont pas aussi claires. Comme mentionné précédemment dans ce chapitre, des difficultés de langage à l'âge préscolaire ont un impact sur les capacités de lecture par la suite. En outre, les jumeaux garçons rencontrent plus de difficultés que les filles, mais les raisons du décalage entre les sexes ne sont pas encore bien comprises.

La bonne nouvelle, cependant, est que le fait d'être un multiple n'implique pas nécessairement des difficultés à l'école ou, même dans ce cas, une intelligence moindre. En fait, l'étude *La Trobe Twin Study* a montré que nombre de jumeaux présentant des difficultés d'apprentissage dans le domaine de la lecture se classaient bien au-dessus de la moyenne dans les autres matières. En outre, dans une récente étude néerlandaise, les chercheurs ont conclu que les performances cognitives ne différaient pas entre les jumeaux et leurs frères et sœurs issus d'une grossesse unique. Il est donc clair que l'intelligence n'est pas en cause. Le but d'attirer l'attention sur les difficultés rencontrées par certains multiples est de permettre aux parents de prendre conscience du problème et de se montrer plus à l'écoute des besoins individuels de leurs jumeaux en termes d'éducation. Si un problème est détecté tôt (la plupart des handicaps sont évidents dès les premières années de l'enfance), et donc réglé avec succès, il n'y a aucune limite à la réussite d'un jumeau.

Les garçons et les filles apprennent-ils différemment ?

Si vous êtes déjà entré dans une classe de CE1, vous avez constaté quelque chose d'intéressant – la plupart des garçons s'agitent sur leurs sièges, les yeux rivés sur le monde extérieur à travers les vitres, alors que la majorité des petites filles ont le nez dans leurs livres, apprenant consciencieusement leurs leçons. À quoi cette différence de comportement est-elle due ? Elle est en partie biologique et en partie sociologique. Les garçons et les filles ne sont pas conçus suivant le même modèle. C'est pourquoi les filles sont de meilleures élèves que les garçons. Mais il faut savoir que, même si les filles réussissent mieux durant les premières années de scolarité, la plupart des garçons rattrapent leur retard vers l'âge de dix ans. Et bien que les jumelles aient un peu plus de difficultés que les filles issues d'une grossesse unique, elles rattrapent également le retard au lycée. Dans le cas de jumeaux garçons, il arrive malheureusement que le retard sur les jumelles et les enfants issus d'une grossesse unique persiste plus longtemps. Une étude a démontré que, à l'âge de quatorze ans, seulement 42 % des jumeaux avaient atteint le niveau adéquat en lecture et en écriture contre 71 % des garçons issus d'une grossesse unique.

Bien que des investigations supplémentaires soient nécessaires pour comprendre la raison de ce phénomène, une chose est sûre – les problèmes de lecture chez les jumeaux garçons sont liés aux difficultés préscolaires dans le domaine du langage. L'étude *La Trobe Twin Study*, par exemple, a mis en évidence le fait que les jumeaux d'âge préscolaire qui présentaient deux des sept difficultés de langage les plus fréquentes se trouvaient toujours confrontés à des problèmes importants de lecture par la suite – à la fois de déchiffrage et de compréhension. Le facteur aggravant est le haut niveau de distraction des garçons. Ceux ayant des difficultés en lecture présentaient également des troubles de la concentration et étaient moins attentifs à leur travail. Étant moins capables de se concentrer sur leurs devoirs, et ceci quelle qu'en soit la durée, de nombreux jumeaux sont rapidement catalogués comme hyperactifs. Les chercheurs émettent l'hypothèse suivante : les jeunes jumeaux ont rarement l'opportunité d'accomplir une tâche sans être interrompus par leur cojumeau ou sont toujours en concurrence pour être le premier, ce qui les amène à ce concentrer plus sur le fait de terminer le premier que sur la qualité de leur travail. C'est en leur expliquant comment établir des règles de priorité dans le travail, comment prendre de bonnes habitudes et comment persévérer dans une tâche que l'on peut améliorer la situation et accroître leurs chances de réussite scolaire.

Ce que les parents peuvent faire

Les enfants réussissent mieux à l'école lorsque les parents participent activement à leur vie scolaire. Il est préférable de lutter contre les difficultés d'apprentissage dès leur détection, mais il n'est jamais trop tard pour se faire aider. Voici quelques idées à mettre en pratique dans votre vie familiale quotidienne.

- Faites lire vos enfants tous les soirs et insistez sur la précision de la prononciation des mots en les aidant à articuler chaque syllabe. La recherche a montré qu'un processus de lecture continu et cohérent aide le cerveau à établir les connexions linguistiques nécessaires.
- Essayez de lire avec chaque jumeau séparément et en privé afin de ne pas créer de compétition au sein de la paire, et ceci particulièrement si l'un des deux est plus avancé en lecture. C'est la précision, et non la vitesse, qui importe. En outre, chacun a besoin de temps pour se familiariser avec le matériau et pour poser des questions indépendamment de son cojumeau.
- Suivez un rituel quotidien pour les devoirs. Désignez un emplacement calme et en ordre pour travailler. Imposez le silence afin que vos multiples puissent se concentrer plus facilement sur les tâches scolaires. Insistez sur la nécessité de produire un travail soigneux et veillez à ce qu'un jumeau ne se précipite pas pour avoir terminé son travail avant l'autre.
- Le mouvement aide les garçons à apprendre. Il stimule leur cerveau et calme leur impulsivité. Si un garçon se montre impétueux en classe, l'utilisation d'une balle antistress à malaxer peut

aider à canaliser une partie de cette énergie. Des mouvements plus physiques dans la classe, tels qu'assister l'enseignant dans la distribution des cahiers ou des étirements toutes les heures, peuvent également s'avérer utiles.

- Gardez un contact constant avec les enseignants de vos enfants afin de mieux connaître leurs progrès et leurs difficultés. Informez-les des cours particuliers suivis par chacun d'eux.
- Si l'aide à domicile n'est pas efficace, faites évaluer votre enfant par le psychologue scolaire afin de connaître ses points forts et ses faiblesses. Pour pouvoir rechercher des remèdes efficaces, il vous faut cerner exactement le problème.
- Même si le fait d'apporter au lecteur en difficulté l'aide dont il a besoin est d'une importance capitale, ceci ne représente pas toute sa vie scolaire. N'en faites pas votre seul centre d'intérêt. Offrez-lui aussi des encouragements pour les matières dans lesquelles il réussit bien.

Trouble déficitaire de l'attention/hyperactivité

Nous avons beaucoup entendu parler du trouble déficitaire de l'attention avec hyperactivité (TDAH) dans les médias dernièrement, mais qu'est-ce exactement ? Le TDAH est un trouble du développement qui se manifeste dans l'enfance. L'inattention, l'impulsivité et l'hyperactivité sont les trois composantes du TDAH. Ce trouble peut se manifester sous trois formes. La plus courante affecte les enfants présentant essentiellement des symptômes d'inattention (rêverie, difficulté à se concentrer sur une tâche). La deuxième affecte les enfants souffrant principalement d'hyperactivité et d'impulsivité (ce sont les enfants agités qui agissent souvent par impulsion). La troisième affecte les enfants présentant une combinaison de ces symptômes. Il est intéressant de constater que les enfants présentant une forme quelconque de TDAH peuvent se concentrer sur une tâche qui les intéresse, comme un film ou un jeu vidéo favori. Les problèmes apparaissent lorsque cette attention est redirigée vers quelque chose qui ne soutient plus leur intérêt.

Bien que de nos jours de nombreuses personnes remettent en cause l'existence du TDAH, il s'agit d'un véritable trouble reconnu par la communauté médicale et ayant été identifié depuis le début du XIXe siècle. À cette époque, il portait simplement des noms différents. Ce n'est donc pas un phénomène de mode et le TDAH est aussi répandu aux États-Unis ou en France que dans les autres pays. Ce n'est donc pas le rythme de vie effréné de nos cultures qui est en cause.

Et pourquoi une discussion au sujet du TDAH dans un ouvrage consacré aux jumeaux et aux multiples de haut rang ? Ce trouble est malheureusement plus courant chez les jumeaux que chez les enfants issus d'une grossesse unique. Si l'on va encore plus loin, les jumeaux garçons connaissent plus de problèmes comportementaux que les filles (le type inattentif est plus courant chez les garçons et la forme hyperactive est la plus rare). De plus, le TDAH a une forte composante génétique. Ainsi, si un jumeau MZ est diagnostiqué avec une forme de TDAH, l'autre jumeau est également à risque. Le problème se complexifie avec les jumeaux garçons, car ils présentent souvent une forme d'inattention sans hyperactivité, ce qui fausse le

D'un parent à l'autre

« Le problème le plus important que j'ai connu avec mes jumeaux est que Michael (DZOSm) était un élève brillant et très calme en classe alors que Jennifer (DZOSf) était une élève médiocre, très vive et ouverte. Cette différence a causé des problèmes avec les enseignants qui préféraient mon fils à ma fille. Nous avons découvert sur le tard que ma fille présentait un TDA. Elle avait des difficultés de concentration à l'école et finissait par laisser tomber. Jennifer se voyait toujours demander "Pourquoi ne ressembles-tu pas plus à ton frère ?" Selon moi, ces événements ont été en grande partie responsables de son départ de l'école. Michael a connu des moments pénibles à cette époque. Je pense qu'il se sentait un peu abandonné. Le fait qu'il ait passé son diplôme seul a été difficile pour toute la famille. Je suppose que nous avons toujours pensé qu'ils seraient ensemble. Depuis lors, Jennifer a commencé un traitement et elle termine maintenant le lycée. Michael est très fier de son retour à l'école pour passer son diplôme, et il le lui dit. »

diagnostic. Pourtant, un enfant qui est inattentif souffre souvent à l'école et ne parvient pas à exploiter tout son potentiel. En outre, un taux plus élevé de comorbidité est observé chez les personnes souffrant du TDAH. Les jumeaux présentant soit le type inattentif, soit le type combiné rencontrent également plus de difficultés en expression orale et en lecture. En l'absence de traitement, les adolescents ont plus tendance à adopter un comportement à risque tel que la consommation d'alcool, l'usage de la drogue, la délinquance et même le multipartenariat sexuel.

Les enfants présentant un trouble déficitaire de l'attention avec hyperactivité peuvent faire des ravages dans leur entourage et représenter une charge excessive pour la famille. Ce trouble risque particulièrement d'affecter la relation intragémellaire. Les jumeaux ne présentant pas ce trouble se sentent souvent anxieux et signalent des conflits importants avec leurs cojumeaux atteints du TDAH.

D'un parent à l'autre

« Christina (DZOSf) rencontrait des difficultés en lecture et a été diagnostiquée avec un trouble déficitaire de l'attention. Avant le diagnostic, les choses étaient difficiles car son frère (DZOSm) était meilleur en lecture et intégrait de meilleures classes. Son estime personnelle a chuté au plus bas. Elle finissait même par rester muette lorsqu'elle connaissait la réponse, car il était plus facile de ne rien dire que de risquer de se tromper. Leur relation était toujours très forte, mais elle avait une mauvaise image d'elle-même. Une fois le diagnostic posé, elle a commencé à prendre un traitement et ses capacités se sont nettement améliorées. Depuis, elle s'est toujours classée parmi les meilleurs et elle a une bien meilleure image d'elle-même. »

Fort heureusement, le TDAH peut être traité soit au moyen de médicaments seuls, soit à l'aide d'une association de médicaments et d'un traitement psychologique/comportemental. Mais il est évident qu'un diagnostic correct est essentiel. À la maison, les parents peuvent aider leurs multiples présentant un comportement inattentif ou impulsif en leur demandant gentiment de se calmer. Ils doivent également encourager les jumeaux à finir les tâches commencées et à s'attacher à la qualité du travail plus qu'à la vitesse à laquelle il est terminé. Voyez également avec l'enseignant de votre enfant comment rendre l'environnement plus propice à sa concentration dans la salle de classe. Il est peut-être possible de rapprocher sa table du bureau de l'enseignant, de diviser les devoirs les plus longs en plusieurs parties plus courtes et de lui rappeler plus souvent ce que l'on attend de lui.

L'école en question

Depuis la préparation à la maternelle jusqu'à la question très controversée de la séparation en classe en passant par les différences de capacités, le thème de l'éducation des jumeaux est sujet à de multiples questionnements et décisions. Un certain nombre de points sont cependant acquis. Les multiples ont besoin d'un peu plus d'attention et de compréhension pour leur assurer une expérience aussi satisfaisante que celle de leurs contemporains. Enfin, c'est autant l'attitude positive des parents que la souplesse dont font preuve les éducateurs qui peuvent faire toute la différence entre un succès ou un échec scolaire.

5

COMBATTRE LA COMPÉTITION ET PROMOUVOIR LA COOPÉRATION

Les comparaisons entre les enfants sont normales dans toutes les familles – pratiquement tous les parents se prêtent à ce jeu. Le phénomène commence généralement tôt et innocemment (« Mon aînée dormait tellement bien, ce qui n'était pas du tout le cas de mon cadet ! ») Je suis sûre que vous vous souvenez vous être adonné à ce style de comparaisons lorsque vos multiples étaient bébés. Vous les avez observés avec amour pendant qu'ils dormaient paisiblement et, comme la plupart des parents, vous avez commencé à remarquer de petites ressemblances (« Oh, regarde ! Ils ont tous les deux une petite fossette au menton ») ou des différences subtiles (« Ses cheveux sont ondulés alors que les siens sont raides. ») Il était impossible de ne pas les comparer puisqu'ils étaient côte à côte 24 heures sur 24 et 7 jours sur 7. Les parents de jumeaux MZ (identiques) recherchent les différences alors que ceux de multiples DZ (fraternels) recherchent les ressemblances. Et il en est de même avec les grands-parents et les voisins, avec quelquefois un peu d'exagération (« Pourquoi pleure-t-il toujours alors qu'elle est un bébé tellement agréable ? »)

Il n'y a pas vraiment de mal à comparer les jumeaux durant leur première année de vie. (Après tout, ils n'ont aucune idée de ce que vous dites.)

Mais les problèmes vous attendent au tournant si cette habitude persiste alors que vos multiples grandissent, particulièrement si vos jumeaux ont les mêmes intérêts, comme c'est quelquefois le cas. Cette comparaison constante et cette mise en opposition des jumeaux risquent de mener à une rivalité. Bien que le fait d'encourager chacun à trouver sa propre voie puisse aider à développer la coopération, cette solution est incomplète. Il n'est pas non plus conseillé d'imposer des intérêts différents à vos multiples, et ceci particulièrement s'ils partagent la même passion pour une activité ou un sport, ce qui est le cas pour de nombreux jumeaux identiques. (Vous imaginez-vous, par exemple, en train de jouer à pile ou face pour déterminer qui apprendra le piano alors que les deux manifestent le même désir ?) C'est plutôt l'attitude des parents – le fait qu'ils considèrent et traitent leurs enfants comme des individus à part entière ou comme une seule et même entité – et la façon dont ils protègent leurs enfants des comparaisons provenant de l'extérieur qui importent le plus.

Qu'est-ce que la rivalité entre frère et sœur ?

À un certain stade de leur vie, tous les enfants se trouvent en concurrence avec leurs frères et sœurs, que ce soit pour accéder à une meilleure place dans la hiérarchie familiale, pour obtenir plus d'attention de papa et maman, ou simplement pour revendiquer la possession d'un objet. Même les enfants se comportant le mieux du monde se disputent occasionnellement avec leurs frères et sœurs pour savoir qui est le champion de Monopoly, par exemple. C'est une composante normale du développement de l'enfant. Les rivalités peuvent cependant être plus fréquentes lorsque les frères et sœurs sont proches en âge. Et il est impossible d'être plus proche en âge que des jumeaux ou des multiples. Les jumeaux, les triplés ou les quadruplés sont-ils voués à être rivaux ? Bien sûr que non. En fait, certains jumeaux, et particulièrement les jumeaux identiques, n'entrent que très peu en concurrence et préfèrent coopérer l'un avec l'autre.

Les comparaisons : le début de la rivalité entre frères et sœurs

Toutes les familles comparent leurs enfants. Cependant, bien que des comparaisons continuelles puissent être psychologiquement préjudiciables aux enfants issus d'une grossesse unique, les dommages sont considérablement amplifiés dans les familles avec des multiples. Les parents s'attendent à ce que leurs enfants issus d'une grossesse unique excellent dans des domaines différents, car ils ont généralement des intérêts et des aptitudes très divers, ce qui réduit les possibilités de comparaisons entre eux. Alors qu'un aîné se distingue comme avant-centre de l'équipe de football du lycée, par exemple, son cadet n'a aucun goût pour le sport et préfère la musique. Chaque enfant est donc autorisé à développer ses préférences personnelles sans avoir à subir de comparaisons. Pourtant, dans les familles de multiples, les amis remarquent souvent les divergences au sein de la paire et ne cessent de poser des questions du style « Pourquoi Johnny ne joue-t-il pas également au football ? » ou « C'est drôle que Johnny ne soit pas un footballeur accompli comme son frère jumeau. » Les deux garçons ayant exactement le même âge et vivant sous le même toit, les comparaisons sont trop tentantes pour beaucoup.

Le problème est que, dès que nous comparons deux choses, il y a souvent un vainqueur et un perdant. « J'aime plus le chocolat que la vanille » ou « J'adore la neige en hiver, mais je déteste la chaleur en été. » Il en va de même pour les enfants. Même une simple comparaison de la préférence de Johnny pour la musique par rapport au football peut être interprétée comme un favoritisme pour un enfant. Et si dans une famille les comparaisons se font toujours aux dépens d'un enfant, il est inévitable que celui-ci commence à se considérer comme « moins que ».

La différence entre les comparaisons favorables et néfastes. La plupart des parents essaient de dissuader les personnes de l'extérieur de comparer leurs jumeaux, mais ils sont nombreux à ne pas y parvenir eux-mêmes. Ceci n'est pas nécessairement une mauvaise chose en soi. C'est lorsque les parents opposent leurs enfants fréquemment au vu et au su de tous que cette habitude peut devenir gênante. Souvent, les parents réalisent des comparaisons avec les meilleures intentions du monde, comme pour féliciter un enfant d'une tâche parfaitement accomplie. Mais une comparaison favorable telle que « Tu as bien réussi ta dictée ! Tu es bien meilleur en orthographe que ton frère » peut avoir un effet déstabilisant pour le bon élève. Même si votre remarque part d'une bonne intention et que votre objectif est uniquement de renforcer la confiance en soi de votre enfant et de le motiver à poursuivre son bon travail, votre jumeau réalise que, pour continuer à obtenir votre approbation, il doit rester meilleur en orthographe que son frère. Son succès est obtenu aux dépens de son frère et il devra en demeurer ainsi. Ceci peut engendrer un sentiment d'anxiété chez de nombreux enfants. Et ne pensez pas que son cojumeau n'a pas remarqué votre affront. Il est possible qu'il ne verbalise pas sa blessure, mais l'impact sera sans aucun doute négatif.

Il arrive également que les parents utilisent des comparaisons défavorables pour forcer un enfant à changer. De colère, vous laissez échapper « Ta chambre est une porcherie. Pourquoi ne peux-tu pas ranger tes affaires comme ton frère ? » Mais l'enfant désordonné ne change que rarement ses habitudes, et se considère désormais comme ayant des lacunes par rapport aux standards de son cojumeau. Pire encore, il pense qu'il a baissé dans votre estime.

Ces deux comparaisons – favorable et néfaste – peuvent avoir des effets préjudiciables sur la relation intragémellaire en préparant le terrain pour la rivalité. Une meilleure tactique consiste à garder vos observations pour vous, qu'elles soient positives ou négatives, et à vous concentrer uniquement sur l'enfant en question, sans jamais mentionner le nom de son cojumeau.

Comparer des jumeaux différents. Contrairement aux jumeaux identiques qui partagent le même patrimoine génétique, les jumeaux fraternels partagent approximativement 50 % de leur ADN. Ainsi, génétiquement parlant, ils ne sont pas plus semblables que des frères et sœurs issus d'une grossesse unique.

D'un parent à l'autre

« Un de nos jumeaux (DZOS) a tendance à avoir un esprit de compétition à l'école et il souhaite toujours se comparer à sa sœur. Je crains que l'estime personnelle de ce jumeau ne soit trop liée au fait de dominer sa sœur et que cette dernière ne s'inquiète de toujours terminer en seconde position. Ce phénomène a commencé quand ils avaient quatre ou cinq ans environ. On me demandait alors "Qui a marché le premier ? Qui a parlé le premier ?" et j'avais l'habitude de répondre "C'est Erica qui a marché la première et c'est Chris qui a parlé le premier." Il était donc inévitable qu'ils se comparent entre eux et je crois que même si vous leur demandiez de ne pas le verbaliser, ils poursuivraient intérieurement le même processus. Nous n'autorisons cependant pas les vantardises. »

Et de la même façon que ces derniers, les jumeaux DZ se développent souvent à un rythme différent, que ce soit sur le plan cognitif, social ou physique. Pourtant, la société – la famille, les amis, les enseignants et quelquefois les étrangers – continuent à les comparer l'un à l'autre et non à leur groupe de pairs. Quand un jumeau marche à dix mois, par exemple, alors que l'autre ne fait pas son premier pas avant l'âge de onze mois, le premier est considéré comme le plus « avancé », même si les deux enfants ont appris à marcher dans la tranche d'âge normale.

Le problème peut persister durant la scolarité quand l'un des jumeaux est comparé scolairement à l'autre. (Des jumeaux identiques ne sont pas non plus épargnés par les comparaisons. Le développement de jumeaux MZ étant souvent parallèle physiquement, psychiquement et cognitivement, même les différences les plus légères dans les performances scolaires sont remarquées.) Ici encore, si un jumeau n'atteint pas un niveau aussi rapidement que son cojumeau, il risque d'être catalogué à tort d'enfant « en difficulté ». Les deux peuvent être intelligents, mais si l'un réussit un peu mieux que l'autre, il est considéré comme « doué ».

Ces étiquettes sont souvent injustes, car une différence entre les jumeaux ne signifie pas nécessairement une différence vis-à-vis de

D'un parent à l'autre

« Je n'aime pas que les autres essaient de les comparer, particulièrement quand ils ne les connaissent pas bien. Je refuse de répondre aux questions du type "Qui travaille le mieux en classe ?" Tori (DZSSf) est la première de sa classe, ce qui n'est pas le cas d'Alex (DZSSf). Je dois me rappeler que les deux font de leur mieux. Leur enseignant a l'intelligence de ne jamais les comparer, mais tout le monde n'est pas aussi professionnel à l'école. Certaines personnes me demandent pourquoi Alex n'est pas au tableau d'honneur. Je dois alors répondre qu'elle est différente de sa sœur et excelle également dans des domaines différents. »

la population en général. Pour les deux types de jumeaux, le problème peut être aggravé lorsque le jumeau « en difficulté » est associé en classe au jumeau le plus « doué » sous prétexte de l'aider. L'enseignant peut vouloir bien faire, mais tous deux risquent de souffrir de cette situation. Le jumeau « en difficulté » continue à croire qu'il n'est pas aussi intelligent que son cojumeau (pour quelle autre raison, se dit-il, le professeur l'aurait-il associé à son cojumeau ?) et risque de ne jamais exploiter tout son potentiel, alors que le jumeau « doué » est freiné dans son évolution et doit assumer le rôle pesant de répétiteur. Dans cette situation, des classes séparées permettent à chaque enfant d'apprendre à son propre rythme et d'être récompensé pour ses réussites personnelles sans être comparé à son jumeau.

Pour l'amour d'une étiquette. Nous l'avons tous fait : « C'est le musicien de la famille » ou « C'est notre petit génie en maths. » Le fait de cataloguer un enfant est compréhensible. La plupart du temps, nous ne nous en rendons même pas compte. Il s'agit simplement d'un moyen pratique d'identifier chaque personne en lui attribuant une qualité particulière. Mais est-ce vraiment sans danger ? Après tout, qui ne souhaiterait pas être considéré comme un génie en musique ou comme un as des mathématiques ? Même des étiquettes offensantes sont souvent considérées comme amusantes : « C'est notre fauteur de troubles » ou « Il a le diable dans le ventre. »

> **D'un parent à l'autre**
>
> « Je pense que les gens souhaitent naturellement coller des étiquettes aux jumeaux, non pas parce qu'ils essaient de les comparer, mais comme moyen de distinction. C'est ainsi qu'ils les identifient et qu'ils se souviennent de qui est qui. Todd (DZSSm) m'a récemment confié que lorsqu'il se voyait sans arrêt décrit par ses amis et ses camarades de classe comme le "jumeau intelligent" alors que Dan avait l'image du "jumeau sociable", il doutait encore plus de ses facultés sociales. En conséquence, il se renfermait plus sur lui-même car il s'inquiétait de ne pas avoir les capacités nécessaires pour s'affirmer en société. C'est peut-être également la raison pour laquelle Dan (DZSSm) était moins enclin à faire des efforts dans les matières scolaires. Il sentait qu'il ne serait jamais le "jumeau intelligent". »

Pourtant, de la même façon qu'une étiquette colle obstinément à un pot, ces empreintes apparemment innocentes sont souvent indélébiles. Même à l'âge adulte, il est difficile de se défaire des étiquettes de l'enfance.

Lorsque les enfants grandissent, les étiquettes ne sont soudainement plus aussi représentatives. Elles limitent alors le développement de l'individu. L'as en maths s'est lassé du sujet et préférerait écrire de la poésie, mais quelque chose lui dit que son domaine est les mathématiques et non la poésie. Lorsque papa ou maman accordent leur attention au « jumeau désordonné », même d'une façon négative, l'enfant en vient à considérer le fait d'être désordonné comme son rôle. Le comportement est renforcé et se poursuit par la suite. Plus important encore est la façon dont les jumeaux s'efforcent, souvent à contrecœur, de correspondre à une étiquette afin d'être considérés dans leur individualité. En matière de comportement, les jumeaux se dirigent souvent dans des directions opposées. Si l'un porte l'étiquette de « bon jumeau », l'autre, réalisant que le rôle est déjà pris, trouve des moyens plus négatifs d'obtenir l'attention parentale. Il devient ainsi le « mauvais jumeau ». Quand on félicite constamment un jumeau pour ses aptitudes musicales et qu'on lui colle l'étiquette de « petit Mozart », on incite son cojumeau à ignorer la musique, même si ce domaine l'attire, et à se diriger vers une autre activité telle que le sport pour être considéré comme différent.

Quand les multiples se prennent au jeu de la comparaison

J'ai récemment rencontré un jumeau MZ adulte qui m'a fait part d'une histoire intéressante, et même amusante, au sujet de sa relation avec son cojumeau. Tous deux faisaient de l'athlétisme et se sont trouvés confrontés dans un cent mètres à quatre autres compétiteurs. Mais une fois le signal de départ donné, les deux garçons se sont rapidement retrouvés en cinquième et sixième position. Et pourtant un jumeau jubilait en traversant la ligne d'arrivée. « J'ai gagné ! J'ai gagné ! », hurlait-il. Il n'avait pas gagné la course – il avait terminé cinquième – mais il avait battu son frère jumeau et, à ses yeux, c'était la chose la plus importante.

En grandissant, pratiquement tout devient matière à compétition pour les enfants. Et lorsque vous avez deux enfants nés le même jour, partageant le même toit, se développant pratiquement au même rythme à la fois cognitivement et physiquement alors que tout le monde, depuis la famille jusqu'aux camarades de classe, leur rappelle leurs différences, il semble que tout devienne un concours entre eux – depuis qui est le plus grand à qui a obtenu la meilleure note à l'interrogation.

La bonne nouvelle est que tous les conflits et chamailleries entre jumeaux ont leur côté positif. Un certain niveau de conflit est parfaitement normal entre frères et sœurs et s'avère même utile. Souvenez-vous que tous les enfants se querellent entre eux, mais les enjeux du conflit semblent être plus profonds dans les familles avec des multiples, et ceci particulièrement durant la préadolescence et l'adolescence. C'est leur moyen de lutter pour trouver qui ils sont réellement une fois séparés de leur cojumeau. En d'autres termes, ils grandissent en luttant pour être considérés comme des individus à part entière.

> **D'un parent à l'autre**
>
> « Quand elles étaient plus jeunes, leur rivalité était beaucoup plus dure. Je me souviens de discussions à propos de qui avait eu une meilleure note à une interrogation, qui avait le meilleur professeur et qui avait les meilleurs petits amis. J'avais l'habitude de plaisanter en disant que je n'avais à expliquer les choses qu'une seule fois à une enfant, car l'autre apprendrait par elle-même juste pour se hisser au même niveau que sa sœur. Je sais que Suzanne (MZf) a appris à faire du vélo parce qu'elle ne voulait pas laisser Elise (MZf) la devancer. Elles se sont beaucoup améliorées sur ce point au collège, lorsqu'elles se sont retrouvées dans des classes différentes. »

La compétition et le type gémellaire. Les comparaisons, et la compétition qui en découle, semblent plus évidentes dans les familles avec des multiples. Mais fort heureusement, la recherche tend à prouver qu'il n'existe pas plus de compétition entre jumeaux qu'entre enfants issus d'une grossesse unique. La différence réside dans la nature de la compétition. Au sein d'une même famille, des enfants d'âges différents se trouvent en compétition à des niveaux de développement différents alors que les multiples sont en compétition au même niveau de développement et souvent dans les mêmes domaines. Cela étant dit, il semblerait exister des différences nettes en matière de compétition entre les types de jumeaux. On observe, par exemple, moins de phénomènes de rivalité entre les jumeaux identiques que dans tous les autres sous-groupes (même si certains parents m'ont affirmé que leurs jumeaux MZ étaient souvent en concurrence). Les jumeaux MZ et DZ utilisent l'ordre de naissance comme un moyen d'autorité : « Je suis né le premier, je dois donc arriver en premier ! » Il est intéressant de constater que, avec des jumeaux de sexe opposé, l'ordre de naissance ne présente généralement que peu d'importance. C'est surtout le sexe qui est invoqué pour asseoir son autorité. « Je suis le garçon. C'est donc moi qui dois pouvoir choisir le programme de télévision. »

Plusieurs recherches ont étudié la relation entre la coopération et proximité génétique : les jumeaux dont l'ADN est plus similaire sont-ils plus coopératifs l'un avec l'autre ? Une récente étude, menée par Nancy Segal à la California State University de Fullerton, a utilisé le jeu « Le dilemme du prisonnier » où la coopération entre deux joueurs jumeaux est bénéfique pour les deux mais où la trahison d'un partenaire permet un gain personnel meilleur pour le traître. Les résultats confirment ce que la recherche avait déjà démontré – les jumeaux identiques sont plus coopératifs l'un envers l'autre que les jumeaux non identiques de même sexe. Ce qui ne veut pas dire que la coopération est un comportement inhérent aux jumeaux identiques, car lorsque chacun était associé à un partenaire sans lien génétique, ils ne se montraient pas plus coopératifs que les autres. En fait, ils se montraient même plus compétitifs.

D'un parent à l'autre

« Karsen et Kaden (MZm) sont tellement similaires qu'il est difficile de ne pas les comparer, ce que je m'efforce d'éviter. Ils pratiquent maintenant des sports, ce qui nourrit leur esprit de compétition et les pousse à faire encore plus d'efforts pour se surpasser. Ils ne se fâchent pas lorsque l'un réalise quelque chose de mieux. L'autre s'efforce simplement de se hisser au même niveau. Je ne voudrais pas qu'ils se sentent obligés de toujours surpasser l'autre. C'est pourquoi nous encourageons plus les compétences que le fait de gagner, mais c'est difficile. »

Ainsi, pourquoi les jumeaux MZ coopèrent-ils plus entre eux que les autres sous-groupes de jumeaux ? Les psychologues ont plusieurs réponses à cette question. L'explication la plus plausible réside dans leurs gènes. Les jumeaux identiques qui partagent 100 % de leur ADN ont une proximité sociale plus étroite et des caractéristiques physiques et comportementales plus semblables que des jumeaux DZ. Leur identité étant tellement liée à l'autre, les jumeaux identiques font preuve de plus de contrôle en ce qui concerne leur intérêt personnel que les autres types de jumeaux. Pour des jumeaux identiques, les sentiments de jalousie et de rivalité sont trop difficiles à supporter. Pour contourner le problème, ils choisissent de coopérer l'un avec l'autre au lieu d'entrer en compétition.

Les inconvénients de la rivalité. Bien qu'une compétition raisonnable puisse être bénéfique, elle peut quelquefois mener à des comportements dangereux, particulièrement lorsque l'objet de la rivalité est malsain, comme la perte de poids. Des jumelles ou des triplées risquent en effet de s'engager dans une course à la minceur. Les parents doivent veiller attentivement à ce qu'une fille dont le poids est dans la moyenne pour sa taille ne commence pas à perdre des kilos pour rattraper sa sœur. Les membres de la famille peuvent aggraver la situation. Par exemple, si la maman est obsédée par l'image de son corps et lutte constamment pour parvenir à la silhouette hollywoodienne parfaite, elle peut involontairement aviver ce désir de perte de poids chez l'enfant. À la place, les parents doivent adopter une attitude saine envers le poids en acceptant leur propre corps, ceux qu'ils voient en public ainsi que celui de leurs filles. De plus, les parents ne doivent jamais permettre aux autres membres de la famille de se moquer de l'image ou de la corpulence de leurs enfants.

D'un parent à l'autre

« Les gens pensent qu'il est amusant ou intéressant de demander "Es-tu le bon ou le mauvais jumeau ?" ou "Lequel est le plus intellectuel et lequel est le plus sportif ?" Il y a un an, au cours d'une réunion familiale, j'ai fini par perdre patience. J'ai répondu à une tante que James et Rick (MZm) étaient deux personnes différentes et qu'aucun d'eux n'était pire que l'autre. Je lui ai demandé d'arrêter de leur coller des étiquettes et lui ai dit combien cela avait blessé mon fils. Quelle que soit la personne en cause, vous devez mettre les pieds dans le plat et faire cesser immédiatement le processus. Les gens ne comprennent pas combien les enfants prennent à cœur ce que disent les adultes et combien les mots peuvent être blessants. Prenez la personne à part et aidez-la à réaliser ce qu'elle vient de dire. »

Vous ne pouvez cependant pas toujours contrôler ce que les autres disent au sujet de vos enfants. Une mère m'a confié que les membres de sa famille comparaient souvent le poids de ses filles en leur présence. Réalisant que ceci pouvait être pris à cœur, cette mère a pris l'initiative de détourner la conversation jusqu'à ce que ses filles aient quitté la pièce puis a fait comprendre à ces personnes que les comparaisons étaient interdites. « Je ne pouvais rien faire de délicat », m'a-t-elle dit. « Je devais simplement protéger mes filles. »

Pour certains multiples, et particulièrement pour les jumeaux MZ ayant naturellement les mêmes goûts et les mêmes talents, une rivalité peut être gênante. Prenons pour exemple deux athlètes. Tous deux sont très bons, mais l'un arrive toujours premier et l'autre deuxième. Cette situation peut être blessante pour les deux. Le gagnant risque de ne pas apprécier pleinement ses réussites, car il est toujours témoin de la déception de son frère. Il arrive que certains jumeaux abandonnent totalement le sport dans lequel ils excellent par peur de nuire à leur relation. La solution à ce dilemme consiste simplement à choisir des domaines différents dans l'athlétisme. Le jumeau A peut se consacrer au sprint alors que le jumeau B peut faire des compétitions d'endurance. De cette façon, il leur est possible de s'encourager mutuellement sans ressentir de culpabilité. De nombreux multiples choisissent instinctivement cette voie au lieu d'abandonner un sport qu'ils apprécient. D'autres, en revanche, ont besoin d'être orientés avec tact par les parents.

Quand les parents doivent-ils intervenir ? Les parents doivent veiller à ce que la compétition entre leurs jumeaux ne dépasse pas les limites du raisonnable. Le premier signe est l'abandon soudain d'un sport pour lequel l'enfant se passionnait. Rappelez à votre enfant de se concentrer sur sa réussite personnelle, sans se comparer à son jumeau. En outre, les sports pratiqués au collège et au lycée ne doivent pas être orientés uniquement vers la compétition. Ne peuvent-ils pas être pratiqués simplement pour le plaisir ? Envisagez également une discussion en privé avec le cojumeau. Demandez-lui s'il peut prodiguer des encouragements positifs à son cojumeau en difficulté. Le simple fait de savoir que son cojumeau est à ses côtés est souvent suffisant pour en faire un coéquipier coopératif. Mais si le jumeau en difficulté continue à montrer des signes de frustration après vos paroles d'encouragement ainsi que celles de son cojumeau et que cette situation ait un impact négatif sur la relation au sein de la paire, autorisez-le à laisser tomber. Personne ne souhaite apprendre aux enfants, et spécialement aux jumeaux, à devenir des « lâcheurs », mais si votre jumeau affiche continuellement des signes d'inconfort dans l'ombre de son frère, il est peut-être temps d'essayer quelque chose de différent et d'unique pour cet enfant.

Et bien que cette situation soit rare, intervenez lorsque les attaques verbales deviennent méchantes ou lorsque quelqu'un est en danger physique. Mais évitez de devenir le médiateur constant de vos jumeaux, jugeant toujours qui a tort et qui a raison. Vous devez rester impartial et leur apprendre à cultiver leurs différences de façon positive.

Ce que les parents peuvent faire

Même si vos jumeaux identiques ne supportent pas la compétition, certains multiples MZ, de par la nature de leur environnement, de leur entourage et même de leur éducation, risquent d'y succomber. Les autres types de jumeaux peuvent également être enclins aux rivalités. Souvenez-vous de ceci : à chaque fois que vous évaluez un enfant en fonction des actes d'un autre, vous réalisez nécessairement une comparaison. Pour combattre la rivalité et encourager un comportement coopératif entre vos multiples, luttez contre le besoin de les comparer en suivant ces astuces.

- Ne pensez pas que vos jumeaux apprécient l'attention que leur relation peut leur attirer en public. De nombreux jumeaux sont très gênés lorsque des étrangers et des membres de la famille les comparent. Mettez au point plusieurs scénarios qui permettront à vos jumeaux de se sortir de situations embarrassantes, en particulier lorsque des questions indiscrètes leur sont posées par des étrangers. Si quelqu'un demande « Qui est le plus vieux ? » ou « Qui est le plus intelligent ? », aidez vos jumeaux à proposer une réponse spirituelle qui fera comprendre succinctement, mais poliment, à la personne que la question est banale. (« Qui est le plus intelligent ? C'est seulement lorsque nous aurons fait don de nos cerveaux à la science que nous le saurons vraiment. ») Si les membres de la famille et les amis continuent à comparer les multiples, ayez avec eux une conversation privée et expliquez-leur poliment pourquoi vous souhaitez qu'ils cessent cette pratique.

- Luttez contre votre besoin de les comparer, au moins à voix haute. Limitez les réprimandes et les questions de discipline à l'enfant en question. N'y mêlez jamais son cojumeau. Au lieu de dire « Tu es toujours en retard. Je souhaite que tu arrives à la maison à l'heure, comme ta sœur », préférez « Tu dois faire des efforts pour arriver à l'heure pour le dîner. Lorsque cela t'est impossible, passe un coup de fil. » En outre, veillez à complimenter l'enfant individuellement, et non la paire. Remplacez, par exemple, « Quel bon travail tu as fait pour ton compte-rendu. Tu as même eu une meilleure note que ton frère » par « Félicitations ! Tu as beaucoup travaillé pour ce compte-rendu et ça se voit. »
- Ne réagissez pas de façon excessive aux disputes entre frères et sœurs car vous risquez ainsi d'alimenter leur rivalité. N'intervenez pas en essayant de résoudre leurs problèmes, mais ne faites pas non plus la sourde oreille. Vous n'interviendrez qu'en cas d'escalade dans le conflit. Lorsque vous sentez qu'une bagarre se prépare, agissez depuis le banc de touche en rappelant à chaque enfant la bonne façon de manifester son désaccord – en écoutant l'autre, en négociant et en aboutissant à un compromis mutuel.
- Encouragez tous les membres de la famille non seulement à encourager leurs frères et sœurs en cas de réussite, mais également à leur apporter du réconfort quand ils sont loin du but. Quand ils font preuve de compassion les uns envers les autres, ne les ignorez pas mais, au contraire, félicitez-les pour cela.
- En ce qui concerne l'école, ne permettez jamais aux enseignants de comparer les notes d'un jumeau à celles de son frère. Exigez de savoir comment chaque enfant se situe dans l'ensemble de la classe. Lorsque vous prenez des rendez-vous pour discuter des

progrès de vos enfants à l'école, prenez-en toujours deux différents. Ce procédé nécessite plus de temps mais vous permet de faire passer un message important sur la façon dont vous souhaiteriez que vos enfants soient traités.

- Essayez de trouver un équilibre entre le fait de féliciter l'un sans dévaloriser l'autre. Il est tout à fait acceptable de féliciter un enfant en présence de son cojumeau, car ce dernier doit comprendre qu'il est normal de ressentir à la fois de la jalousie et de la fierté. En outre, félicitez également le jumeau victorieux en privé. Vous lui montrez ainsi que vous avez remarqué son succès, mais pas aux dépens de son cojumeau. Offrez aussi à l'autre jumeau la possibilité de se décharger de ses frustrations et de sa jalousie. Accordez-lui vos encouragements et rappelez-lui ses réussites passées. Tout ceci doit être fait sans colère ni larmoiements. Il vous suffit d'endosser le rôle d'auditeur compréhensif.
- N'accordez pas trop d'importance à l'ordre de naissance. Évitez d'attribuer à vos jumeaux les rôles d'« aîné » et de « cadet », car l'« aîné » imposerait son autorité sur le « cadet ». Une rivalité se déclencherait alors immanquablement, l'« aîné » essayant de tenir son rang et le « cadet » travaillant avec acharnement à renverser la situation. Ceci est particulièrement important lorsque les jumeaux sont les seuls enfants de la famille et que la tentation d'attribuer des rôles d'aîné et de cadet est plus forte. À la place, attribuez les responsabilités à parts égales à chaque enfant. Par exemple, faites-les à tour de rôle porter la clé de la maison, donner les mots au professeur, signer la carte de Noël de la famille et ainsi de suite.
- Si les jumeaux se prennent eux-mêmes au jeu des comparaisons (« Hé, j'ai eu une meilleure note que toi à la dernière dictée ! »), prenez de la distance et laissez-les se lasser par eux-mêmes de la discussion. En y prêtant attention, même si c'est pour leur demander d'arrêter, vous mettez trop l'accent sur ce fait et vous les encouragez à continuer. Une meilleure tactique consiste à détourner la conversation : « Qui souhaite louer un film ? »

D'un parent à l'autre

« J'ai commis une erreur grossière. J'ai laissé Cortney (DZSSf) prendre les responsabilités pour la paire. Si je devais faire parvenir de l'argent à l'école, ou toute autre chose importante, je le donnais à Cortney parce que je savais qu'elle ne le perdrait pas. Puis j'ai réfléchi à cette situation et j'ai réalisé que je ne responsabilisais pas Amber. Je chargeais Cortney de tout. Je les trompais ainsi toutes les deux. À ce jour, Amber n'est pas vraiment responsable. »

- Examinez votre approche personnelle de la compétition. Si votre famille a une attitude « progresser coûte que coûte » et « vaincre à tout prix », vos multiples intérioriseront également ces sentiments. À la place, accordez moins d'importance à la compétition et valorisez le travail d'équipe, la collaboration et l'union familiale. Félicitez-les quand ils se montrent agréables les uns envers les autres. Aidez-les à voir et à apprécier leurs qualités respectives. Apprenez-leur à exprimer cette reconnaissance.
- Si vos jumeaux sont gênés par les comparaisons incessantes à l'école, envisagez de les placer dans des classes différentes. Lorsque l'escalade se poursuit en dégradant leur relation, vous pouvez les inscrire dans des établissements différents s'ils sont ouverts à cette idée. Une distance physique entre eux peut être justement ce dont ils ont besoin pour se livrer à leurs passions à leur propre rythme. Plusieurs familles interrogées ayant inscrit leurs multiples dans des collèges et des lycées distincts ont obtenu des résultats positifs.

Activités extrascolaires

Pour de nombreux jumeaux, le fait de participer aux mêmes activités extrascolaires, telles que des sports d'équipe et des engagements associatifs, ne pose jamais de problème (mes trois garçons ont participé avec succès au même cours de karaté pendant pratiquement deux ans). Les jumeaux MZ sont souvent attirés par les mêmes clubs et les mêmes équipes en raison de leur patrimoine génétique identique. Certains multiples font d'excellents coéquipiers, se soutenant mutuellement dans leur entraînement. D'autres prennent plaisir à jouer à tout moment contre un concurrent de même niveau. Pour les parents, il s'agit quelquefois d'une question de praticité. Il est infiniment plus facile d'emmener tous les multiples ensemble au même endroit pour pratiquer la même activité. (Personne n'aime se transformer en chauffeur de taxi tous les soirs.)

Pourtant, pour ceux forcés de pratiquer les mêmes sports ou les mêmes activités pour des raisons de commodité, les choses risquent de ne pas se passer aussi bien. Qu'en est-il s'ils diffèrent en capacité et qu'un cojumeau ne parvienne pas au même niveau que son frère ? Ou encore si un cojumeau n'a pas les mêmes intérêts que sa sœur ? Les parents doivent être attentifs aux signaux émis par leurs enfants et se montrer sensibles aussi bien à leurs intérêts qu'à leur niveau.

Bien qu'aucun parent ne veuille encourager un enfant à devenir un lâcheur, certains multiples ont leurs raisons secrètes pour souhaiter arrêter un sport ou se retirer d'une association. Soyez-y sensible. Se sent-il éclipsé par son cojumeau, même si c'est une activité qui le passionne ? Le fait de fréquenter des cours distincts à des moments ou à des jours différents peut être la réponse. Ou continue-t-il un sport pour lequel il a peu d'intérêt ou de talent simplement pour obtenir les éloges parentaux pour ses efforts ?

Ne vous fixez pas uniquement sur le joueur « superstar » et sur ses réussites, en omettant de supporter le joueur de votre famille. Ainsi, vous ne feriez que stimuler la compétition au sein de la paire. À la place, félicitez les efforts, la coopération et la solidarité. Rappelez à vos enfants que la compétition dans le milieu sportif permet de s'amuser. Le fait d'acquérir de nouvelles compétences doit primer sur le fait de gagner.

Soyez ouvert à l'expérimentation. Il est possible qu'un jumeau veuille tenter quelque chose d'unique et de différent de son cojumeau, tel qu'un sport ou une activité où il peut briller seul. Permettez-lui d'essayer.

Le côté positif de la compétition entre jumeaux

L'été dernier à la piscine, un de mes jumeaux a décidé qu'il souhaitait apprendre à plonger. Après quelques encouragements de ma part, il a vite progressé en passant rapidement du bord de la piscine au plongeoir. Je me suis assise sur le bord en le soutenant,

D'un parent à l'autre

« Quelquefois Victoria et Kate (MZf) participent à la même épreuve de natation – le papillon ou la nage libre pour Victoria, le dos crawlé ou la nage libre pour Kate. Elles ont concouru côte à côte ainsi que dans des relais. Elles ont décidé qu'elles gagneraient dès qu'elles le pourraient, même si ceci impliquait de toucher le mur avant sa cojumelle. Je suis fière de la façon dont elles ont su conserver une saine rivalité entre elles. J'espère qu'il en sera toujours ainsi, particulièrement durant les années de collège et de lycée. Ce n'est pas facile d'être une fille qui est identique à une autre fille. »

comme toute mère fière de son fils se doit de le faire. Dans l'intervalle, cependant, son cojumeau a eu vent de ce qui se passait. Voulait-il l'approbation positive de ma part, ne supportait-il pas que son frère maîtrise une compétence qu'il n'avait pas, ou cette activité semblait-elle très amusante à ses yeux, mais il ne fut pas long à se retrouver debout sur le plongeoir en criant « Hé, maman, regarde-moi ! », avant de se précipiter dans l'eau la tête la première.

Qui a dit que la rivalité entre jumeaux était toujours néfaste ? Elle peut osciller entre les deux extrêmes. Depuis la tension et la souffrance psychique constantes au badinage taquin où les échanges verbaux sont non seulement intéressants pour les deux parties, mais également constitutifs d'une relation forte et mature. Pour la plupart des frères et sœurs, la rivalité et la coopération peuvent varier dans les deux sens, depuis le « Je veux te tuer ! » occasionnel au « Tu es mon meilleur ami » avec tous les paliers intermédiaires.

Mais quels sont les avantages de se trouver en concurrence avec un cojumeau ? Les experts affirment qu'ils sont multiples. De nombreuses personnes pensent que cette situation permet de développer une personnalité et un ego plus marqués. En d'autres termes, les enfants qui rivalisent entre eux ont un plus grand sens de l'autonomie et une personnalité plus forte, qualités essentielles à tout individu, même si elles sont quelquefois plus difficiles à développer chez les multiples. La compétition agit également souvent comme un stimulant permettant d'atteindre un niveau plus élevé. Si un jumeau voit son frère faire des efforts et recevoir des éloges pour son succès, il est possible qu'il travaille un peu plus pour parvenir au même niveau. Même lorsqu'il est imprégné par la rivalité, le lien fraternel enseigne principalement aux enfants à développer des stratégies pour l'avenir et à s'adapter à la société en général.

D'un parent à l'autre

« Ils se sont toujours entraidés à l'école mais, à présent, ils semblent plus en concurrence. Et pourtant, cette situation est bénéfique à la paire. En effet, lorsque l'un obtient une note inférieure, elle le pousse à se surpasser. Il est intéressant de noter, cependant, qu'ils témoignent de la compassion envers celui ayant obtenu la note la plus basse. Ainsi, si Allan (MZm) obtient 20/20 en lecture et qu'Alexander (MZm) n'a que 15/20, Alexander est contraint de mieux faire la prochaine fois, mais Allan lui fait savoir que ça n'a pas d'importance s'il n'y parvient pas. »

Les grands orateurs

Bien que les jumeaux soient souvent de merveilleux compagnons, ils sont encore de bien meilleurs adversaires. Mais est-ce tellement fâcheux ? Il peut être difficile pour les parents d'écouter leurs enfants se disputer, mais nombre de ces joutes verbales permettent de développer leur sens de la négociation. En faisant connaître leur point de vue, ils apprennent à gérer et à résoudre les conflits, ou au moins à engager de grands débats lorsque l'un essaie de convaincre son frère du bien-fondé de son opinion. En résumé, ils apprennent à résoudre les problèmes par eux-mêmes (si les parents peuvent rester en retrait et les laisser dire). Ce sont des compétences sociales que les multiples acquièrent tôt et qui, une fois maîtrisées, leur seront utiles toute leur vie pour négocier avec leurs futurs pairs, partenaires et même collaborateurs.

La course scolaire

D'un parent à l'autre

« Guinevere et Meredith (MZf) sont pratiquement toujours en compétition. Pour Noël, par exemple, nous avons offert à Meredith un livre qui l'enthousiasmait et elle a commencé à raconter l'histoire à Guinevere. Cette dernière se passionnant pour l'histoire ne put attendre que Meredith ait terminé la lecture. Elle a donc emprunté le livre à la bibliothèque de l'école. À mon sens, la compétition est amicale. Il n'existe pas de raillerie ou de vantardise. Je pense que cette situation les a amenées à être plus accomplies et plus ouvertes, car elles sont exposées au double d'événements. »

Dans notre école primaire, nous avons des programmes de lecture libre où les enfants lisent les livres qu'ils souhaitent à leur propre rythme. L'enseignant leur fait alors passer des tests de compréhension au sujet des livres terminés. Ils marquent des points et gagnent des médailles en fonction de leur réussite individuelle. Quand un de mes fils a entendu que son frère était récemment passé au niveau supérieur, il a décidé d'accélérer son rythme de lecture pour le rattraper. Ce qui a débuté comme une nécessité s'est ensuite transformé en passe-temps. Il est maintenant un lecteur aussi vorace que son frère. Ceci est-il si mauvais ?

Qu'ils en soient conscients ou non, de nombreux jumeaux se trouvent en compétition avec leur cojumeau sur le plan scolaire. Si les deux jumeaux sont au même niveau de développement, cette situation leur est bénéfique en incitant chacun à s'efforcer de faire encore mieux.

D'un parent à l'autre

« Lors de leur première année d'étude, Todd et Dan (DZSSm) refusaient de s'unir pour jouer en double au tennis, car ceci leur semblait trop "jumeau". À la place, ils se divisaient pour s'affronter avec un partenaire différent. Ils ont aussi joué en simple pendant un an. Mais au cours de leur dernière année, ils ont finalement réalisé que personne ne les considérerait comme des "petits jumeaux" s'ils jouaient ensemble et ils ont également reconnu qu'ils avaient de bien meilleures chances de gagner en unissant leurs forces ! »

Et ils vécurent heureux

Le fait de comparer vos jumeaux et de les mettre en opposition est pratiquement inévitable (comme vous le savez déjà), mais ceci ne doit pas être préjudiciable à leur relation. Des rapports d'amour et de coopération entre tous les membres de la famille sont possibles si vous gardez pour vous les comparaisons et les commentaires inutiles et potentiellement dangereux. Souvenez-vous et rappelez à vos enfants que tout le monde excelle et rencontre des difficultés dans des domaines différents et à différents moments de l'existence. Et en ce qui concerne les étrangers, n'hésitez pas à intervenir avant que les comparaisons ne parviennent à l'oreille de vos multiples. Souvenez-vous que vous êtes le meilleur avocat pour votre enfant.

6

REPENSER L'ÉGALITÉ ET COMBATTRE LE FAVORITISME

Rappelez-vous les cadeaux d'anniversaire, de Noël que vous avez offerts à vos multiples. Si vous êtes comme la plupart des parents, vous avez probablement donné exactement le même cadeau à chaque jumeau (deux tricycles, par exemple), des jouets complémentaires (qui fonctionnent bien l'un avec l'autre, comme deux jeux de Lego ou deux poupées Barbie vêtues différemment) ou le même cadeau dans des couleurs différentes (une Game Boy rouge et une bleue, par exemple). Nous l'avons tous fait ! En premier lieu, cette stratégie empêchait les querelles entre jumeaux tant que vous choisissiez la bonne couleur. Même si vous saviez que vous ne deviez pas considérer les jumeaux comme identiques, elle vous facilitait la vie et vous évitait les casse-tête. En outre, une petite voix intérieure vous disait que, en n'offrant pas des cadeaux similaires, vous favorisiez un jumeau par rapport à l'autre.

Avec le temps, vos jumeaux commencent certainement à montrer des préférences pour des jouets, des livres et des gadgets différents, ce qui vous oblige chaque année à redoubler d'ingéniosité pour trouver des moyens d'assurer l'équité. Vous calculez peut-être le nombre de cadeaux ainsi que leur coût pour vous assurer de leur équivalence. Pourtant, si votre fils a besoin d'une nouvelle paire de chaussures de gymnastique, vous sentez-vous obligé d'offrir la même paire à son cojumeau ? Si l'un a besoin de temps en privé

D'un parent à l'autre

« Si l'un des jumeaux obtient quelque chose, j'envisage automatiquement une certaine forme de compensation pour l'autre (MZm). En théorie, je comprends qu'il est vraiment important pour eux de savoir que, à certains moments, l'un obtiendra quelque chose que l'autre n'aura pas. C'est l'environnement qui offre ces possibilités. Je trouve difficile de le faire moi-même. Lorsque ces situations se présentent naturellement, je m'abstiens dans la mesure du possible d'intervenir pour redresser la situation. J'essaie néanmoins de compatir. »

avec vous pour partager ses problèmes à l'école, appelez-vous l'autre après coup pour passer une durée égale en tête à tête ? Et qu'en est-il si vous avez des triplés ou des quadruplés ? Le fait d'assurer une parfaite équité peut assurément devenir difficile.

Pourquoi cette réaction ? Vous vous évertuez peut-être à rendre les choses justes parce que vous devriez aimer vos enfants également. Ou vous essayez peut-être, et je dis bien peut-être, de traiter chaque multiple de façon identique afin de vous déculpabiliser pour apprécier la compagnie d'un enfant plus que celle de l'autre. Le favoritisme, bien qu'il existe dans pratiquement toutes les familles à un certain degré (et n'est pas plus répandu dans les familles de multiples), semble être plus flagrant quand il se produit dans une famille avec des jumeaux ou des triplés. C'est une situation qu'il est non seulement difficile d'évoquer, mais encore plus dur d'admettre.

Je veux simplement être juste

Quelle est votre définition de la justice ? Le dictionnaire dit « Sans parti pris, malhonnêteté ou injustice. » Il ne dit pas « Traiter tout le monde d'une façon identique. » Pourtant, en tant que parent aimant, vous souhaitez vous montrer entièrement impartial. Après tout, vous voulez que tous vos enfants, et particulièrement vos multiples, sachent qu'ils sont aimés également. Mais est-ce possible et nécessaire d'aimer également ?

D'un parent à l'autre

« Il est naturel de toujours essayer de se montrer juste. En tant que mère, je suis très sensible à cette question. Maintenant qu'ils sont plus vieux, ils veulent des choses différentes, mais il est toujours difficile pour moi d'offrir un objet à l'un et non à l'autre. À Noël dernier, Ryan (de zygosité inconnue) a dressé une liste des cadeaux qu'il souhaitait recevoir. Christopher n'a pas fait de liste, mais a simplement demandé une nouvelle montre. J'ai fini par offrir à Christopher le même type de choses qu'à Ryan, et je leur ai acheté à tous deux une nouvelle montre. J'ai essayé de résister, mais je n'ai pas pu m'en empêcher. Je ne peux pas supporter l'idée que l'un pense qu'il reçoit moins que son frère. En même temps, nous savons que le monde n'est pas juste et nous luttons pour les aider à comprendre que tout ne sera pas toujours égal entre eux. »

Dans vos rapports quotidiens avec votre famille, vous surveillez-vous constamment afin de vous montrer juste avec tous vos enfants ? Si tel est le cas, vous n'êtes pas le seul. Lorsque mes enfants étaient encore petits, je me souviens qu'un jour nous nous sommes aventurés au supermarché pour les courses hebdomadaires. À la caisse, chaque garçon recevait un ballon de la part de la caissière. Mais en arrivant à la voiture, l'un d'eux l'a laissé s'envoler. Il s'est alors mis à crier et à pleurer de frustration, sa main se tendant vers le ballon rouge et brillant de son frère. Pressée par le temps, je ne pouvais pas retourner au magasin pour aller en chercher un autre. Ma première pensée fut donc de prendre le ballon des mains de l'autre enfant afin d'égaliser la situation. C'est certes une réaction déraisonnable. Pourtant, je souhaitais simplement que les choses soient équitables, même si cela devait provoquer des larmes chez les deux enfants. Fort heureusement, j'ai résisté à la tentation et j'ai donné à la place de nombreux câlins à mon fils en pleurs.

Tous les parents interviewés pour cet ouvrage m'ont confié prendre du recul pour les démonstrations d'amour et d'affection ainsi que pour la distribution de cadeaux à leurs multiples. Certains m'ont même avoué qu'ils prenaient un temps de réflexion supplémentaire dans le domaine du jeu. Une mère m'a raconté que quand l'un de ses enfants avait été accepté dans une école pour élèves surdoués et non l'autre, elle avait secrètement décliné l'offre de peur de créer une rivalité entre eux. Une autre mère m'a relaté une histoire similaire. Le nombre de places était limité pour la fête de l'école et les participants chanceux étaient tirés au sort. Par peur que l'un de ses fils soit choisi et non l'autre, elle a convaincu les enseignants d'inscrire les prénoms de ses deux garçons ensemble sur une feuille de papier.

Je suis sûre que vous avez également des histoires de ce style. Vous vous êtes peut-être déjà senti coupable en jouant dans le salon avec un jumeau. L'autre, ayant été témoin du divertissement a réclamé une part égale de votre temps, mais vous deviez préparer le dîner ou partir pour le travail. La culpabilité vous a envahi lorsque, pendant que vous vous éloigniez, le cojumeau protestait « Ce n'est pas juste ! » Il vous est peut-être également arrivé d'inviter un enfant à apprécier une chanson ou la lecture d'un livre qu'il aime particulièrement, alors qu'au fond de vous, vous vous sentiez coupable de ne pas inclure l'autre.

Les parents de multiples semblent toujours mesurer leurs actions, s'assurant que tous les frères et sœurs reçoivent des quantités égales d'amour, d'attention et même de dessert. C'est comme si chaque mère avait en elle un système de graduation, mesurant tout mouvement et notant ce qu'elle donne à chaque jumeau.

Pourquoi le faisons-nous et pourquoi devons-nous arrêter ?

La plupart des jumeaux d'âge scolaire réclament que leurs parents les traitent équitablement, ce qui, à leurs yeux, signifie souvent identiquement. « S'il a une nouvelle paire de bottes en cuir, j'en veux une également ! » Ne souhaitant pas afficher de préférence, les parents essaient de la lui offrir. Ils donnent souvent au cojumeau exactement ce que l'autre possède, qu'il en ait besoin ou non. Si votre fille insiste pour rester debout jusqu'à dix heures comme son cojumeau alors qu'elle a participé la veille à une soirée pyjama et qu'elle est épuisée, il est probable que vous lui cédiez, même si ce n'est pas le mieux pour elle.

D'un parent à l'autre

« Assez tôt, nous avions inculqué aux filles l'idée que nous n'achetions pas des affaires sans raison dans notre foyer. Sheila (DZSSf) remarquait toujours des "injustices" et en parlait alors que Ginny était assez silencieuse sur ce sujet. Et un jour, nous avons retrouvé Ginny en pleurs dans sa chambre. Quand nous lui avons demandé ce qui n'allait pas, elle nous a exposé tout ce qui l'ennuyait, dont le fait que j'avais acheté une paire de jeans à Sheila et non à elle. Je l'ai réconfortée et embrassée. Je lui ai ensuite dit que je l'aimais mais qu'elle n'avait pas besoin d'une nouvelle paire de jeans. »

Pourtant, les experts en éducation s'accordent pour dire qu'il est injuste d'essayer de traiter chaque multiple exactement de la même façon. Quelle que soit leur ressemblance, ce sont des personnes uniques avec des besoins différents. Lorsque vous traitez vos multiples identiquement, vous reniez leur individualité. Il n'est jamais réellement possible de traiter tous vos enfants exactement de la même façon, et vous ne devez pas essayer. Les jumeaux forment une paire intelligente. Si vous doutez de vos compétences parentales et cédez à leurs exigences (« Il a une nouvelle paire de jeans, je dois donc également en avoir une ! »), ils réalisent vite qu'en s'unissant, ils ont beaucoup de pouvoir dans votre foyer. Un chercheur a remarqué que si des jumeaux de sexe opposé étaient constamment traités de façon identique, en se voyant toujours offrir la même chose en termes d'attention et de possessions, les parents risquent en fait de les considérer comme une paire unisexe, les privant de leur sexualité inhérente. Que vous considériez ou non ce point de vue comme exagéré, l'idée principale sonne juste. Vous ne devez pas automatiser les réponses à vos jumeaux. Tous les enfants doivent être traités uniquement en fonction de leurs besoins. C'est le sens véritable de la justice.

En outre, vous ne rendez aucunement service à vos multiples en les préservant de toute injustice. En grandissant et en quittant le cocon familial, ils réaliseront vite que le monde est injuste. En avançant dans leur scolarité, il est probable que l'un reçoive une récompense pour une réussite particulière, laissant l'autre se lamenter « Ce n'est pas juste ! J'aurais dû en obtenir une moi aussi ! » Que ferez-vous ? Vous insisterez pour que celui qui est privé de récompense en obtienne une lui aussi ? Ou pire, vous ne laisserez pas l'enfant victorieux recevoir sa récompense ? Votre responsabilité en tant que parent est de gentiment expliquer comment fonctionne le monde et de laisser celui qui n'a pas reçu la récompense exprimer ses sentiments de frustration.

Il est parfaitement normal qu'un jumeau se sente à la fois jaloux et heureux lorsque son cojumeau réussit quelque part où il a échoué, mais il est important pour l'enfant perdant de féliciter son cojumeau. Ce geste contribue à l'unité familiale. Des sentiments de jalousie et de bonheur peuvent sembler contradictoires, mais ils sont parfaitement normaux et doivent être reconnus comme tels. Rappelez au jumeau perdant qu'il existera toujours des différences entre eux, et ceci dans pratiquement chaque aspect de leur vie – sur le plan social, scolaire et physique. Aidez-le à comprendre que cet échec n'est pas éternel. Il aura de nombreuses autres opportunités de réussite. Au lieu de protéger les multiples des déceptions inévitables, les parents, les membres de la famille et même les enseignants doivent les aider à comprendre et à accepter l'échec comme faisant partie de la vie.

Ce que les parents peuvent faire

Tout parent souhaite montrer à ses enfants qu'il les aime pleinement et équitablement. Il n'est cependant pas nécessaire d'offrir à chaque enfant des quantités égales de tout. Voici quelques idées pour combattre la fièvre de l'équité.

- Pensez en termes d'unicité. Vous ne devez pas aimer vos enfants également, mais d'une façon unique. Chaque enfant a quelque chose de particulier à offrir et, en conséquence, possède des talents et une personnalité individuels. En vous attachant à aimer ses qualités, vous rendez chaque enfant exceptionnel.
- Ne minimisez ou n'ignorez jamais la réussite d'un jumeau afin de ménager les sentiments de l'autre. Les parents ne

doivent pas minorer (« Ne t'en fais pas autant pour la réussite de ton frère. C'était juste une épreuve locale ») ou même nier le succès d'un jumeau, tel que l'accès à une bourse d'études, simplement parce que son cojumeau a échoué. En outre, les parents doivent réfléchir à deux fois avant d'offrir une récompense (telle qu'un nouveau vélo) aux deux jumeaux pour atteindre le même type d'objectif, qu'il soit scolaire, sportif ou même social. Que se passe-t-il si un seul enfant atteint ce but ? Quel message envoie-t-il au jumeau qui ne peut pas relever le défi ?

- Apprenez à vos enfants à se montrer bons perdants. Encouragez-les à se féliciter mutuellement, quels que soient leurs sentiments négatifs. Rappelez à chaque enfant que ce n'est pas seulement une compétition entre eux deux. Félicitez-les quand ils se complimentent.
- À cause de leur développement et de leur environnement partagé, les multiples ont besoin d'aide supplémentaire pour gérer les sentiments de jalousie et de colère qui surgissent quand l'un reçoit ou gagne quelque chose que l'autre n'a pas. Les parents, les enseignants et même les entraîneurs doivent tous être conscients de la complexité de la relation entre multiples. Ils ne doivent pas faire des efforts supplémentaires pour égaliser la situation, mais plutôt pour aider le jumeau déçu à gérer ses sentiments d'échec.

D'un parent à l'autre

« Je donnais toujours à Ande et à A.J. (DZOS) la même quantité de tout – de nourriture, de chemises, de shorts, de chaussures. Si l'un souhaitait un jouet, je devais en acheter un pour l'autre également. Pourtant, je découvre que c'est plus mon problème que le leur. Ceci ne semble avoir aucune importance pour eux maintenant qu'ils ont leur propre argent. Je m'en suis tenue à cette règle de conduite, car je ne voulais pas laisser penser que je favorisais l'un par rapport à l'autre. Je m'améliore maintenant en réalisant qu'ils ont des souhaits et des besoins différents. »

Comprendre le favoritisme

Le favoritisme – préférer la compagnie d'un enfant à celle des autres – est présent à un certain degré dans pratiquement toutes les familles. Dans les familles saines, cependant, un enfant n'est jamais le favori permanent. Chaque enfant est préféré pour des qualités différentes ou à différents moments de la vie. En outre, la majorité des parents reconnaissent leurs préférences et font des efforts conscients pour équilibrer toutes les relations.

De façon intéressante, les études indiquent que le favoritisme est moindre dans les grandes familles, car les parents doivent alors prodiguer de l'amour à trop de monde. Leur progéniture forme souvent une équipe travaillant ensemble vers un objectif commun. En outre, les enfants de grandes familles se lient souvent avec un frère ou une sœur, qui devient un camarade de jeux et un compagnon constant, compensant ainsi les jours où maman et papa doivent consacrer plus de temps et d'attention à un enfant particulier.

D'un parent à l'autre

« J'ai fait preuve de favoritisme, mais je pense que c'est dû au fait d'avoir plus de points en commun avec l'enfant préféré. Je me sentais coupable de ne pas passer suffisamment de temps avec l'autre jumelle (DZSSf) et j'essayais de placer plus d'efforts dans cette relation. En outre, dans la paire la plus jeune (DZSSf), une jumelle est plus sensible que l'autre et j'ai tendance à me rapprocher d'elle. Mais dans le même temps, je reconnais que l'autre jumelle peut faire des siennes juste pour obtenir mon attention. J'essaie donc également de satisfaire ses besoins. »

Dans les familles avec des enfants issus d'une grossesse unique, la question du favoritisme n'est pas aussi perceptible, car les parents peuvent facilement justifier leurs préférences : « Elle est ma petite fille. Même ses frères aînés l'adorent » ou « Il est le plus vieux et le plus fiable de tous mes enfants. » Pourtant, dans les familles avec des jumeaux, et particulièrement dans celles où les jumeaux sont les seuls enfants, une préférence de l'un sur l'autre est plus voyante.

Bien que l'attachement ne soit pas nécessairement excessif, la culpabilité associée à la préférence de l'un sur l'autre peut être préjudiciable à la famille. S'il n'est pas traité d'une manière saine, le favoritisme peut devenir insidieux et durable.

De quelle façon commence-t-il ?

De nombreuses explications existent quant au développement du favoritisme dans les familles, et ceci particulièrement dans celles avec des multiples où l'expérience de la mère est très différente de celle d'une mère avec des enfants issus d'une grossesse unique. Par exemple, une mère ayant juste donné naissance à des jumeaux peut préférer le bébé le plus lourd, même si son cojumeau est d'un poids normal. Certains émettent l'hypothèse que le bébé le plus petit est la manifestation des anxiétés prénatales de la mère. Elle s'est inquiétée pendant des mois quant à une éventuelle insuffisance de poids pour ses bébés et, à présent, elle se trouve confrontée à ce qu'elle avait redouté. L'un d'eux est plus petit. D'autre part, certaines mères préfèrent le bébé le plus facile, qui s'agite le moins, dort le plus profondément ou tète le plus goulûment. Lorsque les multiples sont très jeunes, il arrive souvent qu'un parent semble avoir un meilleur savoir-faire avec un enfant qu'avec l'autre. Papa parvient mieux que maman à faire cesser les pleurs du petit Johnny. Mais ce qui débute comme une simple commodité (« Prends-le s'il te plaît, il pleure encore ») peut se transformer en un phénomène de longue durée, dépassant largement la période des pleurs. Il existe même un troisième scénario : puisque papa doit pratiquement toujours apporter sa contribution et partager les responsabilités du changement des couches et des repas, chaque parent risque de se charger d'un bébé en particulier. Ce qui est un détail pratique innocent peut quelquefois se transformer en une préférence à vie. Il est le « bébé de maman » et elle est le « bébé de papa ».

Une autre étude a découvert que de nombreux parents avaient une préférence marquée pour le jumeau ayant quitté l'hôpital en premier. Sur 166 couples de jumeaux suivis dans le cadre de cette étude,

35 paires avaient quitté l'hôpital à des moments différents, alors que les 131 paires restantes étaient sorties le même jour. Les mères ont alors été interrogées à propos de leurs sentiments concernant chaque jumeau. Les jumeaux ayant quitté l'hôpital ensemble étaient considérés de la même façon par leurs mères, contrairement à ceux qui étaient sortis à des moments différents. L'enfant qui avait quitté l'hôpital en premier était mieux considéré que le cojumeau. L'étude indiquait en outre que plus l'enfant était resté longtemps dans une unité néonatale de soins intensifs, plus il était perçu négativement par sa mère. Même s'il était en parfaite santé, il nécessitait aux yeux de sa mère plus d'attention et était plus difficile à gérer que son cojumeau.

Il est aisé de comprendre comment ce type de préférence se met en place. Maman est à la maison soignant et créant un lien avec son nouveau bébé pendant que son cojumeau se trouve toujours en soins intensifs. Une routine s'installe avec le bébé à la maison et la mère peut trouver difficile de revenir à l'hôpital quotidiennement pour voir son autre enfant. Psychologiquement épuisée, elle risque de se montrer inconsciemment réticente à recommencer le processus de liaison lorsque le cojumeau est enfin autorisé à sortir. Bien que ces réactions soient normales, de nombreuses mères (et pères) masquent ces sentiments négatifs. Sans soutien et réconfort, ces préférences risquent de se poursuivre jusqu'à l'âge adulte. Les implications de cette étude sont très importantes dans la mesure où elles mettent en évidence le besoin de reconsidérer la question du départ de l'hôpital à différents moments pour les multiples. Pour le moins, les hôpitaux peuvent offrir des conseils aux parents de multiples nés prématurément et nécessitant un séjour de longue durée en soins intensifs.

Le favoritisme est quelquefois lié aux rôles que les enfants assument dans la famille. Par exemple, si un enfant traverse une phase maladroite, renversant son lait sur la table du dîner ou faisant accidentellement tomber les pots en vous aidant à ranger les courses, il est possible qu'il soit automatiquement et injustement accusé lorsque quelque chose se passe mal à la maison. Il peut alors faire preuve de rancœur et même commencer à mentir quand il a vraiment cassé ou renversé quelque chose. Le cojumeau, à son tour, peut se sentir coupable pour laisser

D'un parent à l'autre

« J'avais tendance à favoriser mon fils (DZOSm) parce qu'il était beaucoup plus facile et c'était toujours un plaisir de se trouver avec lui. Je prenais soin de ma fille (DZOSf) et je l'aimais, mais j'étais toujours en proie à une lutte intérieure. Je savais que je ne pouvais pas changer sa personnalité. Je devais donc prendre sur moi pour l'aider à grandir comme elle était. J'avais tendance à penser que ma fille n'aurait jamais dû être une jumelle, car elle avait besoin de trop d'attention. Si je lui tapotais l'épaule une fois alors que je tapotais deux fois celle de son frère, elle le remarquait. Si je servais son frère deux fois de suite en premier, j'en entendais parler. Elle me le faisait toujours remarquer. En fait, je suis sûre que c'est comme cela qu'elle a appris à compter. »

son frère se faire réprimander et tenter de se montrer exemplaire pour contrebalancer la situation. Un schéma émerge alors. Le jumeau apparemment maladroit endosse ce rôle, maman et papa le renforcent, puis le cojumeau se transforme en « bon jumeau » pour contrebalancer le rôle de son frère. Et, avant que vous ne vous en rendiez compte, un sentiment de partialité émerge.

Enfin, il peut arriver qu'une préférence parentale ait un lien avec le type de gémellité. Lorsque des jumeaux fraternels sont de caractère et d'apparence différents et qu'ils sont les seuls enfants de la famille, il se peut que chaque parent s'identifie à l'un d'eux. Le maman peut être attirée par le jumeau qui lui rappelle le plus sa famille alors que le père peut se rapprocher de l'enfant dont le tempérament ou les intérêts sont plus en accord avec les siens. Ce qui commence comme un partage innocent d'intérêts ou de goûts peut se transformer en une préférence forte et peut-être malsaine de la part de chaque parent.

Les conséquences du favoritisme

Il faut comprendre qu'à un moment ou à un autre, les parents font toujours preuve d'un certain favoritisme envers un enfant, et ce même dans les familles composées uniquement d'enfants issus d'une grossesse unique. Que ce soit à cause du tempérament de l'enfant ou de ses intérêts – sport, musique, art, sciences, mode –, les parents préfèrent naturellement passer plus de temps avec lui. Ce phénomène ne pose pas de problème tant qu'il ne nuit pas aux frères et sœurs. Cependant, une identification trop forte à un enfant n'est jamais bonne car elle risque de brouiller la ligne de démarcation entre le parent et l'enfant, fusionnant lentement les rôles. Que se passerait-il en cas de divorce ou de décès laissant l'enfant non favori en exil sur le plan émotionnel ?

Le favoritisme a également un effet intéressant sur certains jumeaux. Les jumeaux identiques (MZ) ayant un fort lien entre eux, ils évitent souvent à tout prix les rivalités. C'est pourquoi certains accentuent autant que possible leur ressemblance. Ils pensent que s'ils sont identiques, ils recevront les mêmes cadeaux, le même amour et la même attention. Il arrive également qu'ils se lient plus fortement à un parent différent, puis qu'ils endossent le rôle de ce parent dans le contexte de leur relation. Ce comportement est quelquefois évident chez les jeunes jumeaux, où l'un materne l'autre ou se pose en protecteur.

Lorsque le papa ou la maman affiche une préférence pour un enfant, la dynamique familiale se déséquilibre, ce qui risque de mener à un sentiment d'insécurité chez les multiples. Dans une situation telle que celle-ci, les jumeaux sont nombreux à ne pas vouloir se séparer l'un de l'autre, ce qui hypothèque par la suite leur sens de l'individualité. L'enfant non favori peut redouter de passer du temps en tête à tête seul avec le parent, sachant ou sentant qu'il n'existe pas d'atomes crochus entre eux. Il ne s'aventure alors auprès de papa ou de maman qu'en la présence de son cojumeau, qui joue le rôle de filet de sécurité. Sentant ce qui se produit, le cojumeau favori compatit en protégeant son frère.

Il peut arriver qu'un jumeau non favori se désengage émotionnellement de la relation afin d'éviter une rivalité, ou développe une dépendance malsaine par rapport à son cojumeau pour se rapprocher de ses parents. Il pense que s'il s'accroche au cojumeau favori, il est sûr de recevoir également de l'amour et de l'attention, même si ce n'est que par procuration. Cette relation toxique peut perdurer tout au long de leur vie, leur gémellité se développant sur un double niveau assez paradoxal – une rivalité féroce empreinte toutefois d'une franche camaraderie.

En tant que parent, la préférence d'un enfant sur l'autre est un sentiment inconfortable. En réaction, les parents peuvent essayer de surcompenser en passant plus de choses au jumeau qui n'est pas le favori à la maison et en public, en lui permettant de transgresser plus souvent les règles familiales. Mais au lieu d'atténuer la culpabilité, ce comportement intensifie les sentiments négatifs. C'est un cercle vicieux. L'enfant non favori constate que maman se laisse facilement faire et continue à mal se comporter, ce qui renforce son préjudice initial. En revanche, si un parent reste ferme en ce qui concerne les règles de base, l'enfant apprend que son comportement négatif ne le mène nulle part. Il finira pas se conformer aux règles établies et il est fort probable que ses actions positives recevront également un écho plus favorable.

Favoritisme et adolescence

La plupart des études empiriques du passé se sont penchées sur les effets du favoritisme chez les jeunes multiples. Mais que se passe-t-il lorsque ces enfants grandissent ? De nombreuses études actuelles s'attaquent à cette question. Une étude de grande envergure a analysé les différences de traitement envers les enfants d'une famille et leurs effets sur l'attachement des enfants à leur mère ou à leur père. Bien que confidentiels, des questionnaires standardisés ont permis d'évaluer l'affection parentale ainsi que l'anxiété et l'estime personnelle de 174 jumeaux afin de déterminer s'il existait une relation de cause à effet entre le traitement parental perçu et ce qui était rapporté par l'enfant. Les résultats ont montré que, dans les familles où les enfants percevaient un traitement parental différent, l'enfant non favori souffrait d'insécurité d'attachement, d'anxiété et d'une dégradation de l'estime personnelle.

En outre, d'autres études indiquent que le favoritisme parental perçu peut être dommageable pour les relations entre frères et sœurs à l'âge de l'adolescence – à la fois pour l'enfant préféré et pour celui qui n'est pas favori. D'un côté, l'enfant non favori ressent de l'hostilité, de la jalousie et entretient des rapports conflictuels avec un cojumeau qui est moins soumis à la discipline parentale et obtient plus de soutien positif. De l'autre, l'enfant favori peut ressentir une énorme culpabilité ou penser qu'il a un grand intérêt à maintenir son statut d'enfant aimable, ce qui entraîne un niveau d'anxiété élevé. Les deux enfants étaient plus agressifs physiquement et verbalement en matière de résolution des conflits et avaient une opinion plus négative de leurs parents que ceux de familles où le favoritisme était inexistant. Le résultat est souvent une relation déséquilibrée et perturbée qui risque de perdurer jusqu'à la vie adulte.

Une autre étude très récente confirme que la préférence parentale continuerait à avoir un impact sur la santé mentale des jeunes adultes. Les chercheurs ont constaté que des jumeaux de vingt-deux à trente ans ayant été aussi proches l'un que l'autre de leurs parents durant l'enfance présentaient moins de signes de dépression et de nervosité que ceux qui se sont sentis défavorisés.

Ce que les parents peuvent faire

D'un parent à l'autre

« Bien qu'il soit très difficile de l'admettre, je pensais que l'un de mes enfants (MZm) m'aimait plus que l'autre, ce qui m'a poussé à lui accorder ma préférence. À présent, je pense que l'autre avait simplement plus de difficultés à exprimer ses sentiments. Depuis qu'il a quitté l'université, il parvient mieux à s'exprimer, ce qui nous permet de manifester pleinement notre amour l'un envers l'autre. »

Si vous vous sentez plus attiré par un jumeau que par l'autre, il vous faut comprendre que c'est une émotion normale. Ne culpabilisez pas ! L'astuce, cependant, consiste à ne pas montrer de tels sentiments au jumeau qui n'est pas votre favori afin qu'il ne se sente pas rejeté. Vous devez également essayer de tisser une relation avec cet enfant. Acceptez le favoritisme dont vous faites preuve et dites-vous que vous n'êtes pas un mauvais parent pour autant. Sachez également que le favoritisme pour un enfant n'est pas figé. Nous grandissons et nous mûrissons tous.

L'élimination du favoritisme de votre foyer n'est pas seulement dans l'intérêt du lien parent-enfant, mais elle a également un impact positif sur la relation intragémellaire. En conservant ceci à l'esprit, vous pouvez maintenant agir pour rétablir l'équilibre entre vos enfants.

- Souvenez-vous que vous êtes l'adulte. Vous êtes celui qui doit changer. Essayez de définir ce que vous trouvez difficile chez cet enfant et pourquoi, puis travaillez à partir de ce point. Évitez toute réaction inconsidérée face à son comportement. Attendez un moment avant de répondre. Le simple fait d'agir avec plus d'amour envers l'enfant non favori permettra d'enclencher des sentiments plus positifs. Essayez consciemment de vous rendre plus disponible – à la fois physiquement et psychiquement – pour l'enfant qui n'est pas votre préféré.
- Passez plus de temps en tête à tête avec l'enfant qui n'est pas votre préféré soit en organisant une sortie, soit en faisant des projets simples ensemble tels que préparer le petit-déjeuner, lire une histoire, jouer aux cartes ou à un jeu de société.
- Accédez à l'univers de votre enfant en vous intéressant à sa vie. Posez-lui des questions au sujet de ses hobbies, de ses rêves pour l'avenir et de ses matières favorites à l'école, puis essayez de trouver un terrain d'entente. Montrez votre intérêt en assistant à ses tournois de baseball ou à ses compétitions de gymnastique.
- Personne n'est totalement bon ou totalement mauvais. Concentrez-vous sur les qualités que vous aimez ou que vous admirez chez l'enfant qui n'est pas votre favori et essayez d'ignorer ses défauts. Souvenez-vous que l'équilibre est la clé d'un bon fonctionnement familial.
- Les problèmes de discipline doivent être traités en tête à tête. Ne permettez jamais à l'enfant favori de se comporter comme un parent de substitution, de donner son opinion ou de prendre parti contre son cojumeau lors d'un désaccord parent-enfant.
- Ne vous laissez pas aller à la culpabilité en détournant votre regard lorsque le jumeau qui n'est pas votre favori fait quelque chose de répréhensible. La discipline pour cet enfant doit suivre

également les règles familiales. À la place, acceptez la préférence comme faisant partie de la vie (au moins pour le moment) et attachez-vous à assumer correctement votre rôle de parent.

- Autorisez vos enfants à parler librement afin de mieux identifier le favoritisme, ou essayez de ne pas rester sur votre défensive si votre femme essaie de vous signaler une telle attitude. À la place, souvenez-vous que les sentiments de favoritisme sont courants et essayez de prendre conscience de vos actes envers l'enfant qui n'est pas votre préféré.

D'un parent à l'autre

« Ma mère était la cadette de treize enfants et ma grand-mère avait quarante-quatre petits-enfants, mais lorsque vous vous trouviez avec elle, elle pouvait vous donner l'impression que vous étiez unique. Et j'ai adopté la même attitude avec mes enfants. Ils (DZSSm) disent quelquefois "Tu préfères Rob [leur frère aîné issu d'une grossesse unique]." Dans ce cas, je réponds "Non, je l'aime différemment. J'aime chacun de vous différemment parce que vous avez tous une caractéristique qui vous rend uniques." Je ne peux pas dire que j'aime un enfant plus que les autres. Je les aime simplement de façon différente. »

Lorsque grand-mère a un favori

Il est possible que vous n'ayez pas de favori, mais que ce soit le cas d'un membre de votre famille. Bien que vous essayiez d'étouffer ce phénomène, grand-mère ou grand-père continue à prêter une attention particulière à l'un de vos multiples. Il accorde peut-être plus de temps et d'attention à son premier petit-enfant dans la famille, vos multiples se retrouvant sur la touche. Dans le cas de familles de cultures différentes, certains grands-parents sont attirés par l'enfant (ou les enfants) qui se rapproche le plus de leur héritage ou de leur ethnicité. Vous êtes peut-être aussi remarié et vos nouveaux beaux-parents ont des difficultés à considérer vos jumeaux comme faisant partie de la famille. Vous êtes blessé en voyant l'attention qu'ils peuvent prêter à leur « chouchou » aux dépens de vos autres enfants, mais devez-vous dire quelque chose ?

Avant d'intervenir (et peut-être de perdre quelques plumes dans le processus), posez-vous quelques questions : qu'est-ce qui vous fait penser exactement que les grands-parents favorisent plus un enfant que l'autre ? Peut-être complimentent-ils simplement un jumeau pour une récompense ou une bonne note que lui seul a obtenue ? Assurez-vous qu'il ne s'agit pas uniquement d'une reconnaissance pour un travail bien fait.

Si le favoritisme est flagrant et constant, intervenez par tous les moyens. Trouvez un moment où il vous sera possible d'avoir une conversation en tête à tête et à cœur ouvert. Indiquez de quelle façon, selon vous, le parti pris se manifeste et proposez des solutions pour changer la situation (branchez-les sur les intérêts de l'enfant qui n'est pas leur favori, par exemple).

Si les grands-parents couvrent un enfant de cadeaux et d'argent, mais pas l'autre, expliquez que dans l'avenir ce sera tout ou rien. Soit ils répartissent les cadeaux et l'argent équitablement entre les deux, soit ils ne donnent rien du tout.

Si le traitement préférentiel continue y compris après avoir exprimé vos sentiments (il est même possible qu'ils nient), vous êtes parfaitement en droit de prendre les dispositions qui s'imposent pour protéger vos enfants, même si ceci implique de rester à l'écart. Lorsque la partie adverse vous demande pourquoi vous ne venez plus, expliquez-vous de façon franche et directe.

Tout est équitable, ce n'est pas juste

Bien que le favoritisme et la justice semblent aux extrêmes opposés de la corde, ils ont beaucoup de points en commun. Les familles fonctionnant bien sont celles qui donnent de l'amour et de l'attention à tous les membres du clan, valorisent chaque enfant pour ce qu'il est, tout en conservant les achats du type chaussures et jeans uniquement sur une base de nécessité. Mais ne fermez pas les yeux sur ces moments où vous accordez trop de temps et offrez trop de choses à un enfant qui n'en a pas besoin alors que vous ignorez celui qui en a besoin. C'est uniquement en reconnaissant vos sentiments de favoritisme que vous les accepterez et que vous finirez par en venir à bout.

7

À L'ÂGE DE LA PUBERTÉ : LES MULTIPLES À L'ADOLESCENCE

Vous souvenez-vous de votre adolescence ? Si vous êtes comme la plupart des adultes, vous aimeriez probablement retrouver cette énergie inépuisable ainsi qu'un corps tendu, le sentiment de camaraderie des amis de même sexe et l'excitation du premier rendez-vous avec un petit ami. Mais il est fort probable que vous ne souhaitiez pas revivre les sentiments de colère et d'insécurité qui accompagnent également cette étape de la vie.

L'adolescence est une période de grands bouleversements physiologiques, cognitifs et sociaux. Les adolescents se réjouissent souvent d'une évolution de leur identité. Ils se débarrassent du rôle d'enfant et recherchent une confirmation de leur statut de grande personne en eux-mêmes et chez leurs pairs. Ils s'habillent différemment, expérimentent quelquefois des styles de coiffures extrêmes (pas de cheveux violets, s'il vous plaît) et certains prennent même de gros risques avec la drogue et l'alcool ou en enfreignant la loi. Ils testent les limites (pour ne pas dire la patience) des enseignants, des parents, des frères et sœurs et même de leurs propres amis. Mais le fait d'être un adolescent multiple est-il différent d'être un adolescent issu d'une grossesse unique ? À un certain degré, la réponse est oui. Est-ce plus difficile ? Probablement pas, disent les experts. En fait, la recherche menée à ce sujet ainsi que les histoires anecdotiques des jumeaux eux-mêmes confirment que les avantages compensent largement les inconvénients.

Les avantages d'être un multiple à l'âge de l'adolescence

La période de l'adolescence est sans aucun doute difficile pour tous les enfants. Pression des pairs, besoin de se distinguer mais également de se fondre dans la masse, hormones déchaînées causant des ravages dans l'esprit et le corps. C'est un miracle que nous y survivions ! De nombreux parents interrogés ont décrit l'adolescence de leurs multiples comme une période d'amour associée à un brin de jalousie. De façon surprenante, tout le monde a parfaitement survécu. Même si les jumeaux rencontrent des obstacles supplémentaires (sur lesquels nous reviendrons dans un moment) en traversant les années orageuses de la préadolescence et de l'adolescence, l'état de multiple présente certains avantages non négligeables.

Par exemple, en tant qu'adolescent assisteriez-vous à une fête populaire seul ? En aucune façon. Vous appelleriez tous vos amis pour savoir si l'un d'eux veut venir avec vous. Pour les multiples, cependant, des situations sociales nouvelles sont moins angoissantes, car ils les vivent souvent ensemble. Le confort d'être à deux ou même à trois – que ce soit pour aller au café ou au match de football du vendredi soir – semble préférable au sort d'un enfant issu d'une grossesse unique qui doit braver quotidiennement le tourbillon social seul. (Bien sûr, de nombreux jumeaux adolescents préfèrent sortir en compagnie de leurs propres amis plutôt qu'avec leur cojumeau, mais d'autres comptent toujours leur cojumeau comme leur meilleur ami.)

La recherche a également montré que les jumeaux adolescents, qu'ils soient de sexe masculin ou féminin, restaient plus proches de leurs parents que les enfants issus d'une grossesse unique et qu'ils avaient souvent plus de difficulté à se démarquer des valeurs parentales, particulièrement si elles avaient été renforcées par un cojumeau tout au long de l'enfance. En d'autres termes, s'opposer à ce que disent papa et maman revient également à s'opposer l'un à l'autre, ce que refusent la plupart des multiples. Deux grandes études finlandaises ont constaté que les jumeaux étaient moins consommateurs d'alcool et de cigarettes que leurs homologues uniques. Les chercheurs, qui ont suivi 284 jumeaux depuis la grossesse jusqu'à la fin de l'adolescence, en ont conclu que le lien gémellaire offrait le soutien dont ces enfants avaient besoin pour dire « non » à un comportement à risque. Il est plus facile pour les multiples, un groupe de pairs se suffisant à lui-même, de rejeter les valeurs douteuses de la société environnante. En outre, les jumeaux de cette étude se sont montrés plus actifs physiquement que leurs homologues uniques, pratiquant plus souvent divers sports. Cela étant dit, quels sont les inconvénients du statut de jumeaux ?

Nous sommes dans le même bateau

Revenons une minute à vos propres années d'adolescence. Si vous étiez comme moi, vous passiez probablement des heures à jacasser au téléphone en vous cachant dans les toilettes afin que votre mère ne puisse entendre la conversation. Vous échangiez avec un ami proche vos impressions sur ce qui se passait à l'école : qui a vu embrasser qui pendant l'intercours, et ainsi de suite à n'en plus finir. Tout adolescent a besoin de quelqu'un avec qui parler, à qui confier ses secrets, qu'ils soient gros ou petits. Lorsque vous êtes un multiple se développant simultanément avec un frère du même âge, vous avez quelqu'un qui vous prend au sérieux et comprend ce que vous traversez. Alors que les enfants issus d'une grossesse unique se tournent vers un ami proche pour ce type de soutien, cette relation spéciale est déjà existante chez les jumeaux. La puissance d'un lien gémellaire aide à apaiser de nombreuses souffrances d'adolescence. Ce point positif prévaut sur tous les autres problèmes posés par le fait d'être un jumeau adolescent.

Le facteur popularité

De nombreux jumeaux sont de grands amis et prennent plaisir à se trouver ensemble. Leur cercle d'amis est généralement plus large que celui d'un enfant unique, car ils partagent de nombreuses connaissances de leurs classes respectives. C'est peut-être cette force de camaraderie qui attire les autres. En fait, les études révèlent que, au stade de la préadolescence, le statut de jumeau renforce la popularité. Dans une étude menée sur une durée de cinq ans, plus de 1 874 camarades de classe jumeaux et non-jumeaux âgés de onze et douze ans devaient utiliser la « technique de désignation par les pairs » pour décider qui dans leur classe affichait un comportement socialement actif – bonnes qualités de leader, ouverture et popularité, comportement docile et capacité à contrôler ses émotions. Les résultats ? Les jumeaux ont devancé les enfants uniques. Les jumeaux de sexe opposé, en particulier, faisaient preuve d'un comportement plus actif socialement que les enfants issus d'une grossesse unique.

Bien que nous ayons vu au Chapitre 2 que les jeunes jumeaux étaient plus en proie à des inhibitions sociales et étaient moins disposés à jouer avec des pairs non familiers que les jeunes enfants issus d'une grossesse unique, les chercheurs pensent qu'aux environs de douze ans les jumeaux ont généralement gagné une certaine aisance sociale, ce qui est peut-être dû à leur lien avec leur cojumeau. Ils ont eu tout le temps nécessaire pour exercer leurs compétences sociales, car ils ont été constamment exposés à un pair du même âge, leur cojumeau. Ils ont appris à utiliser avec succès ce lien intragémellaire pour enrichir leurs expériences sociales à l'extérieur du foyer.

Alors que les jumeaux adolescents ont tendance à être plus à l'aise socialement que leurs homologues issus d'une grossesse unique, une étude menée sur des jumeaux de neuf à dix-sept ans a indiqué que les relations entre les multiples et leurs amis étaient moins intimes que celles entre deux enfants uniques. Il est possible que la forte relation intragémellaire empêche certains multiples de développer une amitié forte avec quelqu'un du monde extérieur. Pour de nombreux jumeaux, leur principal ami est toujours leur cojumeau.

Les difficultés d'être un multiple à l'âge de l'adolescence

Comme tous les jeunes adolescents, les multiples prennent de l'autonomie vis-à-vis de leurs parents. (Certains parlent de l'adolescence comme d'une deuxième séparation.) Mais contrairement à leurs amis issus d'une grossesse unique, les multiples doivent gérer une composante supplémentaire. Ils essaient également de prendre de l'autonomie face à leur cojumeau. Durant leur petite enfance, la plupart des multiples ont fait équipe ensemble, mais l'adolescence est une période de recherche d'une nouvelle identité et de l'affranchissement des étiquettes de l'enfance. Pour un jumeau, l'univers extérieur s'élargit de jour en jour. Pour de nombreux multiples, cependant, l'idée d'abandonner le « nous » pour passer au « je » est troublante et même quelquefois effrayante. Pour compliquer encore les choses, les jumeaux adolescents considèrent souvent l'image que leur renvoient leurs cojumeaux comme une mesure de leur valeur personnelle. Et il peut arriver qu'ils n'apprécient pas ce qu'ils voient. (« Si tu échoues ou si ton apparence n'est pas agréable, c'est alors la même chose pour moi. ») De nombreux multiples pensent que leur cojumeau est une image d'eux-mêmes qui condamne systématiquement leur réussite, leur statut social et même leur sexualité émergente. Il n'est pas étonnant que l'adolescence soit également une période où les multiples oscillent entre l'acceptation et le refus de la relation gémellaire. Aujourd'hui, j'ai besoin de toi, mais pas demain. Le problème est que ces besoins sont souvent désynchronisés. Lorsque le jumeau A souhaite sortir avec son cojumeau, le jumeau B préférerait rester seul avec son pote du cours de sciences. Le mois suivant, les rôles seront inversés. Le jumeau B souhaitera vraiment passer du temps avec son frère, mais le jumeau A viendra de demander à la jolie fille du cours d'anglais de sortir avec lui. Ce sont ces tiraillements qui peuvent quelquefois créer des tensions au sein de la relation.

Indépendance émergente et autonomie en développement

La plupart des cultures valorisent l'indépendance. Les parents élèvent leurs enfants dans l'objectif de développer leur faculté de penser et de faire les choses par eux-mêmes, de devenir émotionnellement matures et indépendants. Si tout va bien, à la fin de l'adolescence ils auront appris à être plus autonomes et, en même temps, à rechercher l'amour et le soutien des parents et des pairs lorsque cela est nécessaire. Les enfants ont besoin d'apprendre l'autonomie et les parents doivent la leur offrir. C'est une part importante du développement permettant d'accéder à l'âge adulte avec un sens sain de l'estime de soi.

Il existe plusieurs types d'autonomies, mais nous allons nous pencher sur deux d'entre elles : l'autonomie émotionnelle et l'autonomie comportementale. La première est en lien avec l'exploration de ses sentiments personnels, l'introspection et même la recherche de plus d'intimité vis-à-vis de sa famille. (C'est la période où les adolescents aiment se renfermer dans leurs chambres pendant des heures !) Cette forme d'autonomie est le processus de prise d'indépendance vis-à-vis des parents en résolvant les problèmes par soi-même. Les adolescents cherchent des solutions en se tournant vers les personnes de l'extérieur plutôt que vers leurs parents. C'est également le temps où les enfants remettent en question les idées et les motivations de leurs parents. Ils réalisent qu'ils sont faillibles et ne sont pas les super héros de leur petite enfance.

L'autonomie comportementale, d'autre part, est la possibilité de prendre quotidiennement des décisions personnelles – la capacité d'évaluer une situation, de faire un choix et de s'y tenir. Les adolescents réalisent que chaque décision a des conséquences. En ce sens, le développement de l'autonomie développementale diffère considérablement chez les multiples et chez les enfants issus d'une grossesse unique. Les jumeaux et les multiples de plus haut rang doivent en effet fonder leurs décisions non seulement sur ce que pensent ou disent leurs parents mais également sur ce que leurs cojumeaux ou cotriplés penseront ou diront.

Le développement de l'autonomie implique plus de prises de décision individuelles. Pourtant, ce développement est plus complexe pour les multiples, car ils doivent prendre en compte l'élément supplémentaire qu'est leur cojumeau. Chaque décision prise par un multiple a deux composantes : l'approbation ou la désapprobation de ses parents *et* de son cojumeau. Un exemple parfait est la colonie de vacances. Disons qu'un jumeau de quinze ans s'est décidé pour partir dans un camp équestre pendant trois semaines. Bien que ses parents lui aient donné leur autorisation, quelle sera la réaction de son cojumeau ? Doit-il lui demander de venir également ? Comment le cojumeau réagira-t-il si la question ne lui est pas posée ?

Pour certains multiples, la quête d'autonomie peut être temporairement chaotique, car chaque jumeau lutte pour développer son indépendance en se détachant de l'autre. Bien qu'il puisse être contrariant de voir la relation jadis heureuse de vos multiples déraper dans des proportions ahurissantes vers des désaccords, vous devez réaliser que le conflit est non seulement normal (et généralement de courte durée) mais qu'il leur est également nécessaire pour trouver leurs nouveaux rôles en tant qu'adultes indépendants. Pour certains multiples, et particulièrement pour les frères et sœurs identiques, le développement de l'autonomie comportementale peut être un peu plus lent, car ils préfèrent généralement prendre les décisions collectivement.

La grande séparation

Contrairement aux enfants uniques du même âge, qui peuvent librement passer du temps à l'extérieur de leur famille, de nombreux multiples n'ont pas passé plus d'un après-midi éloignés de leur cojumeau. Mary Rosambeau, psychologue et auteur, a mené une enquête sur six cents jumeaux et leurs parents au Royaume-Uni. Elle leur a demandé à quel âge les jumeaux avaient pour la première fois passé plusieurs nuits séparés. Comparée aux enfants issus d'une grossesse unique, qui avaient répondu aux alentours de neuf ans, la réponse moyenne pour les jumeaux était de quatorze ans et demi – une différence de plus de cinq ans. Il est évident que, en général, les jumeaux n'ont pas les mêmes opportunités de se retrouver seuls que les enfants issus d'une grossesse unique. En conséquence, ils n'apprennent pas toujours à se séparer l'un de l'autre. Dans leur petite enfance, ils ont appris à se séparer de leur première soignante (leur mère), mais ce processus s'est déroulé avec leur cojumeau à leurs côtés. Ils ont peut-être fréquenté la crèche, la garderie ou ont même couché chez grand-mère sans maman, mais leur cojumeau était toujours présent, tenant sa place, offrant son amour et son réconfort. Ainsi, à l'âge de quatorze ans, alors qu'ils commencent à passer plus de temps éloignés de leurs parents et de leurs cojumeaux, le fait d'aborder la vie adulte peut être excitant et inquiétant à la fois. L'adolescence, comme la petite enfance, met en lumière les angoisses de séparation des multiples.

Quand la séparation s'impose. Au Chapitre 2, nous avons souligné l'importance d'encourager précocement l'indépendance. Mais qu'en est-il si une séparation intervient avant que l'un ou l'autre des multiples ne soit prêt ? Un enfant peut nécessiter un séjour de plusieurs jours à l'hôpital, par exemple. Cette situation risque d'avoir un effet dramatique sur les jumeaux, et pas uniquement sur le patient. Dans leurs efforts pour s'occuper du malade, les parents négligent souvent le cojumeau. Il peut être angoissé à l'idée que son jumeau ne revienne pas et même jaloux de l'attention qu'il reçoit pour sa maladie. Il est important pour les parents de se souvenir que le jumeau en bonne santé a également besoin d'être un peu plus materné durant cette période.

Quand la séparation est plus difficile pour l'un que pour l'autre. Certains jumeaux peuvent être prêts à la séparation bien avant leur cojumeau. Qu'en est-il si un jumeau souhaite plus d'autonomie alors que l'autre se contente de rester en la compagnie de son frère, l'un se délectant de l'expression individuelle et l'autre s'en tenant exclusivement à son rôle de cojumeau ? Bien que vous deviez encourager votre jumeau à voler de ses propres ailes, cette situation risque de blesser celui qui n'est pas prêt pour la séparation et provoquer des frictions au sein de la paire. Le jumeau qui n'a pas encore tout à fait assez confiance en lui pour se lancer seul peut se sentir rejeté, abandonné par son frère. Il risque finalement d'être peiné par ce qu'il considère comme la rupture de leur gémellité. Même s'il est pénible de voir un jumeau souffrir, il ne faut jamais forcer les deux à rester ensemble. Les problèmes ne se régleront pas ainsi. Le jumeau qui est prêt à prendre son autonomie risque alors de se sentir étouffé et investi d'une obligation morale envers son cojumeau. Si vous retenez l'un par égard pour l'autre, vous pouvez exacerber un problème qui se serait finalement résolu par lui-même.

De façon intéressante, la recherche indique que les jumeaux dominants, ceux qui endossent le rôle de leader, de patron ou de mère, vivent plus difficilement la séparation. Lorsque le jumeau passif est autorisé à voler de ses propres ailes, en se libérant des directives de son cojumeau, il s'épanouit et trouve une force intérieure. Le jumeau dominant, de son côté, ne comprend souvent pas pourquoi son cojumeau souhaite son indépendance (après tout, la situation a tellement bien fonctionné jusqu'à présent). Il doit se forger une nouvelle identité maintenant qu'il est dépossédé de son rôle de gardien. C'est alors qu'il risque de perdre confiance en lui. À ce stade, il a besoin de conseils supplémentaires pour reprendre pied.

Ne vous faites cependant pas de souci. Souvent, le fait qu'un multiple se lance seul dans la vie, que ceci commence par un rendez-vous amoureux, un travail à mi-temps ou même de nouveaux amis, constitue un électrochoc pour l'autre. Si les deux jumeaux se prennent en charge simultanément, leur relation peut rester équilibrée et harmonieuse.

Quand de nouveaux amis entrent en scène. Même au lycée, de nombreux jumeaux partagent les mêmes amis. De plus, ils comptent généralement toujours leur cojumeau comme leur pote le plus proche (les jumeaux MZ en particulier). Pourtant, les enfants ont besoin de créer des liens intimes de confiance avec des éléments étrangers à leur famille. Le fait d'avoir un groupe d'amis du même sexe durant l'adolescence évite l'isolement et l'anxiété, favorise la confiance en soi ainsi qu'une estime de soi positive et encourage l'individuation. Cependant, dans le cas des jumeaux, le chemin menant au développement de relations fortes avec des pairs autres que leur cojumeau peut être tortueux. Plusieurs études empiriques menées sur des jumeaux adolescents montrent que non seulement ils partagent généralement les mêmes amis, mais ils se montrent souvent réticents à sortir avec d'autres enfants sans leur cojumeau. Ce phénomène est peut-être dû à la culpabilité de laisser derrière soi un cojumeau. Certains multiples ne peuvent s'amuser que si leur frère ou leur sœur est en compagnie d'une autre personne. Les chercheurs en ont conclu que ces enfants rencontraient souvent plus de difficultés à créer des liens sociaux à l'extérieur du noyau familial à cause de leur relation étroite.

D'un parent à l'autre

« À présent, Andrew et Jeffrey (DZSSm) sont de bons amis, mais ils ne sont pas toujours collés l'un à l'autre. Ils apprécient beaucoup de se trouver en compagnie des mêmes amis, car ils peuvent ainsi sortir avec le même groupe, mais si l'un sort seul, l'autre n'est pas obligé de suivre. »

Ainsi, que se passe-t-il si un jumeau se fait un nouvel ami avant son frère ? Si le lien gémellaire est étroit, il peut être extrêmement difficile pour un nouvel arrivant de s'intégrer au groupe, car l'un des jumeaux se sentira forcément exclu de cette nouvelle relation. Il est alors possible que son cojumeau se sente dans l'obligation d'abandonner la relation par peur de blesser les sentiments de son frère en se liant avec quelqu'un de nouveau.

Manifestement, si les jumeaux ont été élevés comme une « paire » ou s'ils n'ont jamais eu la possibilité de faire des expériences individuelles en dehors de la famille et de leur cojumeau, ils auront plus de mal à intégrer un nouvel ami. C'est dans ces circonstances extrêmes que les jumeaux se sentent souvent plus en sécurité ensemble que séparés, un sentiment qui peut perdurer tout au long de la vie adulte. Ils se sentent alors incapables de survivre l'un sans l'autre. Dans cette situation, la clé pour les parents consiste à encourager l'expression et les préférences individuelles tout en insistant sur le respect de tous les membres de la famille.

Les jumeaux de sexe opposé qui ne se trouvent pas en concurrence pour les mêmes partenaires ont un atout – un carnet de rendez-vous plus fourni. Qu'est-il de plus relaxant que d'apprendre à connaître les amis de votre jumeau dans l'atmosphère de votre propre foyer en vous sachant entouré par tous les membres de votre famille ? En fait, la plupart des jumeaux garçon-fille sont à l'aise plus tôt avec le sexe opposé que leurs homologues issus d'une grossesse unique, car ils y sont naturellement plus exposés. Mais si une fille mûrit plus vite que son frère et choisit de sortir avec un garçon plus vieux, ce dernier risque de traiter son cojumeau comme son cadet plutôt que comme son égal, ce qui peut être source de difficultés au sein de la paire.

Les dilemmes et les plaisirs des rendez-vous amoureux

Être confondu avec son frère ou sa sœur identique peut être amusant dans l'enfance. Qui ne souhaiterait pas faire un poisson d'Avril à son instituteur en se faisant remplacer dans la classe par son frère jumeau ? Mais lorsque les jumeaux MZ atteignent leur dixième année et commencent à s'intéresser au sexe opposé, cette situation devient désagréable. À présent, c'est l'individualité qui prime.

Les parents redoutent souvent le jour où leurs jumeaux de même sexe s'intéresseront à la même petite amie. De façon surprenante, cette situation est rare, car la plupart des jumeaux respectent un système implicite. Ils choisissent délibérément des objets de désir différents. C'est comme s'ils souhaitaient instinctivement empêcher un amour triangulaire avant qu'il ne commence. Malgré tout, les jumeaux gardent rarement pour eux leur opinion au sujet de la nouvelle conquête de leur cojumeau. Souhaitant simplement le meilleur pour son cojumeau, une sœur fera très souvent des remarques à propos des défauts du nouveau petit ami.

Ainsi, comment pouvez-vous aider vos multiples à trouver leur voie ? Engagez une conversation avec eux et encouragez-les à discuter entre eux de règles de base telles que « L'un est-il autorisé à sortir avec l'ex-petit ami de l'autre ? », « Sont-ils ouverts au double rendez-vous amoureux ? », « Peuvent-ils sortir avec le meilleur ami de leur cojumeau ? », « Quelles sont les règles lorsque des jumeaux du sexe opposé ont des amis dans l'autre camp ? », « Souhaitent-ils adopter une politique de la porte ouverte ou non ? »

Une mère a exposé un autre dilemme intéressant. « Nous avons appris une histoire amusante à un club de jumeaux auquel ont participé mes enfants. Ils parlaient de leurs expériences scolaires et il s'est trouvé que de nombreuses filles auraient souhaité rencontrer Michael (DZOSm), mais elles n'ont pas insisté croyant qu'il sortait "avec cette fille", qui était en fait sa sœur jumelle. Moralité pour les jumeaux de sexe opposé : faites savoir aux autres que vous êtes frère et sœur ! »

D'un parent à l'autre

« Michael a beaucoup manqué à Victoria (DZOS) pendant ses cinq années dans la Marine nationale. Quand il s'est engagé, la Marine a différé son départ de quelques mois, mais ils ont finalement décidé d'avancer cette date d'une semaine et demie. Le recruteur a téléphoné un lundi pour nous informer du fait que Michael devait se présenter à Saint-Pétersbourg le mercredi à 6 heures pour embarquer. J'ai appelé Tori à son travail pour l'informer des détails et je lui ai suggéré de prendre quelques jours de congé afin de pouvoir passer un peu de temps avec son frère. Sa voiture s'est avancée devant la maison, suivie par une autre. Elle était tellement bouleversée que son patron ne l'avait pas autorisée à conduire et avait demandé à quelqu'un de les suivre pour la ramener au bureau. Michael et Victoria ont passé une grande partie de ce temps ensemble, revenant à leur lycée pour le visiter en compagnie des enseignants et du principal, ainsi qu'à de nombreux autres emplacements qui leur étaient chers. Dans la nuit du mardi au mercredi, elle s'est allongée dans son lit et il s'est installé dans un sac de couchage sur le sol afin de pouvoir profiter de chaque instant qui leur restait pour discuter ensemble. »

Le départ pour l'université. Pour les jumeaux, l'université est généralement la première occasion de suivre son propre chemin. En fait, parmi les parents de jumeaux étudiants que j'ai interrogés, tous m'ont dit que le départ pour l'université avait été la première séparation majeure pour la paire. Pour certains multiples, le fait d'aller à l'université sans son cojumeau est libérateur, car ils vivent cet événement comme une occasion de pouvoir se défaire du « stigmate » de la gémellité. L'anonymat de la vie universitaire leur permet d'explorer de nouveaux domaines d'activité, de se faire de nouveaux amis ainsi que d'apprécier pleinement leur individualité et leur indépendance toutes nouvelles. Mais tous les jumeaux ne ressentent pas le besoin ou le désir de tirer un trait sur leur gémellité en accédant aux études supérieures. En fait, il n'est pas rare que des jumeaux, et particulièrement des jumeaux MZ, souhaitent fréquenter la même université, étudier les mêmes matières et mener les mêmes carrières. Ils parviennent à une indépendance parallèle en vivant à des emplacements opposés du campus.

Les comparaisons s'intensifient souvent

Durant leur enfance, les jumeaux ne sont généralement pas conscients des comparaisons les concernant. Certains trouvent ce supplément d'attention excitant et flatteur, qu'il provienne de la famille, d'amis et même d'étrangers. Il est intéressant de constater que non seulement les comparaisons ne diminuent pas lorsque les jumeaux grandissent, mais qu'au contraire, elles s'intensifient. Ceci est particulièrement vrai pour les jumeaux fraternels (MZ), qui n'ont souvent aucune ressemblance physique et aucun goût en commun. La mise en opposition des différences au sein de la paire est souvent exacerbée durant l'adolescence, quand ils mûrissent et entrent dans la vie adulte. Ces comparaisons exagérées risquent de poser problème à des adolescents qui commencent juste à mettre en question leur identité. Des comparaisons constantes de poids, de taille et de capacités sont vécues comme une intrusion dans leur intimité. Leur estime personnelle peut souffrir de ces évaluations, particulièrement si l'un deux est brillant à l'école alors que l'autre se bat pour garder la tête hors de l'eau, ou si un jumeau sent qu'il ne peut jamais véritablement se mesurer aux prouesses athlétiques de son frère. Et qu'en est-il de l'apparence physique ? Elle est très importante pour les adolescents, et les jumeaux ne font pas exception à la règle. Dans le cas de jumeaux MZ, où il est possible que l'un ne soigne pas autant son apparence physique que l'autre le souhaiterait, le jumeau le plus soigné change souvent radicalement de look afin de ne pas être confondu avec sa sœur ou son frère négligé. Pour certains, il en résulte une rupture temporaire de la relation.

D'un parent à l'autre

« Mes fils sont les extrêmes opposés. L'un (DZSSm) est extraverti et a le contact facile. Au lycée, il fait partie du club d'étudiants et passe ses vacances d'été sur les plages de Floride. L'autre est très studieux et est trésorier du conseil de son université. Il passe ses vacances d'été à construire des maisons pour une association caritative et travaille avec un groupe environnemental réhabilitant les parcs. »

Pendant cette période, les étiquettes sont souvent utilisées pour distinguer les deux jumeaux. L'un est surnommé « l'athlète » alors que l'autre se voit catalogué de « star des planches », par exemple. Dans le cadre du collège et du lycée, les étiquettes tournent généralement autour des résultats scolaires. L'un est catalogué d'« intelligent » alors qu'une étiquette moins flatteuse est attribuée à l'autre.

Estime de soi

Nous avons déjà vu que les jumeaux rencontraient en général plus de problèmes d'apprentissage que les enfants issus d'une grossesse unique. Quand un jumeau arrive au lycée, le problème (s'il n'a jamais été résolu à l'école primaire) peut continuer à l'affecter en affaiblissant son estime personnelle. Les chercheurs en concluent que l'estime de soi est en lien direct avec les résultats scolaires.

Si l'enfant réussit bien à l'école, il a une meilleure image de lui. Cette observation s'applique doublement aux jumeaux. Alors que les performances scolaires des enfants issus d'une grossesse unique sont comparées à celles de la population scolaire générale, les jumeaux sont en plus souvent comparés l'un à l'autre. Les parents qui mettent constamment la pression sur le jumeau réussissant le moins bien afin qu'il se hisse au même niveau que son cojumeau risquent d'aggraver le problème. Il est important ici d'insister sur la nécessité de renoncer aux comparaisons entre jumeaux. Le danger réside dans le fait que ces comparaisons risquent de se transformer en un jugement définitif : si un jumeau s'est toujours senti comme « second » ou « moins que » par rapport à son frère ou à sa sœur, pourquoi alors se tracasserait-il pour réussir une vie adulte ? De toute façon, il passera toujours en second. Ainsi, ce qu'un jumeau pense juste deviendra une réalité.

Les défis pour les parents

L'adolescence fait souvent remonter à la surface les problèmes de notre enfance. C'est vrai pour tous les enfants et encore plus pour les multiples. Les problèmes de lien, par exemple, refont quelquefois surface durant les années d'adolescence, lorsque certains enfants remettent en question leurs relations avec leur père et leur mère. Les parents sont également vulnérables à ces sentiments. La maman peut se sentir coupable pour le peu de temps qu'elle a passé avec chacun alors qu'ils étaient bébés ou se laisser envahir par le sentiment de culpabilité que lui procurent ses jumeaux têtus. Si elle n'a jamais passé beaucoup de temps seul à seul avec un enfant durant l'enfance, elle risque de ne plus pouvoir établir de lien avec eux à l'adolescence. Certains jumeaux n'écoutent alors plus leurs parents et font équipe pour combattre leur point de vue – une grande force, sans aucun doute.

Ce que les parents peuvent faire

Le fait d'être parent d'un jumeau adolescent est-il nécessairement un cauchemar ? Bien sûr que non. Les dernières pages signalent seulement les difficultés susceptibles d'apparaître, mais ce n'est pas une fatalité. Si les multiples ont été encouragés tout au long de leur vie à trouver leur propre voie et à développer leur identité, s'ils ont été élevés au sein d'un foyer où la famille avait de la valeur, il leur sera beaucoup plus facile de surmonter les problèmes d'estime de soi caractéristiques de l'adolescence. Voici néanmoins quelques idées pour aider vos enfants à rester sur la bonne voie.

- Si un multiple choisit de rester à la maison après le baccalauréat et que son cojumeau semble lui manquer, encouragez-le à faire de nouvelles expériences – étudier de nouveaux sujets à l'université, se lancer dans un nouveau passe-temps, s'inscrire à un nouveau stage et même voyager. Incitez-le à prendre du temps pour l'introspection. Expliquez-lui que la fin de l'adolescence et le début de la vie adulte sont des périodes parfaites pour se demander ce que l'on attend de l'existence.
- Encouragez vos jumeaux à se montrer tolérants et à respecter leurs amis mutuels. Pas de comportement grossier envers quelqu'un que l'autre n'aime pas. Signalez à vos multiples que quiconque pose le pied dans votre maison doit être traité avec respect.

- Autorisez vos enfants à parler ouvertement de leurs sentiments. Vous désamorcez ainsi les conflits. (Il est évident que vous ne pouvez pas autoriser des attaques méchantes – soit physiques, soit verbales – entre frères et sœurs.) Essayez de rester en dehors de leurs désaccords. Ne portez pas de jugement. Vous devez plutôt tenir le rôle de confident et les encourager à régler leurs différends par eux-mêmes.
- Offrez-leur plus de temps séparés et autorisez-les à faire des expériences indépendantes. Arrangez-vous pour que chaque jumeau passe la nuit seul chez sa grand-mère, par exemple. Encouragez vos multiples à participer à une colonie de vacances ou même à postuler pour un travail à mi-temps. N'insistez jamais pour que vos jumeaux soient ensemble en forçant l'un à prendre l'autre avec lui pour une fête, par exemple. Laissez-les décider par eux-mêmes du temps qu'ils souhaitent passer ensemble.
- Les adolescents sont très conscients de leur apparence. Ne comparez jamais le physique de vos multiples.
- Encouragez les intérêts et les objectifs individuels. Permettez à chaque enfant de trouver sa propre voie. Autorisez-les à tester de nouveaux passe-temps (cours de musique ou de dessin) et des sports différents (votre MJC locale propose généralement de nombreuses options pour un tarif tout à fait abordable). Incitez-les également à approfondir certains domaines scolaires (votre petit génie en maths aimerait peut-être se joindre au club de mathématiques de son école).
- Séparez les problèmes de réussite et d'échec scolaires. Ne comparez jamais un jumeau à l'autre. Moins il y aura de comparaisons, que ce soit chez vous ou à l'extérieur, plus ils auront la liberté de choisir leurs propres objectifs – et non ceux qui leur sont imposés.
- Essayez de laisser le dialogue ouvert. Choisissez des moments non stressants pour des conversations décontractées mais franches au sujet des tensions et du stress de l'adolescence. (Les trajets en voiture et les repas familiaux sont deux bonnes occasions.) Une fois la conversation lancée, essayez d'écouter au lieu de « régler » le problème. Offrez à chaque multiple une écoute individualisée, car il ne souhaite peut-être pas tout partager avec son cojumeau.

- Comprenez que le changement et le conflit sont une part normale du processus de développement. L'acceptation et la compréhension sont capitales pour la paix familiale. Décontractez-vous et autorisez des expériences sans conséquence. (Cette chevelure violette vous nuit-elle vraiment ?)
- Posez des limites. Ne laissez pas vos deux jumeaux vous culpabiliser ou vous contraindre à changer les règles de base concernant les heures de rentrée, les tâches domestiques, la conduite et ainsi de suite. Rendez chaque multiple responsable de ses propres actions. Ne punissez pas les deux en supprimant des privilèges particuliers (tels que prendre la voiture familiale pour la soirée) pour une erreur de jugement d'un seul d'entre eux.

Le couple jumeau : deux pour toujours

Les jumeaux sont nés en paire. Les nouveaux parents, dans un état constant d'épuisement, sanctionnent involontairement cette union gémellaire en leur faisant tout faire ensemble. Lorsque papa change une couche, il change l'autre. Ils sont couchés au même moment, même si l'un des deux n'est pas prêt. Au cours de la journée, ils partagent le même parc afin qu'ils puissent se divertir mutuellement. Nous l'avons tous fait. C'est simplement la réalité de la vie avec de jeunes multiples.

Et même lorsqu'ils grandissent et commencent à développer des personnalités distinctes, la société continue souvent à les considérer comme une paire. Les gens s'attendent à ce que les jumeaux soient ressemblants et agissent de la même façon. Ils sont désorientés dans le cas contraire. La pression ressentie par de nombreux jumeaux pour se conformer aux attentes sociétales peut être forte. Cette mentalité de couple vient parfois s'incruster dans la relation et poursuit les jumeaux tout au long de leur vie. Elle crée également un énorme dilemme : d'un côté les jumeaux ressentent le besoin d'être considérés individuellement, en minimisant leur statut de jumeaux, mais d'un autre, ils sont et resteront toujours une partie d'une paire.

L'effet de couple. Le fait d'être membre d'une paire affecte la vie des jumeaux à de nombreux titres. Émotionnellement et psychologiquement liés l'un à l'autre, les jumeaux deviennent essentiellement une partie de l'autre. En conséquence, ils agissent et réagissent en fonction de ce que fait l'autre dans l'association. L'éminent psychologue René Zazzo nomme ce phénomène l'effet de couple. Zazzo pense que ce fait amène les jumeaux à perdre leur identité individuelle et à cultiver une identité élargie. Il ne considère pas les jumeaux comme identiques, mais plutôt comme deux êtres intradépendants.

L'effet de couple commence à la naissance. Lorsque les multiples sont jeunes, ils passent un temps énorme ensemble. Ils apprennent rapidement à compter l'un sur l'autre pour le soutien et la distraction.

Chacun ayant un compagnon, ils dépendent moins de leurs parents que les enfants issus d'une grossesse unique. Le lien gémellaire étant particulier, il peut les isoler du monde extérieur, ce qui les rapproche encore plus. Alors que les enfants issus d'une grossesse unique doivent relever les défis seuls, les jumeaux se trouvent confrontés à un grand nombre de situations ensemble, ce qui allège les épreuves de la vie. Lorsque les enfants issus d'une grossesse unique s'aventurent seuls dans le voisinage pour se faire de nouveaux amis, par exemple, les jumeaux sortent souvent ensemble. Pour que leur association soit efficace et éviter les conflits, les jumeaux fonctionnent instinctivement en équipe, endossant des rôles différents et complémentaires, ou se spécialisant dans des domaines distincts. L'avantage de cette division des tâches est la force et la puissance du couple ainsi formé. Mais selon Zazzo, ils perdent leur individualité dans le processus. Ces rôles peuvent être tellement bien enracinés dans leur relation qu'aucun des deux n'a la possibilité d'en sortir pour explorer librement les rôles ou les tâches de l'autre. L'effet de couple masque donc la véritable personnalité de chaque jumeau. (La recherche a montré que lorsque des jumeaux grandissaient séparément, libérés de l'effet de couple, ils développaient de nombreuses similarités. L'hérédité prenait le dessus, leurs tendances naturelles et innées remontant à la surface. C'est pourquoi les jumeaux élevés séparément présentent souvent plus de similitudes que ceux élevés ensemble.) Dans des cas extrêmes, certains jumeaux deviennent terriblement dépendants l'un de l'autre et rencontrent des problèmes pour créer d'autres relations. Certains ne s'aventureront jamais dans des activités inconnues sans leur cojumeau à leurs côtés.

De nombreux parents peuvent trouver la théorie de l'effet de couple difficile à accepter, car la plupart des jumeaux ne présentent pas ces caractéristiques d'une façon aussi marquée. Pourtant si vous les observez attentivement, vous détecterez probablement des signes subtils de l'effet de couple chez vos multiples. J'en découvre chez mes propres enfants. Par exemple, mes fils se trouvent cette année dans la même classe. C'est la première fois qu'ils sont ensemble depuis la maternelle. L'un d'eux persiste à oublier ses devoirs et compte sur son cojumeau pour le mettre au courant le soir. Ce fils étourdi – mais bon élève – n'a jamais eu ce comportement quand il était dans une classe distincte. Mais durant les cinq premiers mois de cette année scolaire, il a négligé de noter ses devoirs six fois. Pourquoi ? Parce que son cojumeau a une mémoire phénoménale. Il est le type d'enfant qui peut restituer une histoire mot à mot après l'avoir écoutée une seule fois.

L'effet de couple s'amplifie souvent aux alentours de dix ans. Avec le besoin d'être considérés comme différents et uniques, les multiples accentuent excessivement leurs rôles opposés. Alors que par le passé ils étaient les meilleurs confidents et amis du monde, ils semblent soudain s'opposer l'un à l'autre. Bien qu'ils aient des intérêts similaires, certains jumeaux choisissent délibérément des matières, des sports ou des activités différents de ceux de leur cojumeau simplement pour imposer leur propre identité. Ils font leur possible pour essayer de se montrer différents et deviennent les extrêmes opposés. L'un peut se vêtir comme un rocker punk, car son frère préfère la tenue classique. Un jumeau pense qu'il ne peut pas se trouver au tableau d'honneur, car son frère y apparaît déjà. À la place, il endosse le rôle de rebelle. Le fait d'essayer de conserver ces rôles est très stressant pour les multiples. Celui qui réussit bien lutte pour atteindre la perfection dans tout ce qu'il entreprend alors que le « mauvais garçon » s'organise pour échouer constamment, son estime personnelle se détériorant dans le processus. Les chercheurs ont observé que ce phénomène se produisait plus souvent lorsque les jumeaux étaient les seuls enfants de la famille ou lorsque les parents avaient donné trop d'importance à leur gémellité.

D'un parent à l'autre

« Nous n'arrêtons pas de nous demander comment Sheila et Virginia (DZSSf) auraient évolué si chacune n'était pas intervenue dans la vie de sa sœur. Elle ont tenté d'être les opposées. Nous nous demandons ce qu'elles seraient devenues si elles avaient grandi seules. »

L'effet prima donna. Dans leur enfance, de nombreuses filles identiques (et non identiques également) apprécient une gémellité qui leur permet souvent d'interagir plus facilement avec les autres. Pourtant, lorsque les jumelles atteignent l'âge de dix ans, l'attrait d'être considérées en tant que paire diminue alors qu'une majorité de camarades s'adressent à l'une d'elles en particulier. De nombreux enfants ne réalisent même pas que la fille à côté de laquelle ils sont assis en cours de sciences, par exemple, est une jumelle. Maintenant plus que jamais, les multiples doivent posséder des facultés sociales individuelles pour se débrouiller seules. Il est regrettable que cette faculté de se faire des amis individuellement manque à certaines. Pendant leur vie entière, le fait d'être considérée comme une jumelle – comme faisant partie d'une équipe – a été leur identité. À présent, certaines peuvent trouver difficile et peut-être même un peu effrayant de se frayer un chemin seules dans la société. Quand elles ne reçoivent plus l'attention due à leur gémellité, leur estime personnelle souffre, leur confiance diminue et elles deviennent anxieuses.

C'est à ce stade que certaines jumelles, et en particulier les filles MZ, tirent parti de leur ressemblance pour accroître leur popularité. Elles essaient de créer l'illusion d'une similarité, même plus prononcée que celle engendrée par leurs gènes. Les filles qui continuent à s'habiller de la même façon au collège et au lycée comptent peut-être sur leur gémellité pour assurer leur survie sociale. C'est l'effet « prima donna » observé par la psychologue Helen Koch. Les parents renforcent souvent involontairement cet effet en attribuant aux filles MZ et DZ des prénoms allitératifs (Kathy et Karen, Sarah et Susan), en les encourageant à s'habiller de façon identique pour des occasions particulières où elles doivent être remarquées et admirées de tous, ou simplement en les traitant comme plus semblables qu'elles ne le sont réellement.

L'effet prima donna peut également affecter le sens de l'autonomie des jumelles. Une étude a montré que, à l'âge de l'adolescence, des filles identiques pensaient que leur intradépendance n'était pas un problème. L'étude indiquait également que, avec l'accroissement de la popularité de ces filles, leur individuation déclinait. Elles cédaient à la pression d'être considérées comme un duo populaire aux dépens de leur propre individualité.

Le corps des jumeaux

Observez des classes du CM2 à la cinquième. Que voyez-vous ? Des enfants de toutes les tailles et de tous les niveaux de développement. Certaines filles semblent être à la porte de l'âge adulte (et sont même un peu trop adultes peut-être) alors que leurs camarades ressemblent toujours à des petites filles. Entre les garçons, les différences ne sont pas aussi marquées. Certains sont néanmoins plus grands, avec des voix plus graves que d'autres. Comme chacun le sait, la puberté frappe tout le monde à une période différente. La biologie est rarement synchronisée avec la chronologie. Et en moyenne, les filles atteignent la puberté plus tôt que les garçons.

Dans la majorité des cas, les parents et les enfants l'acceptent parfaitement. Pour les jumeaux pourtant, ce phénomène peut se révéler un peu plus problématique.

Différences de croissance

Pour les multiples, les courbes de croissance à la puberté varient en fonction de la zygosité. Par exemple, les jumeaux MZ partageant le même patrimoine génétique ont généralement une courbe de croissance similaire – à la fois en poids et en taille – durant la puberté. Même s'ils varient beaucoup en taille à la naissance, ils se rattrapent souvent mutuellement au cours de l'enfance et traversent les étapes pubertaires pratiquement simultanément. Dans le cas de filles MZ, les menstruations débutent généralement à quelques jours d'intervalle (bien qu'il ne soit pas rare que cet intervalle atteigne trois à six mois).

En revanche, les multiples DZ, qui partagent 50 % de leur ADN, sont de simples frères et sœurs nés le même jour.

D'un parent à l'autre

« Virginia (DZSSf) a atteint la puberté une année et demie avant Sheila (DZSSf). Nous avons expliqué à Sheila qu'elle était passée en premier pour beaucoup de choses et que, maintenant, c'était au tour de Virginia. Lorsque Sheila a atteint la puberté, elle était déjà familiarisée avec cette idée et y était bien préparée. Elles devaient en avoir discuté entre elles. »

Leur courbe de croissance et les étapes de leur puberté diffèrent comme chez les frères et sœurs issus d'une grossesse unique. Les filles DZ, par exemple, peuvent voir leurs règles débuter en tandem, mais il est très courant que la différence soit plus importante – jusqu'à plusieurs années d'intervalle –, la tranche d'âge normale pour la menstruation féminine allant de dix à dix-sept ans. (Mais essayez d'expliquer ceci à votre fille lorsqu'elle se lamente d'être toujours une petite fille alors que sa cojumelle est maintenant une « femme ».) Et qu'en est-il de la silhouette féminine ? Dans une société où une telle importance est accordée à la taille du soutien-gorge des femmes, il peut être difficile à accepter pour une jumelle d'avoir un tour de poitrine beaucoup plus grand ou moins grand que sa cojumelle.

Alors que les filles se focalisent plus sur leurs silhouettes et l'arrivée de leurs règles, les garçons se concentrent sur leur différence de taille. Pour de nombreux jumeaux DZ, le fait d'être plus petits que leurs camarades de classe est mal perçu, mais il est encore plus difficile d'avoir un jumeau qui vous dépasse de plusieurs centimètres. Les membres de la famille et même les amis insensibles qui sentent le besoin de faire remarquer la différence à chaque pique-nique ou réunion aggravent souvent les sentiments d'insécurité du jumeau le plus petit. Pourtant, une grande différence en taille est habituelle quand un garçon atteint la puberté plusieurs mois avant son frère. Cette tendance est encore amplifiée si le premier est plus lourd que son jumeau, car l'enfant le plus mince atteint la puberté plus tard.

Les jumeaux de même sexe peuvent se trouver confrontés à divers problèmes en atteignant la puberté à différents moments, mais ces différences ne sont jamais aussi évidentes que dans le cas de paires de sexe opposé.

D'un parent à l'autre

« Genna (DZOSf) a atteint la puberté plusieurs années avant Nathan (DZOSm). Pendant un certain nombre d'années, ils ont été très éloignés sur le plan du développement et ils faisaient plus penser à une sœur aînée et à un frère cadet. À l'âge de dix ans, ce dernier a été assez peiné lorsque son "amie" n'a plus souhaité avoir affaire à lui et le traitait comme un petit garçon ennuyeux. Nous avons essayé d'aider Nathan en lui expliquant que les garçons et les filles se développent à un rythme différent et qu'il viendrait un moment où ils se rapprocheraient de nouveau. Ce phénomène n'a pas posé de gros problèmes, car il s'est produit à une époque où Nathan commençait à voyager pour ses compétitions de ski et il a rapidement eu d'autres préoccupations. À l'âge de quinze ans environ, il a rattrapé son retard et ils se sont rapprochés. »

La relation gémellaire n'est jamais autant mise à l'épreuve qu'au moment de la puberté. Comme mentionné précédemment, les filles atteignent la puberté deux ans plus tôt en moyenne que les garçons. (En fait, même à la naissance, les jumelles ont une avance biologique d'un mois et demi.) Nous avons vu que les petites filles étaient plus avancées socialement que les garçons qui présentent un retard en expression orale et en lecture. Quand un adolescent masculin commence seulement à intégrer la notion de virilité, il est littéralement éclipsé par sa sœur jumelle. Dans une société où la taille est considérée comme un signe de masculinité, l'ego et l'image de soi d'un jumeau peuvent être mis à rude épreuve si sa sœur fait plusieurs centimètres de plus que lui. Déjà plus à l'aise sur le plan social, elle prend l'ascendant sur le sexe opposé. Il est possible qu'elle ne souhaite plus sortir avec son frère et qu'elle choisisse des petits amis plus vieux que lui. Pour se sentir plus à l'aise, le cojumeau choisira des petites amies plus jeunes que lui. Le décalage résultant entre les âges de leurs amis respectifs peut être de plusieurs années – pas tout à fait le scénario parfait pour un double rendez-vous. En outre, à l'aube de la puberté, les filles ont soif d'intimité alors que leur jumeau ne s'en soucie absolument pas. Elles peuvent souhaiter passer plus de temps en privé avec maman pour discuter de choses de filles, alors qu'ils se contentent de vivre leur vie au grand jour.

Cette anxiété de l'adolescence est généralement un problème transitoire, tout rentrant dans l'ordre lorsque les jumeaux atteignent l'âge adulte. Ne vous inquiétez donc pas. Les garçons rattrapent leurs sœurs et finissent généralement avec douze centimètres de plus. Et même l'enfant tardif finira par rattraper son cojumeau, et quelquefois même par le surpasser. La majorité des frères et sœurs issus d'une grossesse unique remarquent à peine cette simple réalité de la nature. Pourtant, pour de nombreux jumeaux, c'est une période d'insatisfaction dans leur relation. Pour ceux qui se développent beaucoup plus tard que leurs cojumeaux, c'est une source d'anxiété et d'embarras. Certains peuvent manquer de confiance et souffrir d'une mauvaise estime de soi. Des périodes de frustration associées à de la mauvaise humeur (et même à de l'hostilité) apparaissent. Les membres de la famille peuvent avoir des attentes plus élevées pour le jumeau le plus mature. Le jumeau dont le développement est le plus lent risque alors d'avoir un fort ressentiment et essayer d'attirer l'attention par d'autres moyens, moins recommandables.

Ce que les parents peuvent faire

Bien que les adolescents ne souhaitent pas être surpris dans les bras de maman ou de papa, c'est exactement ce dont la majorité a besoin. Les parents peuvent soulager certaines anxiétés de leurs jumeaux au sujet de leur corps en passant simplement plus de temps avec eux et en les écoutant. Voici d'autres idées qui vous aideront à atténuer les soucis de vos jumeaux.

- Le réconfort parental assurant que tout va bien y contribue largement. Le fait de raconter une histoire similaire vous concernant lorsque vous étiez adolescent permettra de soulager cette anxiété. Ou, si votre jumeau préfère, pourquoi ne pas prendre rendez-vous pour une visite médicale chez son pédiatre ? L'opinion et le soutien d'un expert extérieur peuvent s'avérer efficace.
- Sachez que les jumeaux évaluent leur corps en fonction de celui de leur cojumeau. Intervenez rapidement en cas de dérapage. Ce phénomène est particulièrement dangereux pour les filles. Si une jumelle fait quelques kilos de moins que sa sœur, et que cette dernière commence un régime pour perdre un peu plus de poids, la première sœur peut se sentir poussée à perdre encore plus de poids pour regagner son petit avantage sur sa sœur.
- Dans les paires de sexe opposé où le garçon est en retard sur sa sœur sur le plan de la maturité, une relation fils-père (ou avec tout autre ami ou membre de la famille masculin) forte permet de renforcer considérablement la confiance du garçon. Occupez-le également avec un passe-temps, du sport et même un travail à mi-temps. Envisagez une école de garçons où il peut se distinguer seul et apprendre à être indépendant. Les filles ont également besoin que les parents acceptent leur évolution. Les sorties mère-fille représentent un merveilleux moyen de réaffirmer et de célébrer cette étape de la vie.
- Si les différences sont importantes, le fait de ménager une certaine intimité est souvent bénéfique pour les deux parties, et particulièrement pour les jumeaux de sexe opposé.

D'un parent à l'autre

« Au début de l'adolescence, Victoria (DZOSf) aimait se retrouver seule dans sa chambre pour se faire belle, poser et danser face à son miroir. Lorsque son frère (DZOSm) souhaitait partager quelque chose avec elle, il avait tendance à l'interrompre en faisant irruption dans sa chambre à des moments embarrassants, en ne se souciant pas de son intimité. Ils se bagarraient alors. Il fallut beaucoup de rappels à l'ordre pour prendre l'habitude de frapper aux portes et attendre d'être invité à entrer. Bien sûr, quand elle voulait quelque chose, elle faisait également irruption dans la chambre de son frère et ne comprenait pas pourquoi elle le dérangeait. Les fissures dans les portes sont toujours là pour me le rappeler. »

- Si la différence de développement entre vos jumeaux MZ s'accentue et se prolonge, une consultation chez le médecin vous permettra de vous assurer de l'absence de problème.

Le double d'hormones et le double de plaisir

L'adolescence est une période difficile pour de nombreuses familles avec des multiples, et ceci particulièrement pour les parents. Pourtant, le fait d'avoir un cojumeau à ses côtés permet d'aplanir quelque peu les difficultés, même si la relation semble quelquefois en péril. L'objectif ici est pour les jumeaux et les multiples de haut rang d'atteindre l'adolescence par le chemin qui leur convient le mieux. Les problèmes surgissent lorsqu'ils se trouvent sur des chemins identiques et qu'ils sentent soudainement le besoin de prendre des sorties différentes.

8

RELATIONS FAMILIALES : MAMAN, PAPA, LES FRÈRES ET SŒURS ISSUS D'UNE GROSSESSE UNIQUE

En poursuivant mes recherches au sujet des relations intragémellaires, je reste préoccupée par un point nécessitant au moins autant d'attention que ceux abordés jusqu'ici. Il s'agit de mon fils cadet. Ce n'est pas un jumeau, mais un enfant issu d'une grossesse unique qui est né exactement deux ans et demi après ses frères. Il joue manifestement un rôle énorme dans notre dynamique familiale. Son caractère énergique ne nous le laisse jamais l'oublier. Mais je réalise que toute l'attention que j'ai prêtée à l'éducation des multiples – en recherchant le bon moyen de les élever et en examinant les défis qu'ils allaient devoir relever – a peut-être été à ses dépens. Vous l'avez probablement également ressenti en lisant ces lignes. Toute cette information au sujet des multiples est intéressante, pensez-vous, mais qu'en est-il des autres enfants de la famille ? Ils ont eux aussi des besoins particuliers. Ne comptent-ils pas également ? Bien sûr que si. Ce chapitre entier leur est consacré.

Le fait d'être un enfant issu d'une grossesse unique dans une famille avec des multiples est différent de se trouver avec des frères et sœurs également uniques. S'il est l'aîné, l'enfant unique doit s'habituer rapidement à passer derrière les « vedettes » que sont ses sœurs ou ses frères cadets, et ceci particulièrement lorsque les jumeaux sont jeunes et toujours ensemble. S'ils sont plus jeunes, les enfants uniques se trouvent également confrontés à des obstacles, les jumeaux ou les triplés aînés présentant souvent un front uni qui est difficile à infiltrer pour un seul enfant.

Dans ce chapitre, nous allons voir quels moyens s'offrent à vous pour aider votre enfant issu d'une grossesse unique à créer une relation forte avec chacun des jumeaux. Les multiples représentent un groupe très uni, mais ceci ne signifie pas pour autant qu'il leur est impossible d'avoir une relation forte avec d'autres frères et sœurs.

Dynamique familiale élémentaire

Dans chaque famille, il existe deux groupes distincts : le couple parental et le groupe des frères et sœurs. Lorsque des jumeaux ou des triplés entrent en scène, un troisième groupe se forme – celui des multiples. Ne sous-estimez jamais les effets que peut avoir la dyade des jumeaux sur la famille. Ils sont peut-être petits, mais ils peuvent être puissants. Ils risquent de devenir une force dominante exerçant une pression énorme pour imposer leur point de vue ou présenter un front uni en cas d'opposition. Fort heureusement, pour la plupart des familles, la dyade des jumeaux ne crée généralement qu'une légère perturbation pour les parents, même si elle les force à rester sur le qui-vive.

Parmi tous les sous-groupes, les jumeaux identiques (MZ) sont ceux qui partagent les relations les plus proches. Ils agissent souvent de concert, exerçant plus de pouvoir sur la famille que deux frères simples ou même deux jumeaux non identiques (DZ). S'unissant instinctivement, ils essaient quelquefois d'ébranler l'autorité parentale. (« Papa a dit qu'il était d'accord pour que nous restions dehors après sept heures. ») En présentant un front uni, les parents parviennent à contrebalancer la puissance de cette dyade et déjouer leurs plans de domination. Papa et maman doivent absolument agir de concert, une forte solidarité parentale étant d'une importance primordiale dans les familles avec des multiples.

Les enfant sont futés et, s'ils suspectent un soupçon de conflit dans le mode d'éducation, ils essaieront de l'utiliser à leur avantage. Bien que ce soit le cas pour tous les enfants, les jumeaux ont la possibilité supplémentaire d'agir en équipe. Ils le savent et ils l'utiliseront systématiquement pour tourner les choses à leur avantage.

Si le couple parental se désunit, les conséquences peuvent être immenses. Lorsqu'un parent essaie de s'aligner sur la dyade des jumeaux, comme, par exemple, une mère qui agit et réagit toujours au nom de ses jumelles, l'autre parent est certain de se sentir exclu, ce qui risque finalement de mettre le mariage en péril. Et que se passe-t-il dans les familles monoparentales ? Souvent, lorsque l'unité familiale est rompue à cause d'une séparation, d'un divorce ou d'un décès, la dyade des jumeaux reste intacte. Elle devient même quelquefois plus forte. La paire peut se replier sur elle-même afin de se protéger. Les jumeaux se soutiennent et se sécurisent mutuellement tout en excluant leurs frères et sœurs issus d'une grossesse unique. C'est le cas particulièrement pour les jumeaux MZ.

Toutes ces forces – les interactions entre les cojumeaux eux-mêmes et la façon dont ils se lient avec les autres membres de la famille – ont une grande influence sur le développement de leur personnalité ainsi que sur celle de leurs frères et sœurs.

Aide pour les familles monoparentales

Je parie que vous n'auriez jamais pensé être le parent de jumeaux ou de triplés, mais à présent, vous êtes l'unique parent de multiples et peut-être même d'autres enfants issus d'une grossesse unique. Vous n'êtes pas seul dans votre cas. Les familles avec des multiples se trouvent plus souvent confrontées à des problèmes de divorce que celles avec des enfants uniques. Bien que le stress d'élever des multiples soit souvent élevé, et ceci particulièrement au cours des premières années, la situation est encore plus difficile en étant seul. Comment pouvez-vous vous en sortir ?
Admettez que vous avez besoin d'aide et trouvez-la coûte que coûte. Vous avez plusieurs options : si vos multiples sont jeunes et si votre maison est grande, vous pouvez envisager de prendre un

étudiant en pension en échange de services de baby-sitting et de ménage. Certains parents seuls ont choisi de revenir à la maison avec leurs parents ou au moins à proximité de ceux-ci. Le soutien aimant d'une famille, qu'il soit psychologique ou financier, a aidé de nombreux parents de jumeaux à s'en sortir. Si le fait de revenir à la maison parentale n'est pas envisageable, vous pouvez solliciter l'aide d'amis enthousiastes qui viendront volontiers vous donner un coup de main une fois par semaine. Pour le moins, la conversation avec un adulte nourrira votre semaine à venir.

Recherchez un soutien psychologique. De nos jours, des groupes de soutien fleurissent un peu partout pour répondre aux besoins de chacun. Rejoignez votre association Jumeaux et plus locale (http://www.jumeaux-et-plus.fr) ou un groupe de soutien aux familles monoparentales. Des personnes dans la même situation vous offriront leur assistance. Si vous préférez, vous pouvez entrer en relation avec d'autres personnes sur Internet par le biais des forums de discussion ou parler en privé avec un conseiller professionnel soit en personne, soit au téléphone.

Soyez également à l'écoute de la santé psychique de vos enfants. Si le père ou la mère des enfants est décédée ou a choisi de partir, laissant un vide dans la vie de vos enfants, inscrivez-vous à une association qui vous guidera efficacement.

Mettez en place une organisation quotidienne. Ceci peut sembler simple, mais une famille fonctionne mieux lorsque tout le monde sait à quoi s'attendre au jour le jour. Écrivez un programme pour toute la famille et suspendez-le à un emplacement où il sera visible par tous. Incluez les tâches quotidiennes de tous les enfants, même les plus jeunes. Vous serez surpris du sérieux avec lequel ils se mettront à l'œuvre. En impliquant les enfants et en leur enseignant comment faire les choses par eux-mêmes, non seulement vous resserrez les liens familiaux, mais vous diminuerez également votre niveau de stress.

Prenez du temps pour vous. Accordez à l'exercice physique une place prioritaire dans votre vie (c'est un antistress naturel) et sortez au moins une fois par mois pour rendre visite à vos amis proches.

Soyez optimiste. Positivez et prenez le temps d'apprécier vos beaux enfants. Leur sourire éclairera votre journée.

Les multiples et l'ordre de naissance

Nous avons tous beaucoup entendu parler de l'ordre de naissance des frères et sœurs et de ses effets sur la famille. L'aîné est le plus sérieux. C'est celui qui réussit le mieux. L'enfant du milieu est le médiateur et a souvent l'impression que sa position n'est pas aussi respectée que celle de l'aîné ou du cadet. Le cadet est l'esprit libre, celui qui est le plus gâté. Dans certains foyers, les multiples peuvent également avoir un effet particulier sur la dynamique familiale. Lorsque des jumeaux DZ sont les aînés de la famille, par exemple, une petite lutte peut s'instaurer entre eux, chacun souhaitant être considéré comme le plus vieux, et donc le chef. La plupart du temps, il s'agit d'un phénomène relativement inoffensif, qui est plus de l'ordre de la contrariété qu'autre chose. Si l'un dit « Lorsque maman partira aujourd'hui, c'est moi qui serai le responsable », l'autre riposte sans aucun doute en affirmant « Non, ce ne sera pas toi ! Ce sera moi. » (Les jumeaux MZ fonctionnent souvent ensemble plutôt que l'un contre l'autre, ceci étant dû à leur ADN partagé.)

D'un parent à l'autre

« Les relations de Kate et Victoria (MZf) avec leur sœur aînée sont quelquefois un peu tendues. Lorsqu'elles essaient de se liguer contre Audra, nous les réprimandons assez sévèrement. Audra a de grandes qualités. C'est une personne bienveillante, attentive et indulgente. Nous ne les laissons jamais profiter de sa générosité. Victoria et Kate étant maintenant au collège, elles lui demandent son avis et son soutien en tant que grande sœur. Elles parlent de tenue vestimentaire, de ce qu'elles doivent mettre dans leurs casiers, de leurs professeurs, des garçons et ainsi de suite. C'est une excellente chose. »

Tout n'est cependant pas négatif lorsque les jumeaux sont les enfants du milieu. Ils ne se sentent souvent pas aussi exclus que leurs homologues issus d'une grossesse unique, car ils ont un partenaire compréhensif qui sait exactement ce qu'ils ressentent. Une fois encore, dans les périodes de stress, ces jumeaux peuvent s'extraire de leur environnement et se réconforter mutuellement.

Dans la plupart des familles avec trois enfants issus d'une grossesse unique, deux frères et sœurs finissent par s'associer, laissant le troisième sur le banc de touche. Dans une famille avec trois enfants incluant des jumeaux, cependant, un frère plus jeune ou plus âgé peut distendre la relation, s'associant selon le moment avec l'un puis avec l'autre. C'est néanmoins souvent le lien intragémellaire qui demeure le plus puissant. Les jumelles identiques (MZf), en particulier, peuvent quelquefois se montrer très critiques envers leurs frères et sœurs plus jeunes ou plus vieux, forçant l'enfant unique à se distancier de la famille. Dans des familles avec quatre enfants dont deux jumeaux, deux dyades se forment généralement – celle des jumeaux et celle des deux autres enfants. Dans les familles avec cinq enfants – avec ou sans jumeaux –, l'un d'eux doit sans aucun doute se débrouiller tout seul. Cet enfant, qu'il soit l'aîné ou le cadet, a besoin de compréhension, de réconfort et de conseils permanents de la part de maman et de papa lorsqu'il essaie de se ménager une position confortable dans la hiérarchie familiale.

Les familles avec des triplés doivent également agir avec précaution, s'assurant que deux enfants sur les trois ne jouent pas les rôles d'aîné ou de cadet, laissant le troisième indécis sur sa position dans la famille et rechercher l'attention d'une façon plus négative. Une mère de triplées, deux filles identiques et une fille fraternelle, m'a raconté de quelle façon charmante elle a résolu la situation lorsque sa fille non identique a réalisé qu'elle n'était pas comme ses sœurs. « Les filles identiques sont brunes alors que la fille fraternelle est blonde. Quand elle avait quatre ans, Kristy, ma blonde, a recherché une photo où elles se trouvaient toutes les trois à l'âge d'un an. Elle l'a observée très attentivement avec un visage vraiment triste. Je lui ai demandé ce qui n'allait pas. Elle m'a regardée et m'a demandé pourquoi elle ne ressemblait pas à ses sœurs », m'a expliqué cette mère. Elle a répondu à sa fille que Dieu lui avait donné sa Kristy parce qu'il savait qu'elle ne pouvait pas accueillir une autre Kelly ou une autre Kerry. Satisfaite de cette réponse, Kristy a simplement souri et s'est remise à jouer. La mère a souvent essayé d'aider sa fille à réaliser combien elle était spéciale pour elle.

De façon intéressante, l'âge n'a pratiquement rien à voir avec ces liens. Il semblerait que le besoin de se lier ou de s'attacher à un autre frère ou une autre sœur soit prioritaire sur l'âge du frère ou de la sœur en question.

Les frères et sœurs

Il y a quelques jours, je me suis assise en retrait et j'ai observé mes trois fils en train de jouer dans mon salon. La scène était assez bruyante (comme souvent ici), chacun inventant et mimant une histoire folle avec les effets sonores. Même s'ils m'agaçaient un peu, je n'ai pas pu m'empêcher de penser qu'ils se construisaient des souvenirs précieux en tant que frères et qu'ils pourraient un jour les raconter à leurs propres enfants.

D'un parent à l'autre

« En fait, la réelle tension dans notre famille a été la relation d'Emily (fille aînée) avec son frère et sa sœur. Elle était très jeune quand elle a dû partager ses parents avec non un, mais deux intrus. Elle avait l'habitude d'appeler la paire par un seul nom. Lorsqu'elle protégeait ses jouets de Julie et de Kevin (DZOS), ses paroles favorites étaient "Non, Dooleytev !" Ils sont très proches en âge, ce qui est à la fois une bénédiction et une malédiction. Quand ils se trouvent à deux, ils s'entendent bien, mais c'est le trio qui pose quelquefois problème. En grandissant, Emily devient plus raisonnable et parvient quelquefois à désamorcer les conflits. Nous espérons qu'ils continueront à s'aimer et à s'apprécier mutuellement. »

Le lien fraternel est le plus puissant de tous. Les relations entre mes fils seront les plus longues de toutes celles qu'ils entretiendront dans leur vie. Elles seront plus longues que celles avec leur père et moi, que celles avec leur femme et même que celles avec leurs propres enfants.

À un niveau très simple, le fait d'avoir des frères et des sœurs offre un divertissement libre et sans fin. Même lors de la journée la plus ennuyeuse, vous avez toujours quelqu'un avec qui jouer. En outre, les experts affirment que le lien fraternel développe les facultés cognitives de chaque enfant, encourage l'imagination, enseigne la coopération, génère la confiance en soi et aide à aiguiser les compétences sociales. Rien de négatif. De plus, les dernières études tendent à démontrer que les jumeaux ayant des frères et sœurs proches en âge et de même sexe développent plus facilement un sens identitaire fort, ce qui est rarement le cas chez les multiples.

Le fait d'être le frère de jumeaux ou de triplés comprend également son lot de défis. Par exemple, j'ai souvent entendu mon cadet essayer de convaincre ses frères aînés qu'ils étaient en fait des triplés. Bien sûr, son affirmation est immédiatement accueillie par des moqueries et des démentis, mais il continue malgré tout à soutenir son opinion. Pour moi, il essaie simplement de dire qu'il souhaite faire partie de leur alliance spéciale. Il veut être inclus dans leur clan. Il ressent leur proximité et il l'envie.

Le fait qu'un enfant soit plus jeune ou plus vieux que ses frères jumeaux joue également un rôle sur sa condition. Le frère cadet se sent quelquefois éclipsé à l'arrivée de multiples, alors que le plus jeune se sent souvent exclu, chaque membre de la paire ayant déjà un camarade en l'autre. Pourtant, en poursuivant votre lecture, vous comprendrez que cette dynamique n'est pas nécessairement immuable ou préjudiciable à la relation entre frères et sœurs.

D'un parent à l'autre

« Kaitlyn a deux ans de plus que Ally et Beth (MZf). Je pense qu'elles entretiennent une relation merveilleuse. Katie est une enfant très extravertie et amicale. Lorsque les gens demandaient des nouvelles des jumelles, elle veillait à ce qu'ils sachent qu'elle était la sœur aînée. C'est étonnant, mais elle n'a jamais eu de problème pour les distinguer avant l'âge de quatre ans. À cet âge, elle parvenait encore à les différencier par la voix. Elle observait alors celle qui se trouvait près d'elle et lui demandait "Dis quelque chose". Ceci n'a duré qu'une courte période. À présent, elle parvient de nouveau à les distinguer parfaitement. Katie se considère comme l'éducatrice et la protectrice. À ses yeux, elle a la suprématie et n'aime pas que les jumelles lui disent qu'elle n'est pas leur chef. Avec les années, Katie a appris à respecter leurs opinions et leur relation est impressionnante. »

Le frère aîné

Tout n'est pas négatif pour un frère aîné de multiples. En fait, cette situation présente de nombreux avantages. En premier lieu, les aînés de multiples deviennent plus indépendants – un trait qui leur sera profitable tout au long de leur vie. Si maman est occupée par les jumeaux, par exemple, le frère aîné doit aller chercher ses cookies et son lait par lui-même au lieu de compter sur elle. Après l'arrivée de jumeaux, le frère ou la sœur aînée développe souvent une relation plus proche avec ses parents. Ce phénomène est peut-être dû au fait que les parents se reposent un peu sur lui ou qu'il est plus facile de tisser un lien avec un enfant unique. Établir une relation avec deux bébés à la fois prend beaucoup plus de temps. Les parents qui avaient déjà un enfant avant l'arrivée des jumeaux m'ont souvent confié que leur aîné leur avait été d'un grand secours et qu'ils auraient été nombreux à ne pas pouvoir s'en sortir sans lui. Une mère dont le mari devait voyager pour des raisons professionnelles m'a dit que c'était son aîné qui s'était occupé d'elle durant les premières années des jumeaux. Si elle s'endormait sur le sofa en allaitant les bébés, par exemple, il la réveillait pour lui dire qu'il était temps d'aller se coucher – et il avait seulement sept ans à cette époque. C'est grâce à ce type particulier de relation que de nombreuses mères continuent à ressentir une grande proximité avec leur aîné.

D'un parent à l'autre

« À la naissance d'Andrew et de Jeffrey (DZSSm), Rob [mon fils aîné] est devenu un peu rebelle. Il avait été enfant unique pendant six ans. Il souhaitait tellement un frère ou une sœur qu'il a été ravi à la naissance de Joey. Mais onze mois plus tard sont arrivés deux frères de plus ! Je sais que Rob s'est senti dépassé. Il a fait des siennes à l'école, mais les choses se sont finalement calmées et il a endossé le rôle de grand frère. Il a été mon bras droit. »

Les études montrent également que plus les enfants issus d'une grossesse unique sont nombreux avant l'arrivée des jumeaux, meilleur reste le fonctionnement de la famille, car ils nouent des liens étroits entre eux (cette dyade dont nous avons parlé précédemment). Enfin, les aînés ont tendance à jouer un rôle plus actif dans les soins et l'éducation de multiples qu'ils ne le feraient pour des bébés issus d'une grossesse unique. Les frères et sœurs plus âgés deviennent souvent des enseignants et des conseillers pour les jumeaux plus jeunes.

Pourtant, quelques problèmes peuvent se poser dans les familles avec des multiples et des enfants uniques plus âgés. À leur naissance, les multiples nécessitent tant de soins et d'attention que les aînés reçoivent beaucoup moins de considération de la part des parents et des personnes extérieures, et ceci particulièrement s'ils ont plusieurs années de plus que leurs frères et sœurs multiples. Pour ces enfants, il s'agit d'une adaptation énorme, car ils doivent apprendre à partager l'amour de papa et maman. Une étude a montré que des comportements visant à attirer l'attention, tels que l'énurésie et une régression sur le plan du langage, resurgissent quelquefois chez les aînés. C'est ici que les grands-parents et les autres membres de la famille peuvent intervenir pour apporter leur aide. Quand un volontaire attentionné offre un peu de son temps à l'aîné, papa et maman peuvent se consacrer à satisfaire les innombrables exigences des bébés multiples sans culpabiliser. Et il est plus facile pour les membres de la famille de se charger d'un frère plus âgé que d'essayer d'apprendre les nuances de l'allaitement de deux jumeaux au biberon. Les parents doivent néanmoins trouver le juste équilibre entre s'occuper des jeunes multiples et s'assurer que l'enfant aîné ne se sente pas écarté de la famille.

Les parents doivent également veiller à ne pas tomber dans le piège de toujours supposer que l'aîné préfère être chez grand-mère plutôt qu'à la maison avec ses frères et sœurs. Certains enfants issus d'une grossesse unique apprécient particulièrement le temps passé avec leurs frères et sœurs multiples. Ils développent des liens profonds et constructifs avec eux. Dans une étude menée sur des familles de triplés, par exemple, l'aîné issu d'une grossesse unique tissait un lien fort avec le multiple qui était du même sexe que lui alors que les deux autres triplés de même sexe se rapprochaient entre eux. Dans ce cas particulier, la famille créait deux dyades de frères et sœurs, évitant ainsi instinctivement l'exclusion d'un enfant.

D'un parent à l'autre

« Emily [ma fille cadette issue d'une grossesse unique] aime ses grandes sœurs (MZf) et les admire. Mais il y a une différence de cinq ans entre elles et elle sera toujours dans une phase différente par rapport à ses sœurs. Elle aura toujours des besoins différents et elle sera toujours un peu exclue de leur relation et de leurs activités. Je me sens presque triste pour elle de savoir que ses sœurs aînées ont une relation qu'elle n'a pas. Je me suis quelquefois demandé si les relations seraient différentes avec un écart d'âge moins important, ou avec des sexes opposés (un garçon unique ou des jumeaux fille-garçon). Mais les choses sont ainsi. Je ne pense pas qu'elle soit amère pour autant. C'est une enfant heureuse et bien équilibrée. Mais je me demande si elle se sentira toujours un peu exclue en grandissant. »

La zygosité a également un rôle à jouer dans la relation jumeaux-enfant issu d'une grossesse unique. Les études tendent à montrer que les frères et sœurs aînés affichent plus de ressentiment envers des jumeaux MZ que des jumeaux DZ. Ce phénomène est peut-être dû au fait qu'ils sont jaloux de leur grande proximité. Et il n'est pas surprenant de constater que les garçons issus d'une grossesse unique rencontrent plus de difficultés que les filles à tisser un lien avec les multiples. Les petites filles apprécient généralement le rôle de grande sœur et savourent le surcroît d'attention apporté par les jumeaux. Il faut quelquefois un peu plus de temps aux garçons pour se faire à leur nouveau rôle de grand frère. La plupart des aînés finissent cependant par s'adapter parfaitement à la nouvelle dynamique familiale.

D'un parent à l'autre

« Kevin et Shane (DZSSm) ont toujours été proches. Je n'ai jamais senti le besoin de les divertir autant que leur sœur. Je pense qu'il est plus facile pour moi d'avoir des jumeaux plus âgés que ma fille. Ils ont toujours été habitués à partager mon attention et, quand elle est née, ils n'ont pas été très affectés par cet événement. Elle ne s'est jamais sentie coupable de m'éloigner de ses frères. »

Le frère cadet

Quand un bébé issu d'une grossesse unique arrive après des jumeaux ou des triplés, la bonne nouvelle est que maman et papa y voient un peu plus clair et que les soins à un bébé unique semblent un jeu d'enfant. Une couche au lieu de deux ? C'est du gâteau. Un biberon à chauffer au lieu de trois ? Aucun problème. En fait, les parents pourraient probablement s'occuper d'un enfant unique les yeux fermés – bien que ce ne soit pas conseillé. Les multiples eux-mêmes semblent mieux s'adapter à cet événement que les frères et sœurs issus d'une grossesse unique, car ils s'occupent mutuellement l'un de l'autre pendant que maman ou papa s'affaire à répondre aux besoins du nouveau-né. (En règle générale, les multiples ne demandent pas que le nouveau bébé retourne à l'hôpital, par exemple.) En outre, ils sont accoutumés à partager l'amour et l'attention de leurs parents.

D'un parent à l'autre

« Heather et Holly (MZf) ont reçu beaucoup d'attention en vertu du fait qu'elles étaient jumelles et qu'elles étaient les premières petites-filles. Je me souviens que, un jour, nous étions sortis dîner en ville avec mon beau-père et que l'un de ses amis s'est approché. Mon beau-père a dit "Ce sont mes petites-filles, Heather et Holly." Hailey [la cadette issue d'une grossesse unique] était assise à côté d'elles, mais il ne l'a jamais présentée ! Cette situation est devenue très difficile pour Hailey. À tel point que, quand elle a atteint l'âge de onze ans environ, elle prenait des livres avec elle lorsque nous sortions pour dîner avec la famille. Elle s'asseyait à l'autre bout de la table et lisait malgré mes efforts pour essayer de l'intégrer. C'est seulement récemment qu'elle a commencé à sortir de cette situation. Lorsque les jumelles ont obtenu leur diplôme de l'UCLA (université de Californie à Los Angeles), Holly est partie à Denver pour passer son master. Cet événement a été le tournant de la relation entre Heather et Hailey. Holly n'étant plus sur la scène, elles se sont rapprochées. Puis Holly est revenue à la maison et Heather a commencé à préparer son examen du barreau. Pendant cette période, Holly et Hailey se sont rapprochées, car Heather était souvent enfermée à la bibliothèque de droit. »

La lune de miel peut cependant prendre fin quand la sœur ou le frère cadet arrive à la maternelle et comprend lentement ce contre quoi il se heurte. Les cadets ont souvent recours à un comportement négatif pour attirer l'attention quand ils sentent que c'est le seul moyen de parvenir à leurs fins. Chez moi, par exemple, mon cadet se met immédiatement à hurler quand il souhaite obtenir quelque chose de ses aînés. Il sent qu'ils ne l'écoutent pas et pense que les hurlements régleront le problème. Cette méthode ne fonctionnant que rarement, il abandonne puis se met rapidement à pleurer dans l'espoir que je viendrai à son secours. Il se sent impuissant face à ses frères et sa frustration est souvent tangible. Ces scènes se produisent fréquemment pour des désaccords apparemment innocents – programme à regarder à la télévision, pièce de Lego convoitée ou même perte dans un jeu.

Ce que les parents peuvent faire

Plusieurs moyens s'offrent aux parents pour aider les enfants issus d'une grossesse unique à nouer des liens étroits avec leurs frères multiples. Déployez donc vos antennes, recherchez les indices, montrez-vous positif et lisez ce qui suit.

- Minimisez l'ordre de naissance chez les multiples et les enfants issus d'une grossesse unique. Ne considérez jamais le jumeau né en premier comme l'aîné et le second le cadet. Laissez à chaque jumeau ainsi qu'aux frères et sœurs issus d'une grossesse unique la possibilité de passer en premier. Mélangez les âges lorsque vous signez la carte postale familiale lors de vos vacances, lorsque vous choisissez la vidéo du week-end, lorsque vous jouez à des jeux ou même lorsque vous parlez d'eux aux personnes de l'extérieur.
- Minimisez le statut des jumeaux, et ceci particulièrement lorsque vous vous trouvez en public. Si quelqu'un vous demande « Sont-ils jumeaux ? », ayez une réponse toute faite du style « Oui, et voici leur grande sœur. Elle est un exemple merveilleux

pour eux. » N'accordez jamais de privilèges particuliers aux jumeaux sous prétexte qu'ils sont nés ensemble.

- Valorisez la sœur ou le frère aîné en lui accordant des privilèges spéciaux tels qu'un coucher plus tardif ou davantage d'argent de poche.

D'un parent à l'autre

« Ma fille [aînée issue d'une grossesse unique] ne souhaitait pas de frère, même si elle était très jeune lorsque les jumeaux sont nés. Elle s'est montrée très jalouse de l'attention que réclamaient Karsten et Kaden (MZm). De nombreuses personnes nous parlaient des bébés et la laissaient de côté. Nous avons donc dû la féliciter pour son aide précieuse en tant que grande sœur. Cette attitude a été très bénéfique et elle est maintenant plus qu'une amie pour eux. Malgré tout, elle préférerait toujours avoir une sœur à la place ! »

- Aidez le cadet à considérer son rôle dans la famille comme aussi important que ceux des jumeaux. Pour ce faire, ménagez-vous des moments seul à seul avec lui.
- Découragez la mentalité de clan – les jumeaux contre le frère ou la sœur – en dissuadant vos jumeaux de parler sous la forme « nous ». À la place, encouragez chacun d'eux à utiliser le pronom personnel « je » pour parler à un frère ou à une sœur. Ne parlez jamais des jumeaux en tant que paire, mais utilisez plutôt chacun de leur prénom pour insister sur le fait qu'ils sont deux membres distincts de la famille.
- De la part de votre enfant unique, ignorez le comportement négatif destiné à attirer l'attention tel que la délation, les cris et les disputes. Récompensez le comportement positif tel que la coopération, le partage et la compassion.
- Nourrissez les relations entre votre enfant unique et vos multiples. Permutez régulièrement les camarades de chambrée et ne laissez pas les jumeaux exclusivement entre eux. Encouragez les membres de la famille les plus âgés à prendre en charge les plus jeunes. Sortez régulièrement avec un jumeau et un enfant unique afin de faciliter les relations ou trouver un intérêt commun entre

l'enfant unique et chacun des multiples. Incitez-les à explorer leurs passions ensemble.

> **D'un parent à l'autre**
>
> « Rebecca [notre cadette] est particulièrement en avance sur le plan social. Gabriel et Jordan (MZm) accusent quant à eux du retard. Ils se rejoignent donc à mi-chemin, si je puis m'exprimer ainsi. Ils sont d'excellents camarades de jeux. Ils adorent jouer ensemble. Il est arrivé qu'elle se sente exclue, particulièrement au début. Avec le recul, il a été difficile pour mon mari et moi de l'intégrer. Il nous a fallu un moment pour réaliser que nous avions trois enfants. Il nous est arrivé à plusieurs reprises d'acheter quelque chose pour les garçons et rien pour Rebecca, ou de planifier quelque chose sans l'inclure. Elle fait maintenant très attention à n'être exclue de rien. Elle ne ménage pas sa peine pour imposer sa présence. »

Les parents

Bien que cet événement ne soit prévu que dans neuf ans, je pense quelquefois au moment où mes jumeaux quitteront la maison pour aller à l'université. C'est une période qui est douloureuse à envisager pour moi (où sont mes mouchoirs ?) car il est fort probable qu'ils partent en même temps, contrairement aux enfants issus d'une grossesse unique qui quittent le foyer un par un, à plusieurs années d'intervalle. De la même façon que le jour où ils sont venus au monde et où j'ai dû apprendre à m'occuper de deux enfants à la fois, mon cœur se brisera deux fois quand ils quitteront le nid.

Une relation différente

Lorsque mon troisième fils est né, j'ai rapidement réalisé que le fait de s'occuper d'un enfant unique et de tisser des liens avec lui était totalement différent. Alors que je faisais de mon mieux lorsque mes jumeaux étaient bébés pour passer du temps seul à seul avec chacun, il y avait toujours quelqu'un qui attendait en arrière-plan que je fasse exactement la même chose avec lui. À l'arrivée de mon troisième fils, cependant, toute mon attention et mes gazouillis lui étaient destinés. C'est l'une des différences les plus significatives entre la relation mère-enfant unique et mère-multiples. Les mères de multiples doivent lutter pour parvenir au niveau d'intimité que les mères d'enfants uniques considèrent comme acquis.

D'un parent à l'autre

« Julie et Kevin (DZOS) ont rejoint leur sœur Emily de dix-sept mois. Notre famille comprend donc maintenant cinq membres. Il nous a été difficile de savoir quelle était la personnalité de Julie et de Kevin quand ils étaient bébés. Il était beaucoup plus difficile de tisser un lien avec chacun d'eux individuellement que ça ne l'avait été avec Emily. Je me revois en train de les allaiter et essayant de deviner qui ils étaient. »

Lorsque vous avez plusieurs enfants d'âges différents, ils sont tous à une étape différente de leur développement. Quand votre fils part à la maternelle pour la journée, vous êtes libre de vous consacrer entièrement à sa jeune sœur. Ou lorsque la petite sœur fait la sieste, vous êtes disponible pour lire une histoire à son frère. Vous pouvez tisser un lien avec chaque enfant individuellement. Les mères de multiples, en revanche, doivent souvent interagir avec leurs deux jumeaux à la fois. En outre, lorsque vous avez des jumeaux, il vous faut gérer une dyade de laquelle vous êtes exclu, problème auquel les mères d'enfants uniques n'ont pas à faire face. Le fait que vous ayez plus d'un enfant à la fois n'implique pas pour autant une relation gâchée ou de moindre intensité avec vos jumeaux ou vos triplés. Je signale simplement que, lorsque vous avez des multiples, vous devez vous montrer un peu plus attentif à la relation et un peu plus inventif pour trouver des moyens de développer ce lien intime avec chacun de vos enfants.

Pourtant, de nombreux jumeaux ont une relation beaucoup plus forte avec leur père que les enfants issus d'une grossesse unique. Pourquoi, vous demandez-vous ? Une bonne théorie est que les pères de jumeaux ont davantage été impliqués dans les soins des enfants, même si au départ ils auraient préféré rester en retrait. Bien que les mœurs évoluent doucement, c'est toujours maman qui s'occupe principalement des enfants pendant que papa joue le rôle de soutien. Cependant, dans les familles avec des jumeaux ou des triplés, papa s'implique beaucoup plus et beaucoup plus tôt. Immédiatement après la naissance de leurs multiples, les pères doivent rapidement apprendre à changer les couches et à donner le biberon, à baigner et à réconforter leur progéniture. C'est la raison pour laquelle de nombreux pères de jumeaux nouent plus rapidement un lien avec leurs enfants que les pères d'enfants issus d'une grossesse unique.

De plus, par sa forte relation avec ses multiples, le père contribue à aplanir certaines difficultés de la situation de jumeau. Par exemple, la présence et les soins paternels constants contribuent au sens de l'autonomie de l'enfant – à son identité personnelle. En outre, les études ont démontré que l'implication précoce du père dans les soins facilite un sens fort de l'identité sexuelle chez ses enfants.

Combattre le sentiment d'isolement

Les mères de multiples ayant une expérience différente de la maternité, elles risquent de se sentir isolées. Alors que les mères d'enfants uniques peuvent entrer en contact avec de nombreuses femmes dans la même situation, la mère de multiples doit aller chercher ce soutien. C'est pourquoi des associations telles que Jumeaux et plus (www.jumeaux-et-plus.fr) sont des ressources précieuses. Vous y trouverez le témoignage de femmes dans la même situation que vous et les conseils de professionnels experts des problèmes liés à la gémellité. L'association vous informe également des soirées organisées entre parents de multiples. L'idée est de permettre le partage d'expériences, de donner le parole à ceux qui vivent avec des jumeaux – les parents, les proches – et d'offrir dans un débat d'idées des réponses, voire même des solutions. Avec plus de quatre-vingts associations départementales, vous êtes sûr d'en trouver une près de votre domicile. (De nombreuses mères que j'ai interrogées m'ont confié qu'elles n'auraient pas survécu aux premières années avec leurs multiples sans ces groupes d'entraide. Plusieurs années plus tard, elles sont nombreuses à être restées des membres actifs de leur association.) Si vous n'êtes pas du style à vous joindre à une association, les forums en ligne peuvent être d'un grand secours. Même si ces femmes ne peuvent pas fournir la solution exacte à votre problème, le fait de partager vos difficultés avec quelqu'un d'autre est souvent suffisant pour alléger votre fardeau. Malheureusement, il n'existe pas à ce jour de regroupement national pour les pères de jumeaux, mais ils peuvent néanmoins trouver un soutien sur le forum de Jumeaux et plus. Si le père de vos multiples a besoin de partager son expérience et d'être rassuré, encouragez-le à participer à ce forum.

D'un parent à l'autre

« J'ai retrouvé beaucoup de souvenirs en participant à un groupe d'entraide aux familles de multiples, groupe où vous transmettez votre expérience à de nouvelles mères. Il était une époque où, mes enfants (DZOS) ayant atteint l'âge adulte, j'oubliais ces choses. À présent, les membres sont surpris de ma mémoire. À soixante-huit ans, cette activité me permet de continuer à faire fonctionner mon cerveau et de conserver ma jeunesse d'esprit au travers de mes souvenirs. »

La quête d'identité

Si les jumeaux ou les triplés quittent tous le nid à la fois, la situation peut être particulièrement difficile à vivre pour la maman (et quelquefois également le papa), et ceci particulièrement si les multiples sont ses seuls enfants. Pendant plus de dix-huit ans, elle a été reconnue en tant que mère de jumeaux ou de triplés et, à présent, son rôle semble prendre fin. De nombreuses mères dans cette situation connaissent une perte d'identité. Leur statut vacille. Quand une grande partie de la vie d'un parent a été consacrée à ses multiples, les experts conseillent de préparer le jour où les enfants quitteront le giron familial de la même façon que la retraite. Bien qu'il soit important pour les parents de s'investir dans la vie de leurs enfants, il est tout aussi important de conserver une vie à l'extérieur du paramètre jumeaux. Pendant que les multiples sont occupés à étudier et à se socialiser au lycée, les parents doivent lentement déplacer leurs priorités de leurs enfants vers la recherche de passe-temps et d'activités qu'ils peuvent apprécier en solo ou en couple. Commencez par trouver une passion – sport, art, musique, littérature – et consacrez-y un peu de votre temps chaque semaine. De même que vous remaniez votre portefeuille financier à l'approche de la retraite, les parents de multiples doivent reconsidérer leurs priorités sociales.

Une mère de triplées m'a confié qu'elle pensait souvent au jour où ses lycéennes quitteraient la maison. Bien que cette perspective lui soit très douloureuse, elle les encourage à suivre leur propre voie. « À chaque fois qu'elles sortent seules, elles font un pas de plus vers l'âge adulte. »

Comment les jumeaux affectent un mariage

Pour la plupart des familles, l'arrivée de multiples est considéré comme un plus. De nombreux parents gèrent le surplus de stress en faisant corps avec leur partenaire et en adoptant l'attitude « pour le meilleur et pour le pire », renforçant ainsi leur engagement l'un envers l'autre dans le processus. Oui, la naissance de multiples est catégoriquement une double, une triple, voire même une quadruple bénédiction, mais elle peut également mettre le mariage à rude épreuve. Malheureusement, certains couples ne parviennent pas à surmonter cette tension et le mariage se dissout. Soyons clairs. Les multiples ne sont pas nécessairement la cause du divorce. Il existait vraisemblablement des problèmes profonds au sein de l'union avant même l'arrivée des enfants. Le surplus de tension provoqué par les multiples a simplement fait passer les problèmes préexistants au premier plan.

Les statistiques montrent que les familles avec des multiples connaissent un taux de divorce plus élevé que celles avec des enfants issus d'une grossesse unique. Nul n'est besoin d'être chercheur pour en deviner la cause : un mariage est particulièrement vulnérable lorsque les jumeaux sont encore bébés et le stress de s'occuper de deux enfants en bas âge à la fois peut aggraver les problèmes déjà existants au sein du couple. Bien que passant beaucoup plus de temps à la maison à s'occuper de ses nouveaux enfants, le père ressent parfois comme un fardeau le fait de subvenir à leurs besoins. Il a maintenant deux carrières – une à la maison et une au bureau – et brûle littéralement la chandelle par les deux bouts. Sa femme aussi est épuisée par les soins constants que nécessitent les deux bébés et, dans de nombreux cas, elle doit mener de front une carrière professionnelle. L'aspect financier a son rôle à jouer dans la façon dont la famille fait face à la situation. Si le couple avait des difficultés financières avant l'arrivée des jumeaux, la tension s'accroît avec le double de dépenses et la possibilité de s'en sortir diminue. Les parents dans cette situation n'ont pas la volonté ou le désir de se soutenir mutuellement. Ils sont trop occupés à essayer de garder la tête hors de l'eau et le résultat est un couple seul et isolé. Un grand nombre d'entre eux rebondissent avec succès, d'autres pas.

Dans les familles à problèmes, certains parents développent une affinité plus forte avec un jumeau. Si le mari et la femme ne sont pas solidaires, ils peuvent finir par se tourner vers leurs enfants pour trouver la chaleur et la compagnie qui leur manquent dans leur propre relation. Lorsque ces alliances parent-enfant perdurent des années, elles risquent de former une fracture implicite au sein de la famille. Cette situation peut mettre en péril non seulement la dyade maritale, mais également la relation intragémellaire, et ceci particulièrement dans une famille où les jumeaux sont les seuls enfants.

Ce que les parents peuvent faire

Le fait d'avoir des multiples n'est pas forcément catastrophique pour votre mariage mais une chose est sûre, il vous faut vous préparer à la fois mentalement et financièrement à leur arrivée. N'hésitez pas à rechercher et à accepter toute l'aide nécessaire, d'où qu'elle vienne. Voici quelques conseils pour vous aider.

- Ne permettez jamais à vos multiples de « prendre parti » pour un de leur parents. En même temps, n'essayez jamais d'inciter l'un de vos multiples à vous soutenir contre votre femme. Essayez de conserver vos désaccords maritaux dans la sphère du privé et, si vous vous disputez devant vos enfants, faites-leur savoir que vous avez résolu le problème avec succès. « Oui, papa et maman n'étaient pas d'accord sur le coût du nouveau réfrigérateur, mais nous en avons discuté et nous avons trouvé une solution. »
- Répartissez équitablement les tâches ménagères. Un des problèmes les plus importants auxquels un couple doit faire face à l'arrivée de multiples est le surplus de travail occasionné par cette situation. Tout ne doit pas retomber sur la même personne. Chaque parent peut avoir l'impression de porter une grosse partie de la nouvelle charge de travail. Au lieu de vous laisser envahir par le ressentiment, asseyez-vous ensemble et dressez la liste de ce que chacun fait régulièrement, y compris le travail à l'extérieur de la maison, puis divisez les tâches ménagères en conséquence.
- Faites de votre mariage une priorité. S'il y a un problème, admettez-le et allez chercher l'aide d'un professionnel.

Rendre de nouveau le mariage heureux

L'union entre un mari et une femme est la relation la plus importante de la famille. Une séparation aura des répercussions sur tous ses membres. En conséquence, la bonne santé de l'union est vitale. Pourtant, pour nombre d'entre nous, les secrets d'un mariage heureux peuvent quelquefois sembler insaisissables. Voici quelques tuyaux pour placer votre mariage sur la bonne voie.

Concentrez-vous sur les points positifs de votre mariage. Félicitez les bonnes actions. (« Merci pour avoir nettoyé la cuisine. ») Essayez de passer sur les côtés négatifs. (Que faites-vous si vous ramassez tous les soirs les chaussettes trempées de transpiration pour les placer dans la corbeille de linge sale ?) N'oubliez pas les « merci », « s'il te plaît » et, bien sûr, « je t'aime ». Affichez votre affection envers votre partenaire. Prenez-lui la main, serrez-le librement dans vos bras. Même une étreinte occasionnelle crée une relation entre le mari et la femme.

Prenez du temps pour parler en privé. Accordez-vous trente minutes avant ou après le dîner, ceci plusieurs fois par semaine, pour vous informer mutuellement des événements quotidiens et parler de vos souhaits pour l'avenir. Choisissez un moment où les enfants sont occupés à autre chose (c'est ici que la télévision peut entrer en jeu).

Sortez en amoureux avec votre femme. Je sais que le baby-sitting coûte les yeux de la tête et qu'une soirée typique peut facilement monter à cent euros, mais il vous faut cultiver le lien avec votre partenaire, et la seule façon d'y parvenir est hors de portée de voix de vos enfants. Pour diminuer les coûts de baby-sitting, vous pouvez procéder à des échanges de bons services avec une autre famille de votre quartier. Les règles sont simples. Vous laissez les enfants à 16 heures et vous passez les chercher à 21 heures. Aucune facture de gardiennage à payer (ce qui permet aux parents de s'offrir un repas à l'extérieur) et pas de drames à gérer pour la baby-sitter au moment du coucher. Et une chose encore. Lorsque vous sortez, ne parlez pas de vos problèmes de couple, mais essayez plutôt de rendre votre conversation vivante en parlant de ce qui rend votre relation spéciale.

Réchauffez votre vie amoureuse. Pour les hommes, c'est le meilleur indicateur de satisfaction maritale. Sortez la télévision de votre chambre ! En outre, faites de celle-ci votre sanctuaire. Créez un espace où il vous est agréable de vous retirer le soir. En d'autres termes, investissez pour le rendre non seulement confortable, mais également plaisant à la fois pour les yeux et pour l'âme. Certains parents mettent même en place une politique « enfants non autorisés » à partir de 20 heures. Ceci implique également pas d'enfants dans le lit parental la nuit. Les enfants doivent comprendre qu'il existe une différence entre la plage réservée à la famille et celle réservée aux adultes.

Ils eurent de nombreux enfants et vécurent heureux

L'arrivée d'un enfant bouleverse toute vie de famille et chaque ménage doit s'adapter en conséquence. Lorsque des multiples arrivent sur la scène, la dynamique familiale peut être totalement remise en question pour tout le monde – maman, papa et même les frères et sœurs. À l'aube de cette nouvelle aventure, souvenez-vous que le fait de traiter chaque membre de la famille comme un individu distinct aidera chacun à se sentir aussi important dans la hiérarchie. Si vous souhaitez que tous vos enfants s'aiment et s'apprécient mutuellement, n'attachez pas une importance excessive au statut des jumeaux au détriment de celui des enfants issus d'une grossesse unique.

BIBLIOGRAPHIE

Cette biographie a été sélectionnée pour l'édition française de l'ouvrage *Parenting School-age Twins and Multiples*

- Bak, Fabrice. « L'organisation cognitive des jumeaux », 1997, Acta Geneticae Gemellologiae n° 3-4 Vol 43
- Billot, Régine. *Les jumeaux de la conception à l'école*, 1991, Éditions Balland
- Chiflet, Jean-Loup. *Tout ce que vous voulez savoir sur les jumeaux*, 2000, Mango
- Hamard-Frichet, Colette. *Enfance de jumeaux. Confidences d'une mère*, 1996, PUF
- Joly, Thierry. *Le mystère des jumeaux*, 2000, Prat Éditions
- Lanchon, Anne. *Jumeaux mais pas clones*, 2007, La Martinière
- Leroy, Fernand. *Les jumeaux dans tous leurs états*, 1995, De Boeck
- Papiernik, Émile. *Jumeaux, triplés et plus*, 1995, Nathan
- Pons, Jean-Claude, Charlemaine, Christiane et le Papiernik, Émile. *Le guide des jumeaux*, 2006, Odile Jacob
- Pons, Jean-Claude et Frydman, René. *Les Jumeaux*, Que sais-je ? (n° 2843)
- Salvy, Claire. *Jumeaux de sexe différents*, 1992, L'Harmattan.

INDEX

S

T

Dépôt légal : janvier 2008
IMPRIMÉ EN FRANCE

Achevé d'imprimer le 9 janvier 2008
sur les presses de l'imprimerie «La Source d'Or»
63200 Marsat
Imprimeur n° 10218